标车标船走标布
标行立业在明朝
金瓶市井西门庆
诸般产业外加标
龙舟竞渡夺锦标
飞桨破浪显身手
侠骨武德显靠镖
保标护卫王老李
御辱扬威花五刀
行侠尚义黑老宋
会友智擒夫妻镖
劫匪难敌皆兄弟
江湖老合皆兄弟
镖号声远镖旗飘
与时共进新天地
陆海空中逞英豪

曲彦斌撰

▲ 中国镖行史歌诀

▲ 清末北京会友镖局门墙

▲ 清末北京会友镖局内景

中国镖行

曲彦斌 | 著

中国传统
保安行业史略

九州出版社
JIUZHOUPRESS

图书在版编目（CIP）数据

中国镖行：中国传统保安行业史略/ 曲彦斌著. --北京：
九州出版社，2021. 12

ISBN 978-7-5225-0680-7

Ⅰ. ①中… Ⅱ. ①曲… Ⅲ. ①保镖-历史-中国 Ⅳ. ①D691. 9

中国版本图书馆 CIP 数据核字（2021）第 241492 号

中国镖行：中国传统保安行业史略

作　　者	曲彦斌　著
责任编辑	王　宇
出版发行	九州出版社
地　　址	北京市西城区阜外大街甲 35 号（100037）
发行电话	（010）68992190/3/5/6
网　　址	www. jiuzhoupress. com
印　　刷	三河市兴博印务有限公司
开　　本	880 毫米 × 1230 毫米　32 开
印　　张	12. 75　彩插 8P
字　　数	300 千字
版　　次	2022 年 8 月第 1 版
印　　次	2022 年 8 月第 1 次印刷
书　　号	ISBN 978-7-5225-0680-7
定　　价	88. 00 元

▲ 清末北京会友镖局的主人和镖头等

▲ 烟画《走镖：行程保镖的镖车》

▲ 刻绘有"镇远镖局"字样的
　铜盒（邨雅堂藏）

▼ 最后的镖王李尧臣84岁演练无极刀

▲ 源顺镖局镖师
　王正谊"大刀王五"像

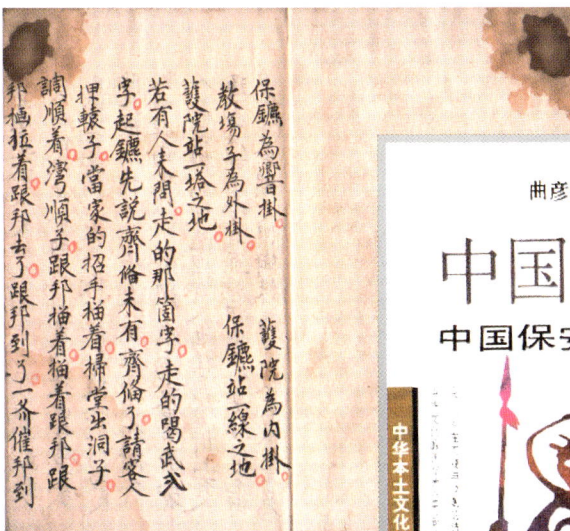

▲ 清佚名传钞本
▼《清代镖行江湖隐语行话秘典》
（郇雅堂藏）书影

▲ 本书的初版封面

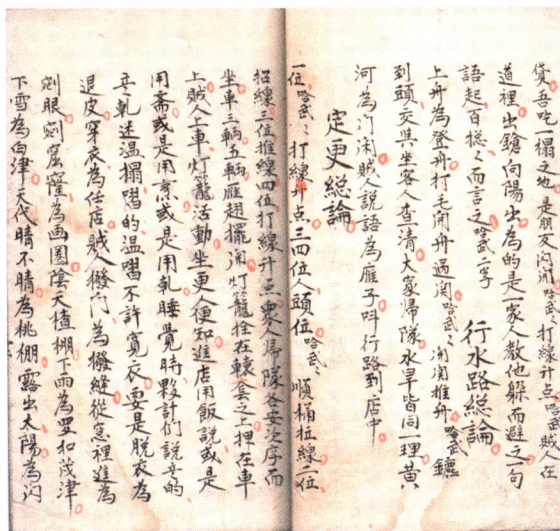

目　录

虽非"良工"，
但常常"示人以璞"：
中国镖行史修订故实

——《中国镖行》修订版自序

古谓技艺高超者为"良工"，如《墨子·尚贤中》："今王公大人有一衣裳不能制也，必藉良工。"东汉开国功臣马援的长兄曾鼓励他说，"良工不示人以朴，且从所好"。（《后汉书·马援传》）清季大儒顾炎武则以之比喻负责任者不肯将自认为粗糙的东西随意拿给人看，"岁月既久，渐成卷帙，而不敢录以示人。语曰：'良工不示人以璞。'虑以未成之作，误天下学者"。（《谲觚》）

本人治学向不敢自以为"良工"，但总要不时地把所获未必成熟的一些一得之见著述成篇、成书，是为非"良工"亦需"示人以璞"，亦即俗语所谓"丑媳妇见公婆"是耶。学无止境，学力有限，自认一向很用功，而长进却总不尽如人意，或谓天资不足。数十年面世的数十部著作，大都如此。这部中国镖行史研究，仍然如此这般。这篇自序所展示的本人20多年来对中国镖行史的求索研究轨迹，正是如此写照。在历经20多年铢积寸累的持续跟踪研究之后，最近又连续作了两度修订，尽管可以概括出几项创获，但自感还是不尽人意。在意识到似乎一时有点儿力不从心的感觉下，权且继续"示人以璞"是了。

一部中国镖行史，在浩瀚、深厚的中国社会史、文化史中，勘谓一粟。虽非常微观，但不应或缺，自有其存在的意义和特定的专门史位置。所以，非常期望这部非"良工"之"璞"，能成为后续研究者的一片有一定参考价值的基石，于愿足矣。

推敲一下，这部小书题之曰《中国镖行史》，似乎更为简明切题。但是，作为修订版，还是一仍其旧吧。

从最初进入读书和学术研究开始，我就养成了一个习惯，一个选题做完了、发表了，一部书写完了、出版了，仍然会持之以恒地关注、跟踪与其相关的研究动态和文献资料信息，借以反思或深入地探索。这个过程，是在为修订旧作和接续的研究做必要的准备。同样，手头一些酝酿许久甚至是还未动笔写作，或是已经着手撰写的未完成的书稿，大都是如此长期跟踪性思索、积累而来。

就本人有限的所见所闻，近20年来，先后有数种镖行题材专门著作和数十篇专论、专题文章，以及影视等文学作品问世，既反映着社会对这一事物的关注，也为本次的修订提供了较大的借鉴与参考空间。对此，本人深表敬意。

不过，这并非说，本人以往发表的文章、出版的著作都是深思熟虑的结果。有的，由于适逢种种机缘，甚至是"急就章"，且暂补缺，展示出来，接受方家和读者的检验，再伺机谋求修订完善。这部小书，从《中国镖行》到《中国镖行：中国保安业史略》，到这次的修订版，均属于如此过程。这次的修订版过后，仍然期望还有继续修订的机会。只有是时间精力不允许了，只好算是无奈的最终定稿矣。这本书，亦然。

追求真理与新知，是人类永恒的美好宏远愿景。庄子云：

"吾生也有涯，而知也无涯。以有涯随无涯，殆已！已而为知者，殆而已矣！为善无近名，为恶无近刑，缘督以为经，可以保身，可以全生，可以养亲，可以尽年。"历史的经验和常识告诉人们，尽管可以非常勤勉刻苦、不畏艰辛，具有恒心大志的定力，但是囿于人生短暂，时间精力有限，欲求读书与学术追求的穷尽，不啻为"天方夜谭"。追求学术的穷尽，惟锲而不舍孜孜以求而已，永在路上，永远处于进行时，是历代相承的事业。因而说，期愿本次修订，能够成为中国镖行史研究的又一个新的接力点，新一阶铺路石。

这个修订版付梓在即，有些话要说给读者。题内必说的话（修订说明），与本书相关的话（如前后的版次由来），以及因修订引起的话（此间专题展陈设计与本次修订的互动相长），等等，乃一并成了这个修订版的自序。

<h2 style="text-align:center">一</h2>

本序首要必说的话，是作个修订说明。本次修订，在篇幅上，增加近半，是"增订"。更重要的是"修订"方面。本次的"修订"，除改正一些舛讹之外，主要做了五件事。或言之，是《中国镖行——中国保安业史略》修订版的五项创获。

首先，通过重新梳理、论证，进一步阐释和廓清了中国传统保安业——镖行发生发展的五百年行业史轨迹。

修订版某页有个页下注特别说明，本书所谓的"镖行"是涵盖的具体的"镖局"在内的保镖行业的概称，泛指行业整体。

中国传统保安业，发端于明季，繁盛于清季，存在于明清两季，清末民初没落消亡，时间段都属于冷兵器时代为主体的武力时代。关于中国镖行的起源或说发端，这是个一向众说纷纭的公案。其突出的争议焦点，在于是否发端于明季。本次修订中梳理了一下，目前至少有七种说法。其一，镖行源自明代"打行"说；其二，滥觞于"标兵"说；其三，滥觞于明代"护卫标布"说；其四，标行始见于《金瓶梅》说；其五，发端于清代"票号"说；其六，发端于明末清初"反清复明"革命说；其七，发端于清代"神拳"张黑五说。我所作出的结论是，明季形成的护卫行业市场催生了镖行，清季得以繁盛发展。这一点，进一步坐实了本书关于镖行发端于明季的主张。

其次，进一步爬梳阐释了明清两代镖行行业状况及其特点。

接续上面话题，这也就是明代的"标兵"受雇护卫军饷或巨商大贾重赀的活动，以及布商雇佣武力护卫贩运标布，护卫成为特定的市场，进而成为一种护卫职事行业。形成于明代的中国镖行，伴随清代票号护运业务和其他人身财产安全护卫之需，形成了以押运钱财货物为主兼事人身安全护卫或看家护院的社会化、商业性保安机构镖局而发达一时。

第三，通过考证，解析了中国传统保安业史上的几个现象问题或公案。诸如武侠小说中的镖行，关于"镇远镖局"，慈禧率"两宫西狩"出逃获得光裕镖局接待、保护逸闻公案。

镖行的镖局、镖师作为冷兵器时代的一种职业，在武侠小说中几乎是不可或缺的人物构成要素。比如宫白羽、王度庐、金庸以及古龙的多部镖师题材长篇武侠小说，之所以选择镖局和镖师作为小说主要人物，显然，主要在于镖行武士在受雇护卫人财物的过程中，多有不畏凶险、忠于职守、惩恶扬善事迹，是构织引人入胜的神秘、曲折惊险故事的优选素材,镖局、镖师与现实存在真假难辨。其中的"镇远镖局",犹如《红楼梦》所说的"假作真时真亦假,无为有处有还无"。中国历史上,有十几个以"镇远"为名的地方。黔东南古镇镇远历史上曾有镖局或即名"镇远镖局",古代曾以"镇远"为名的山海关如今仍存在名为"镇远镖局"的旧址。据认为,北京近郊古北水镇司马台长城脚下,清末曾有一个名为"震远镖局"的所在,但非"镇远镖局",现已辟为旅游景观。"震"与"镇"虽有一字之别,均潜涵了威震四方的意蕴。据介绍,山海关现今有个"镇远镖局"遗址,沈阳还有个当代武术家刘宝瑞开办的"振远镖局",相传他曾是营口"镇远镖局"的镖师。

至于慈禧率"两宫西狩"出逃获得光裕镖局接待、保护逸闻公案,本书通过发掘爬梳和辨析十几种记述和散见的史料,提出足可以构建出一个基本属于"闭环"式的史料证据链,可以用来佐证"光裕镖局"当时的存在及其与"贯市村"的关系,以及"两宫西狩"途径贯市村并受到村民和光裕镖局东家接待、保护这个基本史实。同时指出,出逃北京途经贯市村受到村民和光裕镖局东家的接待、保护所展现的,是在国难当头之际,无求回报而倾其所有接待"国君"的忠肝义胆,其实质在于对国家江山社稷的忠诚,是爱国爱家之举。

第四,突出关注了镖行的属性和官府的镖行管理,尽管可资利用的历史文献有限,所用篇幅不多,但因其并非游离于官方制度之外,不可忽略。

关于保镖与保安的本质,民初出版的《中国民事习惯大全·

镖期·热河赤峰县习惯》①认为是一种"保险","商家往口里购办货物,其款项交镖局解送,担任保险"。《营口风物志》②记述,"镖局是一种中国古老的保险形式,主要从事运输保险,19世纪中叶在营口较为活跃"亦然。究其实,仅是套用现代"保险"概念对传统保安业镖行功能的一种解读。现代"保险"是安排分摊意外事故损失的一种保障性经济活动和制度。尽管同样含有稳妥保障安全的意思,但是未能凸显镖行以武技实现、以契约关系为前提护卫人财物安全的本质。

我认为,保镖与保安的本质是护卫人财物安全,并由此而生成社会化的服务业"镖局"及其职业。其核心词,是"护卫"。就其护卫人财物安全这一本质而言,保镖与保安的行为、活动古已有之,只罢未如明清时代成为一种社会化的服务业"镖局"及其职业。只要人类社会的"丛林法则""适者生存"条件存在,自卫与寻求自我保护的护卫行为、活动就必然存在。那么,可以说,只要是社会有所需求,这种行为、活动乃至社会化的服务业"镖局"及其职业必然存在,或是以各类流变的形式存在并发挥其固有的功能。

官府的镖行管理,一向少有法律法规。镖行的镖师,多属侠勇之士,人员参差不齐,虽然镖师崇尚武士的"武德",讲究所谓"江湖规矩",但亦不过仅仅是一种"道德约束"而已。因而,走镖过程往往会发生"侠以武犯禁"的失德情况。关于官府的镖

---

①上海法政学社施沛生等编《中国民事习惯大全》第一编第三十七页,广益书局1924年版,上海书店出版社2002影印出版。
②营口市史志办公室、中共营口市委党史研究室编《营口风物志》第一册第218—219页;《历史纪实·营口的镖局》,万卷出版公司2014年版。

行管理，可以说可资利用的历史文献十分有限。从晚明崇祯年间山东东兖东路署总兵官刘源清上书奏请朝廷"募保标之兵"以救急的奏折，到《山西布政使严瑞龙为请严禁保镖胡作非为事奏折》，中国第一历史档案馆典藏的巡警部档案存北京外城巡警总厅专门制定《管理镖局枪支规则》，以及业内外有关人士的回忆，乃至一些著名镖局博物馆展示的清代镖局执照，文献稀少，但仍可以说明，作为一个客观存在并运营中的特种行业，镖局同样被纳入政府的管理视野，也要像其他工商诸行那样向官府备案、获准、请领执照以及纳税。历史证明，脱离政府制度许可范围的任何职事行业均难以生存和发展。镖行自不例外。

第五，增辑了数种珍稀文献加入附录。

无论宏观还是微观的历史阐述写作，史料是第一要素。或言之，无扎实可据的史料，不成其史。具有丰富的史料，是述史论史最基本的前提。在中国历史上，仅存明清两季的镖行历史短暂，而且位居诸行百业之末，制度层面管理关注有限，极少能进入历代官方档案。即或是业内种种规范和隐语行话的传承扩布，大都是以口耳相传为主。即如台湾历史学家王尔敏先生在《从社会生态看清代民间镖局》文章开篇即言，"撰写此题有几分冒险，盖镖局材料缺略殊甚，直是无所凭准"；"清代之镖局，应为一种社会行业，人群职工。固自随世势而有胜衰。但不期然于现今数十年间，沉沦湮灭，无甚遗存，无可供观览参阅之物。至流传文字之一鳞半爪，不足以追摹原状于万一。又有何等资料借凭，以供言谈之引据"①。诚哉斯言，却并非尽然。至少，拙著从《中国

---

① 王尔敏《明清社会文化生态》第 445—446 页，台湾商务印书馆 1997 年版。

镖行》《中国镖行：中国保安业史略》的出版证明，尽管文献资料匮乏，还是可以发掘到一定规模使之成为专门史篇。至少，还有经本人发掘、收藏并整理的《江湖走镖隐语行话谱》《清代镖行江湖隐语行话秘典》，显得非常珍稀宝贵。世人所知镖行，大多是明清两季各地民间传说故事和武侠小说的演绎。在此前提下，研究中国镖行，显然很是艰辛不易。因而，发掘整理有限的各类文献，很重要的过程是必须鉴别史料文献，进而区别为可信并可作为佐证者，和仅仅可视为辅证者，或供一般参考者，主观上在阐述时需要有所体现。正因如此，对于有些重要的论述和史料，本书尽可能地在行文中详为引录的同时，加大了附录文献的篇幅。目的在于，本书述史论史的同时可以为读者扩大一些实证性的了解，也为有兴趣深入进行本专题研究的方家，提供一些专题文献。

辑存的这些珍稀专题文献，无论署名或是佚名的，均是原编者、作者或整理传布者的劳绩。梁任公有言，"夫学术者，天下之公器也"。诚哉斯言，史料，亦应成为学者共享之器。辑存的本身，是对其作品被视为学术研究"公器"的一种特别肯定与嘉许，本人和读者自当向他们的劳绩表示礼敬。本书的初版，作为附录，包括首次揭示了本人发掘整理的《江湖走镖隐语行话谱》；这次的增订版，附录本人发掘收藏和整理的《清代镖行江湖隐语行话秘典》，亦属首次揭载。主旨，皆在于此。

此外，在卷首和正文，增添了多幅图片，作为以图证史的参考。

二

关于本书版次的故事。事实上，这个话题是有关本书版次的一次检讨。

这部小书，自 1996 年上海三联书店的初版至今，已经 25 年了。如果从辽宁古籍出版社 1994 年 9 月作为《江湖内幕丛书》一种的出版，还要早两年。严谨点儿说，现在的这个修订版，应当算是第三版。

出 1994 年那一版的初稿，是为当时策划主编丛书的中国社会科学院某学者所约，不意突发变故，再经时任《中国文化报》编辑的某女士转为联系并决定连同所约多种书稿，一并交由上海三联书店改原丛书名为《中华本土文化丛书》陆续出版。此即上海三联书店《中华本土文化丛书》的由来。本人的《中国民间秘密语》一书，即由此出版于 1992 年。然而，经我推荐列入这套丛书的陈山的《中国武侠文化》于 1992 年出版之后，仍不见本人先已交稿的这部镖行史出版。此间，正好辽宁古籍出版社向我组稿，并决定以《江湖内幕丛书》为名出版一套我的个人文集式的丛书。实在说，尽管以此为文集丛书的名称感到不尽人意，但能一次性推出个人文集，不失为很令人心仪的事情。出版社看重的是可能吸引书籍市场的订数发行量，无可非议也。再说，本人的研究选题，诸如当时业已出版的乞丐史、典当史、秘密语等，均与"江湖文化"密切关联。经过简单的考量和友人相劝，遂同意了出版社的决定。于是乎，包括先后已经出版过不久的《中国乞丐》（1990）、《中国隐语》（1990）、《中国典当》（1993）三种书，连同尚未出版过的《中国镖行》和《中国招幌》（2000 增订版题为《中国招幌与招徕市声：传统广告艺术史略》）合计五种，无论是否出版过，一律改为四个字的书名以求整齐划一，一并以《江湖内幕丛书》为题作为个人文集出版了。

翌年，《社会科学辑刊》（1995.2）的"辽海书镜"栏目发表的评论说，辽宁古籍出版社独具慧眼，推出了一套由曲彦斌先生撰著的《江湖内幕丛书》，从而将中国江湖与市井文化的科学研究有力地推进了一步，为读者奉献出一批非主流文化研究的优秀学术成果。这套丛书共同的特点是，均为该领域抉隐发微的拓荒之作。这套丛书俗事探雅，抉隐发微，均属作者近年学术研究的力作，其科学价值不只在于探究历史，还在于切近现实生活，富有时代意义。其中特别介绍说，《中国镖行》是我国首部传统保安业史专著，除论述了镖行起源、行事、镖行与江湖社会、镖师的侠骨与武德等史事外，还探讨了当代保安业兴起的有关理论问题。尤为可喜的是，作者通过考证首次提出了"镖行"之"镖"本当作"标"的新见解。总之，这套丛书可以说是补缺的书，别致的书，颇有价值的书。事实已证明，其以独到的视角，翔实的论述，新颖的见解，受到学术界和广大读者的青睐。

但就这套书的封面、版式设计和装帧设计来讲，据实言之，我很不以为然，可谓很差。据当时的社长亲口向我谈到，曾推荐参评一个什么奖未果。我不禁哑然失笑，对他说，且不论书本身的内容质量如何，单就装帧设计和极差的校对来讲，怎么会有可能评上奖呢。实话实说，这套书，除特别必要，迄今我仍羞于主动赠人，实在拿不出手耶。对于从事专业学术研究未久的自己来讲，仅仅算作出版过一套个人文集是了。急功近利的虚荣之举，悔之晚矣。

随后，上海三联书店方面关注到了这次的出版，提出异议；但未对其中先由其出版的《中国民间秘密语》易名为《中国隐语》同样收入了文集提出异议，强调的是本当由其如期出版的《中国镖行：中国保安业史略》，以《中国镖行》为题收入文集先行出版。究其实，出版社拖期未能如约按期出版，违约在先，已经无权做出质疑啦。尽管两年之后，他们还是出版了《中国镖行：中国保安业史略》，校对、印制得很尽人意。

毋庸讳言，在此事情上的事后自我反思，感到在签订出版合同的技术上，的确存在瑕疵，未事先作相关约定。只看到不少作者的个人文集、选集，通常都新著旧著一起编入，甚至也包括另行同时出版单行本的著作。老实讲，当年刚刚出版了几本书的我，哪里会虑及那么多。经过咨询，长了见识。自那以后，每次再签署出版合同，都特别注明"甲方编辑出版个人文集、丛书使用本书，不受本合同制约"之类字样。

此即关于本书应当算是第三版的版次故事。对于关注书籍版本的朋友来说，算作是本书版次的一个花絮吧。

三

在对本书选题持之以恒地关注、跟踪与其相关的研究动态，相关的文献资料信息，借以反思或深入的探索的积累过程中，穿插了一个作为"语言民俗景观博物馆"中的"中华锦语（秘密语）主题博物馆"的《传统保安业的软武器：江湖隐语》的专题展陈设计。

这个设计即以前期的研究成果《中国镖行：中国保安业史略》作为主体素材文本，意在将多年里这项学术研究转化为博物馆的专题展陈,以另一种形式给观众提供一种专题知识。

设计之初,我联想到了 20 世纪末,多年研究"游民文化"卓有成绩的王学泰先生,曾在一篇题为《"老新党"齐如山》(《读书》1997.7)文章中,谈及《中国镖行》。文章说:

> 有一次在电视台谈电视的作用,我说历史故事片,特别是历史文化片是有传播历史知识的任务的,而且应该传播正确的历史知识,不能像过去的戏剧和通俗小说,所传播的大多是错误的历史知识。如最近有几部电视剧、电影涉及京师镖局。他们把镖局写得都很正规化。就连我看到的方彪先生的《镖行述史》和曲彦斌先生写的《中国镖行》也有这种倾向。实际上中国历史上即使正当的工商业的制度化程度也很低。像"镖行"这种主要由游民靠自己的武艺和江湖上的"字号"而经营的行业,更是极不规范,就靠江湖信义行事。齐如山有篇《镖局子史话》就说,镖师们完全是"硬碰硬全凭字号"。顾客委托镖行保镖手续非常简单,他们送去的被保护运输的银子连收条都不开。而且商家送去的银子往往就是用麻布包裹缝好,挂一个布条,写明送交某处某字号收,下面书明某号托字样。镖行不仅不看银子的成色,而且连秤都不过。包裹也不加封。如果镖行私自打开换入假银,也无证据。这里不是靠制度而是完全靠信誉。齐先生说这些年来也没有听说用假银子讹诈镖局子的事情;也没有镖局子偷换银子的事情。这就是江湖上最高道德——信义所决定的。像这类的记载是很多的。

当年,看到文章所说像"最近有几部电视剧、电影涉及京师镖局"那样，"把镖局写得都很正规化""就连我看到的方彪先生的《镖行述史》和曲彦斌先生写的《中国镖行》也有这种倾向"，感到是对拙著的误读。愚以为，大众娱乐性影视、通俗文学等作品，反复把镖局镖师题材纳入视野，反映这是一个令世人很感趣味的话题，一个历久弥新的话题。如此这般，学术界则有责任为之提供平实而切合事物本原的史实与评述。因而，在着手进行这个专题展陈设计时特别注意这一点，注意规避不要像"不能像过去的戏剧和通俗小说"和那"几部电视剧、电影涉及京师镖局"那样，"传播的大多是错误的历史知识"。王学泰先生所言，亦不失为有益的提示。

文章所言——像"镖行"这种主要由游民靠自己的武艺和江湖上的"字号"而经营的行业，更是极不规范，就靠江湖信义行事——感到有一定道理，但不尽然。即如前面谈过，镖师从业者的素质参差不齐，所崇尚武士的"武德"和所谓"江湖规矩"，不过是一种"道德约束"而已，走镖过程发生"侠以武犯禁"的失德情况悉数自然。不过，并非普遍这样、经常如此，否则，职事和行业难以为继，也就难以支撑明清两季数百年的运营和存在了。这也是借此所应补充阐明的事实。

文章言及的方彪先生的《镖行述史》，也让我想起当时读到白化文先生为之所写序言，随后以《镖行兴衰的信史》为题刊于《北京日报》理论周刊（2005.2.12），谈到"此书可能空前绝后——以前的人没有写过，以后的人写不出来"，"本书中说，镖行最早创建于清代康熙末年，到20世纪20年代结束。这就使我们知道了，有些武侠小说中所写明代的镖行，是犯了时代错误的。本书中说，镖师与强盗是截然不同的两种人。镖行绝不容许强盗改行作镖师。而许多武侠小说中，强盗因受镖师感化等因由而当了镖师的事是有的"。有鉴于文章因循是书的观点，认为"有些武侠小说中所写明代的镖行，是犯了时代错误的"的失当言论，记得我曾为此专门与白先生通了个电话，进行讨论，还特意赠寄了一部拙著小书。

两件花絮似的小事，令人真切地感到，追求史实不易，客观平实地传播史实亦不易，让世人接受史实同样不易也。《传统保安业的软武器：江湖隐语》的专题展陈设计过程，尤其令我注意在苦心经营另辟新径的这个知识窗口，力求准确、清晰地给人以相关的专题知识。

在进行《传统保安业的软武器：江湖隐语》的专题展陈设计的待定稿之际，着手这个修订版的写作，又是别有收获，感受到了两者的互动与相助相长。专题展陈设计有如一次修订书稿之前的备课，修订书稿的过程则是对设计稿的审订与调整，获益匪浅。写入展陈设计初稿中的一些新发现、新思考，为修订版预先提供了必要的思路和启示；《中国镖行：中国保安业史略》修订版的五项创获，更为专题展陈设计提供了增删修订的学术根据与相关内容。两者视角各异的互动与相助相长，让人获益良多耶。

一篇修订版自序，本愿给读者更多的相关信息。根本是一个期愿，修订版继续恳请读者和方家的指正，以期再次修订。

曲彦斌

2021 年 6 月 12 日

适值旧历辛丑年端午节前两日

灯下于沈阳北郊邰雅堂

绪论：中国保安史总说

在历史进程中，社会的现代化是超越传统的进步过程和结果。在一定意义上说，现代化是对传统文化的否定。但是，并非全盘否定，而是在既存的传统文化环境制约下有选择地继承和扬弃的超越性进程。在这一进程中，一些传统事物由于现实社会生活的需要，往往会被现代化推陈出新，赋予新的活力。

曾有过500多年历史而一度匿迹半个多世纪的中国保镖行业，在80年代以现代保安业的崭新面貌涌现，进入现实生活，从而使这一传统行业在现代化进程中获得了新生。

以武力、武士充当护卫保护人财安全的做法，古已有之，无论是战时还是平时，其例不胜枚举。然而，保镖作为一种行业出现，其历史尚非很久远。明代历史文献中开始较多地见到散于官方档案文书中的奏疏乃至《金瓶梅词话》等各类文献关于镖行的直接文字记载。《金瓶梅词话》中，几处写到西门庆除开有绫缎铺、药材铺等买卖外，还开着"标行"，并以"标船"运送货物。有关文献虽然很少，但已可说明当时镖行已作为一种社会行业存世了。

中国镖行滥觞于明代的"标兵"受雇护卫军饷或巨商大贾重

货的活动，以及布商雇佣武力护卫贩运标布，护卫成为特定的市场，进而成为一种护卫职事行业。形成于明代的中国镖行，伴随清代票号护运业务和其他人身财产安全护卫之需而发达一时。

清季以来，有关镖行的文献多了起来，至今仍可见有当行抄传的《江湖走镖隐语行话谱》《清代镖行江湖隐语行话秘典》存世。此间，镖行业务已分为行程保镖和看家护院两大类，行程保镖又有陆路与水路之分。从皇都北京到南北各商埠码头，大小镖局很是不少，甚至在河北冀县李家庄附近的小小绢子镇上，也设有许多镖局或大镖局的分号。光是京城，便设有多家，其中会友、永兴、源顺等比较著名者，素有"八大镖局"之称。最有名的会友镖局，在南京、上海、天津、西安等地设有多处分号，盛时有镖师达1000多人。

继唐宋之后，明清是民族工商业进一步发展繁荣时期。由于交通不便，路途又时遭盗匪劫掠袭击，直接威胁着商贾行旅的人财安全，于是便促生了进行有偿保安服务的保镖行业。

在火器还不发达的冷武器时代，传统武术技艺是人们赖以自卫防身和进攻的主要手段。除投身行伍、设馆授艺而外，镖行的出现无疑为习武者又开辟了一条立世谋生的用武之路，使武士们得以直接服务社会，谋生自立，并促进了中华传统武术的发展。以大刀、形意拳、八卦掌著称武林的王子斌、李星阶、梁振普等，都曾是一代有名的镖师。以连手短打（即"勾拐子"）著称的拳师刘占山，即出自其世代镖师的家传，其祖父、父亲都是恃武保镖的镖行从业者。著名的秘宗拳第六世传人霍恩第（霍元甲之父），当年也曾为富商充当镖师。

镖行生意，不仅是受雇为商旅护送人财，还为朝廷、官府运送皇杠饷银，并根据需要为达官富绅看家护院。清代盐法道等官衙发往外地的巨额现银，便多请镖局护运。一代重臣李鸿章的宅院，由会友镖局派镖师护卫。在走镖活动中，镖局也代理商号发往各地的汇款，兼办汇款业务。嘉庆年间在京城经商的山西等地的生意人，年节往家捎钱时，也多从镖局运现，虽要付酬金，却比较安全可靠。

在清朝的对外经贸活动中，镖行也被雇请护送出洋货船，即如吴炽昌《客窗闲话·难女》所载："余舅金氏，以大海之洋行为业，自置洋船五，在东西洋贸易。每船必有标客，以御盗贼。"《清稗类钞·技勇类·洪峻与三等羯斗》亦称："时有巨商贸贩外国，苦海盗，聘洪护镖。"

此外，妓馆、赌局为了不受侵扰，也往往雇镖师维护其经营秩序。著名的镖局顾及声誉，不屑为这种下流娱乐行当服务，他们便从一些小镖局雇用镖师。甚至，向有偷拿库银名声的库丁，为提防有人路上勒银，也求助于镖局，雇请镖师往返护卫。

旧时镖行的镖师，除雇主而外，便主要是同可能劫镖的各种盗贼打交道，千方百计地防止失手丢镖。交通工具简陋，道路险恶，盗贼出没其间，因而走镖途中充满了艰难和风险。镖师以武功为资本，但光凭武艺高超还不能保证走镖的安全、顺利，还必须以机智同匪盗周旋，笼络江湖感情，进而送礼买路。如果一遭结仇伤了和气，难免招致报复或故意作对袭扰，镖行在明处总要奔走四方，而匪盗在暗处行踪不定，防不胜防。因而，镖师遭遇劫匪时，总是首先以好言好语攀交情，晓以江湖义气，请求对方放行，实在不行才迫不得已地"以武会友"进行交手。因此，镖行往往"认敌为友"，当面承认保镖这碗饭是盗贼给的，因为如果无贼劫道就不会有人雇武士保镖了。于是口上要说"穿的朋友衣，吃的朋友饭"，尊称对方作"当家的"。镖局多有长年奔走往返的固定路线，就必须设法同沿途的各路绿林拉关系，请求关照，对方到镖局住地办事，镖局不仅热情款待还必须保证其来去安全，相互之间默契相处。

根据走镖活动的特点和经验，镖行形成了一系列以当行事物为内容的行业规矩，诸如插镖旗、喊镖号、谙熟江湖隐语行话等等。插镖旗、喊镖号，既可通报沿途江湖朋友关照放行，又可威慑那些零散强盗不敢贸然劫扰。谙熟江湖隐语行话，不仅可以此证明镖师是江湖中人的身份，更在于这是同江湖盗贼进行言语交际的必要工具，没有"共同语言"便谈不上江湖义气了，也就只能刀戈相见决一雌雄了。一旦有过几次失手丢镖，这家镖局的生意也就难以维持了。因而，各种当行规矩多是以对付江湖上的"暗挂子"（有武术的盗贼）为内容，并且以尽可能不发生冲突为基本策略。

尽管镖行不愿同盗贼冲突结仇，若一旦交涉不通或遇到不理会江湖义气那一套的劫镖者，也只有凭武艺相抵了。而且江湖尚武，往往是以武会友，武功不好便无法立足。所以，当镖师非得有真本事的"尖挂子"不成，镖行的形成便聚集了无数民间武林高手。近世众多的武侠小说，有很多便围绕镖行活动的演义故事，以镖师作为传奇故事中的武侠人物。白羽（宫竹心）的《十二金钱镖》《武林争雄记》《狮林三岛》《毒砂掌》等著名作品，便是直接以镖行活动为题材的，堪称武侠小说中的镖行武侠系列。

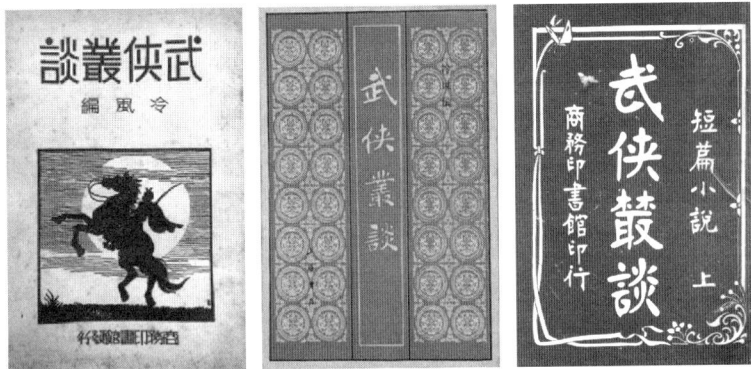

冷风编《武侠丛谈》三种版本封面

推重侠勇是中华武林的一个基本传统，镖师中著名武侠甚多。清末北京源顺镖局的大刀王五，便是在近世武林颇负盛誉的富有进步意识的武侠。或因镖行多武侠之故，许多有关武侠的著作中多可见镖师形迹。商务印书馆1916年出版的冷风所编《武侠丛谈》，第二篇便是钱基博先生写的《老镖客》。是篇写道："陶育臣尝为予言：关东巨盗，都魁悍武桀，甚非江淮间穷民迫饥寒为盗者比也。故巨贾豪商挟资出其地者，辄不吝厚币延聘护行武士。其人大率持镖三寸许，制以精铁，锐其末，掷击人数丈外，无不中，世称之为镖客。"末又云："予又闻之育臣曰：尝访友某轮船局，适有镖客乏资向索贷，见其以镖上掷，中庑下椽头，倒挂于其上，骈两指逆插入计柜，洞焉。柜故制以坚木者也。叠五十钱，以指撮其两端，力搦之，中四十八钱碎为半，而指近撮之两钱，转能完好无损。予之半银饼，乃重取一镖，击前掷挂椽头之镖，中其柄，齐堕下，各承以一手，持去，其伎亦精矣。"文章记述了一位佚名镖师的飞镖绝技。然而，陶育臣氏以为镖师因善飞镖而得名，却是一种很多人所共有的误解。

飞镖是武士们常用的暗器，便于随身携带而且用起来灵活，是一种杀伤力较强的小型兵器。很多镖师擅长使用飞镖，但不是一律使用或会用这种兵器。镖师的"保镖"，不是保护飞镖，而是以事先议定的人财物等作为护卫的对象。保镖，系相对夺镖而言。若无夺镖的危险，就无所谓"保镖"了。

究其实，保镖、夺镖之"镖"，本字当为"标"字。成书于明代万历年间的《金瓶梅》，均写作"标行""标船"。有清以来的有关文字，亦多写作"标"，很少写作"镖"的。直至清末梁启超的《中国地理大势说》中，仍写作"响马标客"。一部镖行中秘传的《江湖走镖隐语行话谱》钞本，有 11 处涉"镖"字者便 5 处写作"标"。

"保镖"相对"夺镖"而言，而"夺镖"本作"夺标"。考其民俗语源，则出自兴始于中国古代南方竞舟游艺的争夺锦标习俗。锦标，即锦旗，是竞舟获胜者的荣誉标志。至今所谓"锦标赛""夺标""招标"之说，仍属袭用其本义。唐白居易《和春深》诗中所谓"齐桡争渡处，一匹锦标斜"，张宽《端午词》中的"段家桥下水如潮，东船夺得西船标"等，说的都是这种传统的竞舟夺标游艺民俗。唐代时，卢肇中了状元之后，曾应邀观看竞舟，一语双关地隐喻他"果然衔得锦标归"，谓其科场夺标及第。江湖推重侠勇武斗，将盗贼劫掠和武侠护卫人财隐喻为"夺标"与"保标"，既合情理，又通俗形象，富有情趣。于是，在镖行行事中便生出"标行""标客""标车""标船""标旗""保标"等种种当行用语来。进而，又因许多标师善用飞镖而将"标"误会为"镖"，导致了脱离其民俗语源本字的语义错位现象。个中，以镖行武侠为题材通俗小说的流行，致使这种误解加深，民国以来便约定俗成地把"保标"写成"保镖"了，并以此类推开去，相沿至今。民初虽仍有写作"标局"者，如夏仁虎《旧京琐记》卷七所载"贯市李者以标局起家"，但已较少见了。夏氏曾在清末及民初两代官府为官，仍旧用"标局"正统写法，悉属自然。

民国十年（1921），著名的北京会友镖局关张。与此前后，北京许多镖局都随着镖行的衰落而结束其经营，镖师们纷纷改行谋求别的生计，有的设武馆授徒，有的到娱乐场卖艺，有的弃武经商。北京前门外于同治年间创办的三义号镖局，改业为三义客店。会友镖局的一代著名镖师李尧臣先是教武术，后则以开茶馆为生计。这时，虽然有的年轻镖师仍旧受雇为人保镖，但已非原镖局的派遣，而是零散的个体活动。现代交通运输和兵器的发达，以及民国以来的外强入侵和连年的国内战争，无疑是历时500多年中国传统保镖行业结束的基本原因。

80年代中期，我国保安业异军突起，一时遍布南北各地，生意兴隆，虽然不失为500多年的传统保镖业的遗风，却是具有新质的保安服务行业。例如：旧时镖局是民间武士自行组建经营的，当代保安公司则是由政府有关部门控管的。旧时镖局常常采取同盗贼相互默契关照的手段或凭武力来维持生意，当代保安公司则根据有关法律法规维护经营活动秩序或担任安全守卫任务，协助司法机关防御、制止和打击有关违法犯罪行为。旧时镖局是富有封建色彩的江湖武士自由职业组合，而当代保安公司作为在公安部门直接领导下的安全服务企业，无论从业人员素质、护卫手段、装备还是经营管理，都同镖局有着质的区别。为适应现代化建设的需要应运而生的当代保安业，正以全新的面貌谱写着继传统镖行之后的中国保安史上崭新的一页，既是对传统保镖行业的否定，也是对历史的继承与超越。

保镖与保安的本质，是护卫人财物安全，并由此而生成社会化的服务业"镖局"及其职业。其核心词，是"护卫"。"护"者，《说文解字》卷三言部："护，胡故切，救视也。从言蒦声。"《段注》："救视也。《尚书·中候握河纪》：'尧受河图，伯禹进迎，舜、契陪位，稷辨护。'注云：'辨护者，供时用相礼仪。'《周礼》注亦云：'辨护'。《萧何世家》：'数以吏事护高祖。'""卫"者，《说文解字》卷二行部："卫，于岁切，宿卫也。从韦、帀，从行。"《康熙字典》的系列引证：《广韵》："卫，护也。垂也。加也。"《篇海》："防也，捍也。《玉篇》："护也。"《公羊传·定四年》："朋友相卫。注：'相卫，不使为雠所胜。'"就其护卫人财物安全这一本质而言，保镖与保安的行为、活动古已有之，只罢未如明清时代成为一种社会化的服务业"镖局"及其职业。

只要是人类社会的"丛林法则""适者生存"自然法则存在，自卫与寻求自我保护的护卫行为、活动就必然存在。那么，可以说，只要是社会有所需求，这种行为、活动乃至社会化的服务业"镖局"及其职业就必然存在，或是以各类流变的形式存在并发挥其固有的功能。

考察、研究中国古代镖行产生、发展和衰落的历史轨迹，既在于分析、认识它所展示的文化传统，更在于必要的否定、继承和超越，服务于现实生活，开拓未来。

一、镖行史探源

公元 1984 年 12 月 18 日，在举世瞩目的新兴城市深圳，爆出一个出人意料的冷门新闻，那里成立了一家有偿服务的蛇口保安服务公司。

转过年，也就一个多月光景，全国政法工作会议便及时地肯定了这种有偿保安服务的经营方式。经中央批准的这次会议的文件中说："借鉴国外经验，在大中城市创办保安服务公司，承担大型营业性展览、展销和文体活动，以及外商独资、合资企业的保安业务，建立这样一个在公安部门监督管理和指导下的服务公司，既能满足需要，有利于治安管理，又有利于缓和警力不足的困难。"于是，保安服务迅速推广开来。

据统计，截至 1988 年底，相距蛇口保安服务公司成立仅 4 年光景，除西藏外，全国各地涌现出 591 家这样的公司，从业者达 5.6 万余人；在这 4 年里，后两年比前两年翻了两番还多。当代新兴保安服务行业的发展，实在显示了时下人们常说的"深圳速度"。这一现象，也引起了海外及香港等新闻媒介的关注。香港一家报纸的言论，甚至为"民间镖局"在内地的"死灰复燃"而忧虑。

一如"名片"在中国已有约 2000 年之久的历史，因改革开放后社会交际的需要而又重新流行开来。亦如肇始于南朝佛寺质贷的典当业，在内地绝迹 40 多年后今又复出。有偿保安服务，也不是"舶来品"。尽管在内地消失了多年，却也是一个源远流长的传统民间行业，即颇富江湖文化神秘色彩的中国镖行。

　　所谓"镖行"，就是以武力保护人财安全的行业，即通常说的"保镖"。

1. 中国镖行起源诸说

　　中国的镖行起于何时？

　　这是一个众说纷纭、长期未决或说难以明确断定的历史悬案。

　　由于镖行中人多出身卑微，当行又系处于非主流文化的江湖社会层面，因而在"正统"的史籍中几乎看不到有关记载。据说，因《史记·货殖列传》中记有春秋时越国大夫范蠡，曾"乘扁舟浮于江湖"，经商致富后还把资财一再分散给贫交和疏远的兄弟，仗义疏财，因而后世江湖各行均奉之为共同的祖师。究其实，不过是江湖中人在崇尚正统意识的作用下的"攀附"之举。尽管奉范蠡为祖师，历代史籍亦不买这

江湖各行均奉之为共同的
祖师范蠡像

个账，照样不录其事迹，镖行自不例外。

金庸的武侠小说以元代为背景《倚天屠龙记》的背景故事，写到了一个龙门镖局。不过，尽管其实那个时代虽然会存在保镖、看家护院和押运活动之类的保镖活动，但是迄今尚无历史文献佐证当时已经出现作为商业化护卫服务的镖局机构，乃至成为武侠们职业性的安身立命之所。所谓的"龙门镖局"，当然纯属小说家的虚构。至于电影《镖行天下前传》，讲述的是由明朝锦衣卫中普通的送信小兵王兆兴凭借着自己的聪明机智和过人胆识，误打误撞地结识了平安镖局的一群镖师们，开始自己报效祖国的系列故事，其中写到个"平安镖局"，尽管当时已经出现了"镖局"，这个镖局及其背景故事仍是虚构的文学故事。

关于中国镖行的起源或说发端，目前至少有七种说法。

其一，镖行源自明代"打行"说。

或谓镖行源自明清的打行，可以说，此说难以成立。为何？且看下述。

所谓"打行"，是指明清之际始见于苏州市井的一种替人充当保镖、打手的暴力行帮。如明范濂《云间据目抄》卷二谓："恶少打行盛于苏州，昔年抚台翁大立几被害。此风沿入松，以至万历庚辰后尤甚。又名'撞六市'。"又如明冯梦龙《智囊补·上智·鞫真卿》："府谓曰：'县多骡夫难治，好为之。'王唯之，然不知骡夫何物，讯之。即吴下打行天罡之类。大家必畜数人，讼无曲直，挺鬭为胜，若小民直气凌之矣。"再有清褚人获《坚瓠九集·打行》引《亦巢偶记》亦云："打行，闻兴于万历间，至崇祯时尤盛，有上中下三等。上者即秀才贵介亦有之，中者为行业身家之子弟，下者则游手负担里巷之无赖耳。三种皆有头目。人家有斗殴，或讼事对簿，欲用以为卫，则先谒头目。顷之齐集，后以银钱付头目散之，而头目另有谢仪。散银钱复有扣头，如牙侩然，故曰行也。"

打行群体人员芜杂，主要是市井游民中的拳勇混混。这一点，诸多历史文献均有记载。除前所述，又如，明叶权《贤博编》即云："吴下新有打行，大抵皆侠少，就中有力者更左右之，因相率为奸，重报复，怀不平。"康熙《苏州府志》卷二一《风俗》云："市井恶少，恃其拳勇，死党相结，名曰'打行'，言相聚如货物之有行也。"清顾公燮《丹午笔记·打降》《丹午笔记》亦云："善拳勇者为首，少年无赖属其部下，闻呼即直，如开行一般，故谓之'打行'。"等等。

陈宝良《中国古代镖局的起源及其兴盛：兼及
标兵与镖局之关系》文章篇题书影

也有研究认为[1]，私人武力的受雇在明末的长江三角洲似乎并不稀罕。明万历四十四年（1616）松江府一带的百姓，因为名画家董其昌的家仆为非作歹而攻击董家的宅邸。董氏家仆事先得

---

[1]陈国栋《保镖考》，《食货月刊》第14卷第5、6期（1984年）。

到风声，雇集"打行"在家防护。① "打行"成为一种"行"，而且有处可雇，想必已经有了组织。保镖者为了护送布商，必须常常往来松江府，因此也很可能受"打行"的影响而很快地成立组织。由此推断，"镖局"或"镖行"的出现极可能就在"保镖"流行后不久，换句话说，大约就在 17 世纪第 2 个 4 分纪（1226—1650）当中。

如此打行群体，或有曾经充当护卫保镖活动者，但并非以其为主业，并非以传统武术技艺从业的乌合之众，特别是并非如镖行那样为官府所认可的正式职事行当。因而，两者性质截然不同，认为镖行源自打行之说，言之无据。

其二，滥觞于"标兵"说。

"标兵"指明代隆庆、万历时期军事将领或地方文武统帅亲自率领的中军，既有护卫统帅之责，后又被广泛用于护卫军饷。有研究认为②，"镖局当起源于明代的标兵，而镖局之'镖'原本作'标'，镖局则当作'标局'"。关于"标兵"，该文说，何为标兵？所谓标兵，指将领或统帅亲自率领的中军。隆庆二年（1568）三月，戚继光更是就标兵出现的原因乃至作用进行了详细阐释，标兵出现的原因在于边疆守备力量的削弱与兵士的减少。为了加强边备，朝廷从各将领所属军士中，选取最为精壮之人，人数不过数千，分别隶属于总督、巡抚、总兵标下，于是有

①本文原注：（见于）《民抄董宦事实》，收在《中国近代内乱外祸历史故事业书》（台北：广文，一九六七年），页二二〇。有关"打行"的最新研究，见上田信，《明末清初江南の都市の无赖をめぐる社会关系——打行と脚夫》，史学杂志，九：十一（一九八一年十一月）。
②陈宝良《中国古代镖局的起源及其兴盛：兼及标兵与镖局之关系》，《西南大学学报（社会科学版）》2014.5。

陈国栋《保镖考》篇首书影

"标兵"称谓。明代标兵之种类，可区分为督师标下之标兵、兵部标下之标兵、总督巡抚标下之标兵、守巡道臣标下之标兵、武将标下之标兵五类。"标兵"既有护卫统帅之责，后又被广泛用于护卫军饷。镖局是明清两代通行于北方的一种职业护卫组织，职责在于负责保障远行商旅的安全。镖局源头有二：一是起源于至松江府贩卖标布的"标客"与"标行"，时间大约为明万历末年至崇祯初年；二是起源于明代的"标兵"，时间早则在明嘉靖以后，晚则在明隆庆、万历时期。至清代，镖局遂达臻全盛。

明代官方的档案文书记载着当时具有武力护卫性质的"标兵"的存在，并有奏疏招募（征用或雇佣?）标兵"为朝廷效命"。例如，明代中叶，当国家抵御外侮的军事制度崩解之际，万历年间，河南道监察御史卢谦便请求招募山东临清一带的江湖好手，为朝廷效命，"盖临清以护送标客为生业，其习于武事，无人不然"。陕西监察御史牟志夔亦曾在上疏的公文中提到："有兵之处，以所募之兵应。如河南之毛兵、少林之僧兵、山东临清之获（护）送标兵之类，并他州县骁勇应募者。"①

有记载说，保镖护卫人员以竖"红标"作为标志，故曰"标兵"。如明末魏禧《兵迹》卷七记载：

> 临清北路一带有标兵，善骑射，用骏马小箭，箭曰"鸡眼"，马曰"游龙"，往来飞驰，分毫命中。巨商大贾常募捐款以护重赀，彼与俱，则竖红标，故曰"标兵"，贼不敢伺。有时为逆，即是"响马"，劫掠孔道，以鸣镝为号，闻鸣镝，则响马至矣。矢不从后发，每逾人之前行，回簇反向，行路者须弃物走，否则致命。亦有善射者，辄下马趋傍马之侧，张弓向贼，引而不发。彼见之，以为能手，亦不敢动。响马与标兵，皆劲兵也。

个中，"巨商大贾常募捐款以护重赀"所雇佣的"标兵"，是否即隶属于总督、巡抚、总兵标下的"标兵"，不得而知。

其三，滥觞于明代护卫标布说。

傅衣凌先生在《明清时代商人及商业资本》一书中提出，"标局"疑似因为护送贩运"标布"的布商而得名："明清两代江

---

① 据《研之有物》报道《从档案文书揭开镖局之谜》专访"中研院"历史语言研究所陈熙远研究员，透过明清档案文书，带你一同揭开历史上镖局侠客的身世之谜。（采访：编辑萧智帆；美术编辑：林洵安）。

南的标布多北鬻秦晋，我疑清代的标客，即源来镖布客商，而标局则为护送布商而得名。"① 有人明确指出，"镖行"即"布行"。②

陈国栋《保镖考》③ 力主此说，并做专论。本论提出，布商雇用人夫（私人武力）保护商品，这便是"保镖"的起源。很可能"保镖"的最初意义就是"保护镖布以防被劫"的意思。约言之，保镖起源于镖商贩运镖布，请人护送。时间上大约相当于明万历末期；镖局的出现要稍后些，但亦差不了几年。传说镖局起源于顾炎武、戴廷栻、傅山（傅青主）等人筹备反清复明事业的说法，虽无确证，时间上倒相当吻合。论文举证的主要史证文献如下：

> 保镖的起源要从明代松江棉布的行销说起。明末松江绅士陈继儒（1558—1639）在其一篇名为《布税议》的文章里，对松江府棉布行销的商路作了以下的描述：
>
> 其沂淮而北，走齐、鲁之郊，仰给京师，达于九边，以清源为绾毂；出长江之口，经楚、蜀而散于闽、粤、秦、晋、滇、黔诸郡国，以芜关为绾毂。是皆孔道要津布商麇集，舟车负载，尽夜驰骛而不息。此天下之大命脉也。
>
> 崇祯《松江府志》卷三，"镇市"条则为：朱家角镇，在五十保。商买凑聚，贸易花布。京省镖客往来不绝，今为巨镇。

---

① 傅衣凌《明清时代商人及商业资本》第174页，人民出版社1956年。尽管傅氏于此书中未就此话题展开做详细的专门考证论述，出语严谨，却以其相关研究的学术功力一语中的。

② 许大龄《十六、七世纪初期中国封建社会内部资本主义的萌芽》，载《中国资本主义萌芽问题讨论集》第922页注一，生活·读书·新知三联书店1957年。

③ 陈国栋《保镖考》，《食货月刊》第14卷第5、6期（1984年）。

再如李刚、郑中伟《明清镖局初探》① 的记述：

　　谈镖局不能不谈镖客。镖客的由来关键在于对"镖"字的理解上。我们以为，镖客的"镖"字确为"标"字，但这"标"指的是江南一带生产的标布。"标客"一词在明代的记载中已屡见不鲜，大都与标布和商人相联系。如《松江府志》载明代万历年间朱家角镇是远近闻名的标布贸易中心，该镇"多标行"有数百家布号"京省标客往来不绝"。《珠里小志》卷一也载其地"茶楼酒肆，为京洛标客居停之所"。可见，"标客"最初是指贩运标布的客商或与之相联系的护商人员。傅衣凌在《明清时代商人及商业资本》一书中指出："明清两代江南的标布多鬻秦晋，我疑清代的标客，即源来标布客商，而标局则为护送布商而得名"，傅衣凌的解释抓住了"标客"这一概念的实质，所以叶梦珠在其《阅世编》卷七中把标客与巨商并列，称"标客巨商罕止"。后来，江南标布被鄂豫府布代替，秦晋燕绥客商不江南，"标客"与"标布"行业逐渐分离，并且镖师多用飞镖，"标""镖"同音，"标"字逐渐流变为"镖"字，"标客"也就变成了"镖客"。

当时的"标布"生产、贩运与"标局""镖局"不止是一种伴生关系，而且显示了"镖局"作为一种职事行业发端于由护卫"标布"生产与贩运的因果关系。

---

①李刚、郑中伟《明清镖局初探》，《华夏文化》1999.4。

其四，标行始见于《金瓶梅》说。

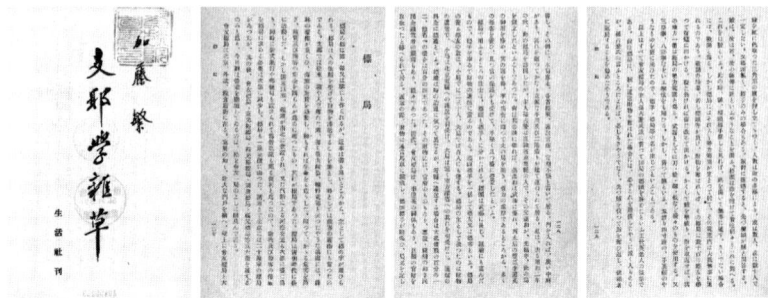

加藤繁著《支那学杂草·镖局》当页全部书影

持此说者，主要见于日本学者加藤繁《支那学杂草》的《镖局》一文①。力主滥觞于明代护卫标布说的陈国栋《保镖考》关注到了加藤繁此文曾经引证《金瓶梅》②刊本中的有关文字，但不"认为是'镖局'最早的文献"。为此，陈氏做了比较详细的论说和引证。且逐录如次。

> 传统中国内地的交通以"南船北马"而闻名，正如前引《布税议》所谓的"南傤船，北傤车"。西门庆的铺子开在清河县（临清州的属县），正当大运河要津，因而可以利用大运河运货，雇（傤）船往来。西门庆这回派韩道国、崔本和来保三人南下杭州、湖州、松江购买绸、布，可能因为购买量不够大（共值六千两），所以与其他客商合雇一条船，因此，动身的日期要"客伙"或"各家"会商。这种情形与明

———————————

①加藤繁著《支那学杂草》第127—132页，日本东京生活社1944年。
②加藤繁本文所述《金瓶梅》，似当为今所见万历四十五年丁巳（1617年）刻本《金瓶梅词话》。为避免重复，本文所引证的《金瓶梅》文字，详见本书明代镖行部分，于此从略。

末临清的丝、棉织品商业的发达正相符合：因为临清的缎
匹、棉布店铺并不只西门庆所拥有的少数几家，从而需要南
下置货的也不止一、两家，因而诸家合雇一船南下，既省旅
费，又保安全。临清缎布店之多，可见诸万历三十九年
（1611）户部尚书赵世卿的"关税亏减疏"：临清向来"有"
段（缎）店三十二座……布店七十三座。

　　显然万历时期临清的绸、布店多达一百余家。《金瓶梅
词话》中的文字说明批发绸、缎前往杭州、湖州，购买棉布
则前往松江，而松江正是镖布的盛产地。韩道国、崔本与来
保三人都是西门庆的伙计，显然不是武师。《金瓶梅词话》
中亦未提及二十四日开行的镖船中，除了他们三人以及其余
的客商外，还有任何武师随行。因此，"镖船"在此的意思
可能只不过是镖商合雇的船，或购买棉布的船，而非日后与
"镖车"作类似用法的"保镖之船"的意思。引文（一）提
到西门庆"外边江湖又走镖船"当是指他派伙计与人合雇船
只采买商品，而非说他经营保镖或拥有"保镖之船"的意
思。以西门庆备买布的银数只有四千两来考虑，距离叶梦珠
所谓"白银动以数万计"的富商大卖而言，西门大官人只不
过是个"中小企业家"罢了，要经营"镖船"生意，恐非其
能力所及。总之，在《金瓶梅词话》一书中，"镖船"所涉
及的当只有镖商或镖布，看不出有保镖的意味。事实上"镖
客"（即镖商——镖布客商）一名的出现，也不早过万历。
兹比较两条方志的记载如下：

　　万历《清浦县志》卷一，"市镇"条云：

　　朱家角，在五十保一区二十五图。商买辏聚，贸易花

布，为今巨镇。

崇祯《松江府志》卷三，"镇市"条则为：

朱家角镇，在五十保。商买凑聚，贸易花布。京省镖客往来不绝，今为巨镇。

后者显然隐括前者而成，唯"京省镖客往来不绝"一句为新增。这充分反映了"镖客"在朱家角镇乃至松江府出现，并且引起注意，必在《清浦县志》《松江府志》两志修纂之间，亦即约略在万历末至崇祯初，相当于西元 1600 至 1620 年代。

由于"镖布""镖客""镖商""镖号""镖行""镖船"诸名称的出现均不太可能早于万历（1573—1619），因此保镖的活动与名称当更为晚出了。褚华记姚大汉的逸事已属明末，尚称"曾为布商护其货"，而不称"保镖"，则"保镖"一名又较其活动为后出。

事实上，加藤繁的《镖局》此文关注到了万历刊本《金瓶梅》书证与"标布"生产、贩运与"标局"的伴生性关联，只不过，未如陈国栋《保镖考》那般展开广泛疏证，这不是该文的主旨所在。尽管标行的记载并非始见于《金瓶梅》，总还是为探析追寻中国镖行起源提出了有益而且是重要的线索。或许，这也是陈氏《保镖考》关注加藤繁的《镖局》用意之一吧。

其五，发端于清代"票号"说。

民国燕京大学陈其田教授《山西票庄考略》① 指出，"日升昌"就是中国的第一家票号。是书说："大概是道光初年，天津日升昌颜料铺的经理雷履泰，因为地方不靖，运现困难，乃用汇

---

①陈其田《山西票庄考略》，商务印书馆 1937 年。

票清算远地的账目，起初似乎是在重庆、汉口、天津间，日升昌往来的商号试行成效甚著。第二步乃以天津日升昌颜料铺为后盾，兼营汇票，替人汇兑。第三步在道光十一年北京日升昌颜料铺改为日升昌票庄，专营汇兑。"

镖行发端于清代"票号"之说，见于卫聚贤提供给"中央银行研究处"的《山西票号史》这部研究报告，认为是由于商家因"抵制标局运费之大而设""票号"并设立镖局。首先，报告的自序中写道：

> 票号是谁发明的？传说是平遥县日升昌颜料庄经理雷履泰，但无直接证据。而山西金融之中心，确系太谷。即以标期而言，山西之标，分为两种：一为太谷标，即太谷一县之标；二为太汾标，即太原府所属之祁县、榆次，与汾阳府所属的平遥、介体之标。在地域上讲，太谷也不是独偏于东而另划分一区，实系太谷县在当时经济上占大势力，其一县之势力可抵榆次、祁县、平遥、介休等数县，故独为一标。且各路运汇来之现银，先集中太谷；办收交开利率，悉以太谷为先准。又省库所收之银，其元宝上有太谷县孟家银炉所印之"孟合"二字，即当做十足银使用而不化验，可知太谷县在当时经济势力之大。票号固以汇兑为业务，而资本不雄厚，则不能运现以接济。余调查票号时，太谷县协成乾票号股东孙培基对余云："票号是太谷先发明的，约在乾隆年间。"其人为举人而善于掌故，其所云不能无因，但究竟如何，尚待第二次之调查。
>
> 太谷之领袖票号为志成信、协成乾。志成信为最老，协

成乾系志成信之伙友分设者。志成信在外设有标局，名曰志一堂，系送现银，有账可稽者在道光年间，是该票号在北京仍用志一堂名号。是志成信在太谷票号中为最古。(自序第2页)

而后，报告的正文中亦多处述及，如：

标局初为保护行旅，继则代运现金。标局之所以成立，系解决商人所带现款之困难；而票号所以成立，系抵制标局转运现金运费之高昂。

票号成立的传说，有：

一是乾隆时征大金川小金川用兵有年，需用粮饷甚多，由京解往四川，路远而且不便。适山西平遥日升昌颜料行在四川平遥各地贩卖铜绿，将四川盈余者得中标局运京，乃与管军饷的私人商议，曾做过两相拨兑的生意。

二是山西商人在北京开干果店甚多，每至年终，将薪金由标局运往山西。但因运费高昂，与日升昌颜料行是亲友者，交到北京日升昌颜料行，写信到家，家中凭信，到山西平遥县日升昌颜料行取款。因日升昌老号本在平遥，而总号设在北京，各号结账，均得到北京，是以两相拨兑，均省得一笔标局运费。初则限于亲朋，继则只要有人介绍，同乡亦可；久则因为便利，如需要兑款，可以向外兑拨兑，为内贴外贴，视彼此需要而定。(正文第8—9页)

按日升昌内悬有一木匾，上书"怡种养素之轩"，下书"道光四年孟夏"，"七松老人"，图章为李秉礼。或者日升昌就是道光四年改立的。

相传发明票号者为雷履泰，但雷履泰生卒年月不可考①。惟平遥县城内文庙道光二十四年碑，有"雷履泰捐银四十两"，是票号之设立，总在道光年间。

又相传雷履泰为日升昌大柜，毛鸿翙为日升昌二柜。后毛鸿翙出号入蔚泰厚绸布庄，将蔚泰厚亦改为票号。兹观蔚泰厚于道光二十四年及咸丰元年京都与苏州往来信稿中，尚能看出蔚泰厚对于日升昌的妒忌及两家争夺生意情形。

道光二十四年蔚泰厚苏州分庄京都信稿，四月二十三日信云："再报：苏地大涝，功名以及钱店生意，咱号概不能做分文，皆因日升昌、广泰兴等号，今年以来，收揽从九监生，加色曹平，二十二微大些，二十、二十一不等。照此，咱等实无划算，是以只可不做，但不知伊等如何算法。"

八月初八日信云："今耳闻日升昌亦往苏起银七八万两，起身日期，亦许在三五天内。报知。"

八月二十日信云："跟标车三辆……统共合咱平银七万四千两……至于此次办理，缘三几天，日期甚急，所以银色未免无暇过神，且又遇承光庆、日升昌一号俱加利借银，因而即便有工夫时，亦不能顺手挑拣，将此情呈兄知之。"

九月初十日信云："志一堂定于二十六七日往苏送银七八万两，全是关东宝。日升昌所来之银，亦系出与伊号。报兄知之。"

①雷履泰（1770—1849），实业家，中国票号创始人。雷氏于清嘉庆年间受雇出任平遥县西裕成颜料庄总号掌柜期间，受亲友间异地汇兑的启发而发现汇兑的商机，于道光元年（1821）改设"日升昌"兼营汇兑，果然营业兴旺，遂放弃颜料生意，专营汇兑，成为中国历史上第一家票号，并陆续设分号遂遍及全国各大商埠。

十月二十日信云："今天日升昌往苏起银八万余两，乃系伊昨日由沈来标，想是关东宝多。伊号早几天在京办足赤金千数两，自系一并带苏。至日，可将赤金行市陆续在京沈逾音，以备咱号，适遇再带。虽系预为之计，便中题及一二是妙。"（正文第9—10页）

另据严慎修《晋商盛衰记》之《汇票庄之创始》记述，日升昌颜料铺经营票号之前已有镖局存在，其时日升昌颜料铺兴盛发达时往来各地的货物现银"少数由商人自外携带，多数则由镖局护送，故保镖事业，厥时甚盛"。①

《山西票号史》既说"票号"发端于"镖局"，又说"镖局"发端于"票号"，两者在逻辑关系上未免前后矛盾，表述不清。

顾炎武像

不过，尽管如此，且不论谁发端于谁，就《山西票号史》的记述可以肯定地说，当时的"票号"与镖局"是一种伴生关系。

其六，发端于明末清初"反清复明"革命说。

认为镖局发端于明末清初顾炎武与傅山及戴廷栻等人士出于"反清复明"事业的需要，创设了镖局，首先是1937年实业部国际贸易局编辑出版的《中国实业志·山西省·金融》记载：

---

①《晋商盛衰记》又名《晋人生计研究录》，系太原商业专门学校1923年的调查报告。

顾炎武至其地，乃为组织镖局，以现银转运，承解公私款项，雇佣大批武艺高强之人，明为保镖，暗中培养复明能力，自此山西镖局信誉甚著。

傅山像

其次是历史学家卫聚贤 1944 年出版的《山西票号史》所持观点。他在这篇研究报告中说，"经我的考证，顾炎武与傅山及戴廷栻为推翻清室做革命工作而创设标局"[1]。这篇研究报告反复阐述了这个观点。如：

> 戴廷栻、顾炎武、傅山等均文人，如何能完成革命事业？谋招徕武人为助，但恐清廷注意，利用山西人民长于经商，从保护商人及代替商人转运现金、雇佣武人为名入手，于是组织"标局"。（正文第 5 页）

> 标局是雇佣武术高超的人，名为标师傅，腰系标囊，内装飞标，手持长枪（长矛），于车上或驼轿上插一小旗，旗上写标师傅的姓。沿途强盗，看见标帜上的人，知为某人保

_____

① 卫聚贤《山西票号史》自序，第 2 页，中央银行经济研究处 1944 年出版。

标，某人武艺高强，不可侵犯。重在旗标，故名"标局"。标局分春夏秋冬四季，运现至山西太谷县，名"太谷标"；又运至祁县、平遥、汾阳，名"太汾标"。此时名为标期，又称过标。（正文第 5 页）

戴廷栻、顾炎武、傅山在山西成立标局，目的在革命，但不久失败。（正文第 7 页）

此外，另有今人综合以往诸说提出，票号发明人，传说是顾炎武，经考证，顾炎武与傅山及戴廷栻为推翻清室做革命工作而创立了标局，标局是代商人运现，票号是为限制标局运费之大而设的。太谷是山西全省的第一商区，在商业界的势力可以左右全省金融。日升昌不是"中国第一票号"，而是太谷的志成信票号。亦如太谷县协成乾票号股东孙培基云："票号是太谷先发明的，约在乾隆年间。"①

戴廷栻像

基于《中国实业志·山西省·金融》《山西票号史》的记述，以及今人考证所展示的文献可见，一如上面关于发端于清代"票号"说所议，戴廷栻、顾炎武、傅山等志士出于"反清复明"革命事业的需要，创设了镖局，与

①张树彬、李迺彬、武玉柱《山西票庄的起源》，《山西日报》2010 年 7 月 26 日第 C01 版。

"票号"与"镖局"既相关联又相似，亦属于一种伴生关系。

其七，发端于清代"神拳"张黑五说。

万籁声像及其《武术汇宗·镖师与江湖》书影

此说见于卫聚贤《山西票号史》所引述万籁声《武术汇宗》①的记述，而且，"神拳"张黑五被尊为镖局业的祖师爷。报

---

①万籁声著《武术汇宗》，商务印书馆1929年。本书有多种版本，卫聚贤《山西票号史》所引述的这段文字，虽于引文中随文标注为商务本，但笔者未见到，因而以照录转引。

告中写道：

> 标局是什么时代设立的？万籁声《武术汇宗》（商务本页 257）云："考创设标局之鼻祖，乃系清乾隆时，神力达摩王之老师，山西人神拳无敌张黑五者，请于达摩王，转奏乾隆，领圣旨，开设兴隆标局于北京顺天府前门外大街。嗣由其子怀玉继以走镖，是为镖局之嚆矢。故镖师爷走镖时，有'黑五'口号者，即看对方是否为张黑五门下之友朋孙徒也。"按戴廷栻卒于康熙三十年，标局之成立，当不在乾隆时代。（《山西票号史》正文第5页）

卫聚贤像及其《山西票号史》书影

卫聚贤《山西票号史》引述万籁声《武术汇宗》此说，在于以"戴廷栻、顾炎武、傅山在山西成立标局，目的在革命"之"戴廷栻卒于康熙三十年，标局之成立"，"神拳"张黑五被"兴隆标局"尊为镖局业的祖师爷之说，发生在其后的乾隆年间，从而否定镖局发端于清代"神拳"张黑五说。

查阅《山西票号史》所引述万籁声《武术汇宗》，未见此段记述。本书于此单列，聊备视为有文献记载的镖行起源诸说中的一说。

上述诸说可见，中国镖行滥觞于明代的"标兵"受雇护卫军饷或巨商大贾重货的活动，以及布商雇佣武力护卫贩运标布，护卫成为特定的市场，进而成为一种护卫职事行业。形成于明代的中国镖行，伴随清代票号护运业务和其他人身财产安全护卫之需，形成了以押运钱财货物为主兼事人身安全护卫或看家护院的社会化、商业性保安机构镖局而发达一时。

2. 人财物护卫需求催生的明代镖行

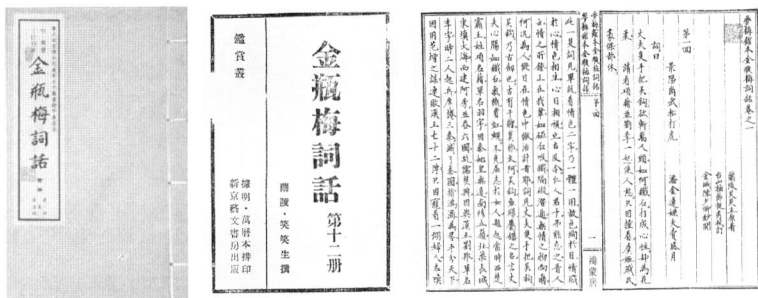

《金瓶梅词话》封面及相关页面书影组图

有人推断说，"我国古代镖局当出现在宋朝以后，极盛于清朝"[1]。宋代及宋以前的情况，因缺乏实证性文献，难觅镖行行迹。中国保镖行业的形成，滥觞于"标兵"受雇护卫军饷和护卫

---

[1]曹策前、于海兵《新型保安业的崛起》，刊《新世纪》杂志1991年第12期。

标布松江棉布的行销贩运，加之明代官方的档案文书中所记载的招募具有武力护卫性质"标兵"的奏疏，以及其他文献显示的巨商大贾雇佣武力人财物护卫的需求，催生了明代镖行护卫成为特定的市场。

一部《金瓶梅》，亦可为我们从一个侧面展示出镖行在明代颇为兴旺的迹象。姑且就从《金瓶梅》说开去。

传为万历刊本的《金瓶梅词话》中如下三例片断：①

其一

　　员外道："你们却不晓的，西门大官家里豪富泼天，金银广布，身居右班左职。现在蔡太师门下做个干儿子，就是内相、朝官，那个不与他心腹往来。家里开着两个绫缎铺，如今又要开个标行，进的利钱也委的无数。……"（第55回）

其二

　　话说西门庆那日陪吴大舅、应伯爵等饮酒中间，因问韩道国："客伙中标船几时起身？咱好收拾打包。"韩道国道："昨日有人来会，也只在二十四日开船。"（第66回）

其三

　　这文嫂方说道："县门前西门大老爹，如今见在提刑院做掌刑千户，家中放官吏债，开四五处铺面：缎子铺、生药铺、绸绢铺、绒线铺，外边江湖又走标船，扬州兴贩盐引，

―――――――――

①这里采用戴鸿森校点本，人民文学出版社1985年版。

东平府上纳香蜡，伙计主管约有数十。……"（第 69 回）

《金瓶梅》是一部成功的世情小说。它在艺术地展示明代市井风情的同时，也比较客观地反映着当时社会的政治、经济生活风貌。这些都是通过叙说西门庆种种故事显现出来的。

西门庆作为一个破落户出身的市井恶棍，之所以能够成为拥有殷实资本而花天酒地的暴发户，很重要的一个因素，是他不止谙于经商之道，而且尚长于官场上的钻营，深悟权与钱的利害关系。上述（1）、（3）两例片断，即充分地说明了这一点。在上有权势可仗、家有资财产业可据的条件下，西门庆还比当时一般商贾略高的一着，则是自开"标行"（即镖行）。显然，这标行既可稳便地护运自家货物，又可兼用为别家货贩护运获利，成为其诸般经营之外的又一财源，堪见其生财有术而且雄心勃勃。

就这几个片断不难使人窥知：

西门庆是在拥有相当殷实的产业，并据有上起当朝左丞相蔡京、两淮巡盐御史蔡蕴、工部主事安忱、右丞相李邦彦以及太监、皇亲，下至县丞、胥吏、帮闲等权势可资依仗、运动的政治背景下，进而兴办自家镖行的。前者是必备的经济基础，后者同样是镖行的命根子。对于镖行这种特殊行业来说，没有权势作为靠山便寸步难行，历来如此。例如，创办于明末清初的北京著名镖行"会友镖局"，清末时就曾把李鸿章拉为后台以支撑门面。据光绪二十年（1894）进入会友镖局的著名镖师李尧臣先生（1876—1973）讲：

当时官面上有专管拿贼的采访局。他们称贼为"点子"。

贼一进京，采访局就在后面跟上了。可是一看见贼进了镖局，他们就不敢拿了。为什么官面上还让镖局一头呢？因为镖行有后台，我们称之为大门槛，也就是当时在朝廷最有势力的大官。比如会友镖局，后台老板当时是李鸿章。他应名算是会友的东家，可是也不用他出资本。因为会友派人给他家护院守夜，拉上了关系，就请他当名誉东家。采访局要得罪了镖局子，镖局子跟李鸿章一提，一张二寸长的小纸条，就要了采访局的命。所以他们就不敢找镖局子的麻烦了。①

　　西门庆及其镖行的靠山，无疑是其干爹蔡京等一干人等了。而且，其本身还身为山东提刑所理刑千户这样的实权小吏，另多一层方便。

《最后的镖王：武林泰斗李尧臣传》封面书影

镖行因保护权势所资财安全的需要而兴业，亦需仰仗财势、权势而立足经营，两者互为利用。

（1）镖行是以赢利为目的的有偿服务行业。这也就如书中苗员外向他许赠给西门庆的那两个歌童夸耀西门家豪富时说的，"家里开着两个绫段铺，如今又要开个标行，进的利钱也委的无数"。那标行乃西门庆另一生财行当。

（2）西门庆经营的镖行，主要是用于水路贩盐的"标船"，

①李尧臣《保镖生活》，刊《文史资料选辑》第75辑，文史资料出版社1981年。

亦即书中为西门庆和林太太拉纤的媒婆文嫂所说的，"外边江湖又走标船，扬州兴贩盐引"。所谓"盐引"，是宋代以来所实行的盐制发给运销食盐商人的凭证；盐商在缴纳盐价、盐税后领取盐引，凭此领盐、验税和运销。书中蔡京的义子蔡蕴在出任两淮巡盐御史之职时，即为西门庆以标船贩盐提供许多便利。既有盐政要员这一层方便，又有自家"标船"为贩运工具，因而西门庆的贩盐生意便成了他的一项重要产业。"标船"，亦即插有镖行旗号并由镖师护卫的航船。至于西门庆的"标行"是否还有陆路镖队活动，书中没有描述。

（3）从第六十六回书中西门庆询问伙计韩道国，"客伙中标船几时起身？咱好收拾打包"，可知其标船一方面自用，同时也兼对其他客商经营，是名副其实的"标行"。仅雇镖师护卫自家货船而不对外经营牟利，也就没有自办镖行的意义了。在此，那"标行"同生药铺、绫段铺、当铺等一样，都是据以生财的产业行当。

尽管《金瓶梅》的作者究竟是谁迄今仍众说纷纭，但其成书于明代并有明万历刊本传世，却是学界的共识。在缺乏有关史料的情况下，《金瓶梅》中有限的几处写及"标行""标船"的片断，则成为我们考察明代镖行情况的难得材料。尽管不能借此了解那200多年里镖行的全貌，却也可从中窥知当时镖行情形的一二，即镖行是有偿进行

李尧臣像

护卫人财安全的赢利性行当，经营镖行不仅要有财力基础，还要有权势作后台来支撑，当时的镖船直接服务于水路盐运和商旅，等等。凡此，已足以从一个侧面说明明代镖行行业的兴旺。

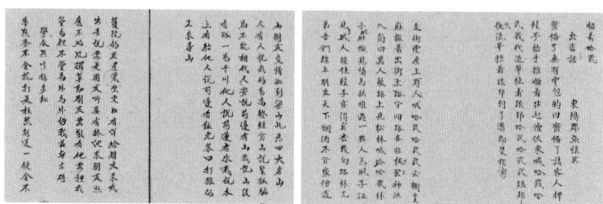

清佚名传钞本《江湖走镖隐语行话谱》书影

3. 生意兴盛的清代镖局

就现存镖行史料文献而言，以清代最为丰富。除《江湖走镖隐语行话谱》《清代镖行江湖隐语行话秘典》两部弥足珍贵的业内传抄本外，散见于各种文献中的材料也很有一些。从一定意义上说，这也是有清一代镖行兴盛的主要标志之一。据介绍，仅晋商就有"五大镖局"①。

> 随着晋商的崛起，祁县、平遥、榆次、文水县的镖局也同时在晋商老家发展开来，有的镖局走出县城，跟随商帮扎根在商埠码头和商业重镇，其中声望较高，镖路较长，影响较大的龙头镖局共有五家。
>
> 广盛镖局。广盛镖局由祁县小韩村人戴隆邦创办。时间约为乾隆（1736—1795）年间，地点在河南赊旗镇（今社旗

---

①曹继植《晋商镖局镖行义行天下》，载曹继植、齐荣晋《晋商镖局镖行义行天下·山西岁时节日与人生礼仪》（山西历史文化丛书），三晋出版社2010年。

县）。晋人之镖局，为何设于赊店呢？因为赊店是交通枢纽，西去川贵，东接江浙，南连湖广，北通晋蒙，南临长江天险，北近黄河大流，同时又居于嵩山和武当山之间。而我国的少林拳源于嵩山，内家拳源于武当。戴隆邦选择赊店，就在于扎根中原，闯大风大浪，结识更多更好的武友，磨砺更高更强的拳法，汲取更盛更富的"营养"，闯荡更宽更广的商货镖路。为了实现宏图大愿，戴隆邦和他的儿子戴大间、戴二间，以及众多镖师，见武友就结交，有擂台就切磋，见异拳就交流。他们本着"艺中见义，阵中结谊"的原则，广交天下志士，致使自身拳法日臻完善，广盛镖局也生意兴隆、事业更盛。

同兴公镖局。同兴公镖局始创于大清道光（1821—1850）初年，创始人为平遥县的王正卿。王正卿在北京面铺学做生意（压面条），常用擀面杖代替花枪，舞弄名家大枪刘教给他的枪术，并向贾殿魁学习信拳。王正卿得名家拳械精华后秘不传人，与其子开办同兴公镖局，时间长达50余年，为平遥日长升昌等巨商大贾保驾押运作出了巨大贡献。

昌德镖局。昌德镖局以人名命名，创始人左昌德号左二把，文水县孝子渠村人，出身于武术世家，专练家传十二弹腿，于大清嘉道年间（1796—1850）设立昌德镖局，一生以保镖为业，是晋商行商的保护神。道光二十四年（1844），左昌德为江苏巡抚押送苏绣名师卢氏的"七禽图"赴京，道光皇帝赐给他黄马褂一件、镖旗一面。

三合镖局。三合镖局由榆次的安鼎世创办。地点设在察哈尔的张家口，专送榆次常家发往关东及西口（归化）的货物。镖师代表人物有赵大根、赵培信、安晋源、赵光弟、杨福成、颉云鹏、范成德、赵云武等人。因镖局经常活动在东口（张家口）、西口一带，所以镖师们大都是榆次、祁县、太原、阳泉、大同、张家口等地人。

大盛魁。大盛魁本是西口的一家驮运行，由祁县、太谷的王、史家族联营，他们有驮峰两万、职员数千，常往返于蒙古草原与东欧地区之间，由于活动范围广，常遭大漠马匪劫掠。为保驮运安全，总号就以数倍酬金雇用武林高手当镖师兼驮夫，同时，总号还与清兵联手，实行兵镖合运。而清军也念大盛魁祖辈曾为康熙剿灭噶尔丹驮粮运草有功，故派军队接护驮队，保证了驮运安全。

上述五家镖行可谓"镖局大王"，再加上沿途各地的小镖师临时加盟，保证了晋商钱财、货物的安全。

这五大镖局，可谓是当时晋商镖行的龙头企业。

全国各重要商埠所设之大大小小的镖局不可胜数，比较有名的镖局也有数十家之多，其创办者或其领军镖师无不是著名的武术大师，由有威望的武术大师领衔运营。由于因武术行家大多聚集于镖局谋生，所以镖局往往兼具武馆性质。这里，仅按其创办时间先后为序简略介绍其中承接业务种类，其领军镖师在中国保安业史上留下了众多业绩与脍炙人口故事，在全国影响比较大的所谓十大镖局。

综合参考各种历史文献，且将清代全国十大著名镖局及其传奇创办人列简表如下：

镖局名号	创办的时间	地址	创办人（代表人物）	代表性武艺	特点影响等记事	其他备注
会友镖局	清乾隆年间—民国元年（1912年）	北京前门外粮食店街	宋彦超	生平绝技三皇炮捶拳，奉人文初祖轩辕黄帝（即人皇氏）为祖，故又称"人宗门"	后期有杰出镖师李尧臣	
兴隆镖局	清乾嘉年间/乾隆时领圣旨开设	北京顺天府前门外大街	张黑五	神拳无敌张黑五神力达摩王神拳	"合吾"即"黑五"的谐音	卫聚贤所著《山西票号史》考证镖师之鼻祖
广盛镖局（赊店）	清嘉庆七年（1802年）—清道光十年（1830年）	河南赊店/祁县	戴二闾，字义熊	心意拳宗师戴二闾，蹲猴猴，戴家拳		
玉永镖局	清嘉庆年间—清道光十八年（1838年）	江苏苏州	长眉老道张德茂			
昌隆镖局	清道光二十年（1840年）—清光绪27年（1901年）	江苏苏州	左昌德	铁腿左二把	连环绵掌总镖头张德茂	至宣统三年收撤由玉永镖局延续

镖局名号	创办的时间	地址	创办人（代表人物）	代表性武艺	特点影响等记事	其他备注
同兴公镖局	道光二十九年（公元1849年）清咸丰五年（1855）—民国二年（1913年）	山西平遥	王正清	神枪面王	少林功夫	1900曾护送皇银给逃往西安慈禧太后和光绪帝，获赏赐"奉旨议叙"匾额
成兴镖局	清光绪四年（1878年）—清光绪二十六年（1900年）	河北沧州	李冠铭	镖不喊沧州	李冠铭为"大刀王五"之师	继之后其侄李凤岗、李庆临等三代经营
源顺镖局	清光绪四年（1878年）—清光绪二十六年（1900年）	北京珠市口前门外西半壁街13号院	王子斌	大刀王五		
三合镖局	清光绪十六年（1890年）	河北张家口	安晋元	会议拳传人	八位少林武师公议拳，亦名公立拳	
万通镖局	清光绪十六年（1891年）	河北保定	李存义，原名存毅，字肃堂	单刀李	形意拳，八卦掌，人称"单刀李"	曾任两江总督督标把总，后至保定开设万通镖局

除此而外，这些史料文献也显示了清代镖行兴盛的三个基本特征，即镖局多、应用广和镖师中人才辈出。

（1）镖局多，从业者众。

有清一代，镖局主要设在商旅集散地的水陆码头和政治经济发达的都会。清高士奇所著《天禄识余》卷下《马头镖客》中说："临清为天下水马头，南宫为旱马头，镖客所集。"临清是山东省西北部水陆交通的中心之一，邻接河北和卫河、南运河流域，北魏设临清县，明代升为临清州，古来就是重要的商旅集散码头。南宫，位于河北省南部，汉代已置南宫县，是冀南主要棉花产区之一，也是一个历史悠久的陆路码头。"镖客所集"这些商埠，即在于商旅集散所需，这里是镖行服务对象密集的生意场。

皇城北京，是全国政治、经济的中心，也是商旅货贩的最大集散地。因此，这里更是镖行集中之所。例如：前门外东珠市口路南的狗尾巴胡同，有永兴、天兴、正兴镖局；半壁街有源顺镖局；西珠市口，有福源镖局；打磨厂，有东源、北源镖局；西河沿，有东光裕、西光裕镖局；布巷子，有自成镖局；粮食店，有会友镖局；等等，至少达十数家。其中，规模、影响等较大者，是会友、永兴、义友、同兴等"八大镖局"，尤以会友镖局的规模、名气最大，鼎盛时期从业人员达1000多人。有些镖局除在都会设有总号外，还在各地开办许多分号。如北京会友镖局，即

清吴炽昌《客窗闲话》封面

在南京、上海、西安、天津等地设有分号。

当时，有些繁华集镇也往往设立镖局。例如当时直隶（今河北）冀州的绢子镇，"非常繁华，比县城还热闹。绢子镇上，开有很多镖局，会友镖局南柜就在那里"。① 会友镖局的著名镖师李尧臣的家乡李家庄，即距此地不远。或许正因这种地缘关系，其"家里和镖局早有来往"，加之又"会点武艺，久想当个保镖的达官"，因而他"在荷包行学了几年徒之后，又改行入了镖局"，成为一代"神镖手"。

（2）应用广，业务面宽。

商贾视市场消费需求而决定其经营的项目、范围，镖行的兴衰存亡也同样受制于社会需求的调解。有清一代镖行的兴盛，即在于应用范围的扩大和相应拓宽了护卫服务的业务面。在清代，镖行的业务活动主要有以下几个方面。

私人保镖。即受雇充当私人护卫。清袁枚《新齐谐·董金瓯》中说道："吾父某亦曾为人保标，路逢僧耳，

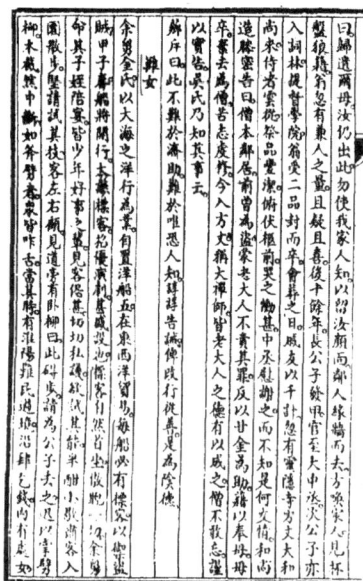

清吴炽昌《客窗闲话续集》卷一
《难女》中的"标客"书影

---

① 李尧臣《保镖生活》，刊《文史资料选辑》第 75 辑，文史资料出版社 1981 年。

与角斗，不胜而死。"私人保镖者，有时为单身镖师充任，有时也雇几位镖师，甚至由多人合作组成镖队。清黄轩祖《游梁琐记·王天冲》中述及："某早闻之，不敢莅临，遣其弟代祭，拨干仆标队卫之"。清末北京会友镖局派镖师为当朝重臣李鸿章护院守夜，亦属私人保镖性质。

为客商护运货物。清吴炽昌《客窗闲话·难女》载："自置洋船五，在东西洋贸易，每船必有标客。"就是说，当时不仅为国内贸易的客商护运货物，而且镖行业务还应需求扩大到了对外贸易活动的海外航运护卫。至于为内陆客商护运货物走镖，则是镖行最基本的日常生意。又如《清稗类钞·山西行商有车帮》所载晋中商家雇佣镖师卫护车帮故事。

清黄轩祖《游梁琐记·王天冲》："某早闻之，不敢莅临，遣其弟代祭，拨干仆标队卫之。"

晋中行商，运货来往关外诸地，虑有盗，往往结为车帮，此即泰西之商队也。每帮多者百余辆，其车略似大古鲁车［达呼利之车名］，轮差小，一车约可载重五百斤，驾一牛。一御者可御十余车，日入而驾，夜半而止。白昼牧牛，必求有水之地而露宿焉，以此无定程，日率以行三四十里为常。每帮车必挈犬数头，行则系诸车中。止宿，则列车为两行，成椭圆形，以为营卫。御者聚帐棚中，镖师数人更番巡

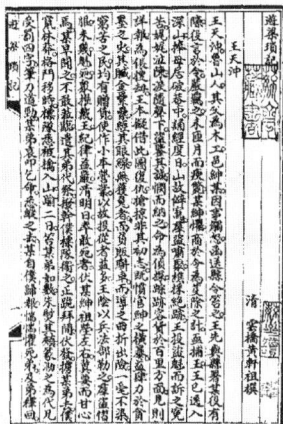

逻，人寝，则以犬代之，谓之卫犬。某商铺所畜之犬尤猛，能以鼻嗅，得宵人踪迹，遂以破获。

为中外在华商号充当警卫。即如李尧臣《保镖生活》中所说的那样："当时秩序不好，不单出门行路有贼人拦路行抢，就是城里也不太平。所以当时的大宅门、大商号都得有看家护院的。这些看家护院的，不是他们自己雇用的，一般都是和镖局子接头，由镖局子派人前往坐夜。后来外国人到中国办了很多洋行、银行，他们也请镖局子的人去保护。前门大栅栏、珠宝市一带的商号，后来组织起来，办了商团，就由商团和会友镖局接头，替他们守夜。当时会友镖局每天晚上派出守夜的师兄师弟，总有不少人。如华俄道胜银行，就是由会友给保护。"

再如《点石斋画报·镖师退贼》所载镖行看家护院一例：

苏垣（苏州城）窃贼之多，明目张胆，官府不能治，差役不能捕，到处横行，无恶不作，以致各家彻夜戒备，不敢高枕而卧。其稍有财势者，往往延镖师为之保护。省垣重地几致荆棘丛生，诚骇人听闻之事也。齐门路有富室王姓，连夜有梁上君子，三五成群，或蹲于屋，或立于墙，掷石抛砖，多方骚扰，每夜皆然。主人患之，因向某戚家借得镖师一人，以为先声夺人之计。是夜，月明如昼，凉飙袭人，镖师倚棍在旁，举酒独酌。至三更以后，忽闻屋上窸窣声，有人低声问曰："夜深矣，君何尚未睡耶？"师曰："余惯不眠，稍习少林术，尔等本领高强，请一交手如何？"未几，见对面屋上兀立六人，隔窗遥望，馋涎欲滴而不敢下。师置若罔

闻，三蕉既罄，饮兴益豪，若不知十目十手为何物者。贼知
非敌手，连声叹息，飞檐越壁而去，自此贼踪遂绝。

《点石斋画报·镖师退贼》图

代办远途银钱汇兑。据了解："清嘉庆年间……当时晋中平、
祁、介、太等县的商人，在北京开干果店和做其他生意的人不
少，每逢年终结账，他们都要给山西老家捎些银钱，一般是从镖
局运现，运费既高，路上又常出差错，颇感不便。"① 即如齐如山
《镖局》所说："从前国中无银行，故无汇兑事业，大宗款项则督
托委员解运；其次则由票庄代为拨兑。然各省有票庄之处，仅省
会及一二大城市而已，其余城池，则无法拨兑也，一应银钱来
往，必须运现。因路间有被劫失落之虞，故须靠镖局代运。……
收到代运之款项，彼即注于账上，云：某月日收到某号运交某处

①冀孔端《晋中第一家票号——平遥日升昌》，见田际春、刘存善编《山西商人
的生财之道》，第49页，中国文史出版社1986年。

某号银若干两。至银子之成色、分两，彼皆不问。交运款时，只将银两包好，外边再用布或麻包封固、缝好，亦无火漆打印，只在银包外面书明银若干两，寄某处，交某号查收，下注某号寄等字样。外再附信一封，一并交镖局带往即妥。运到银时，对方即将信收下，将银包掷堆屋隅便妥。代运之报酬名曰镖礼，大致每年正月镖期总付。动辄数万两或数十万两，因其为上年全年总收入也。镖银 500 两之包（原注：大致大拨款项多是 500 两一包，因少则太零碎，太多则一人运转不方便），每次可运几十包、几百包，对方收下之后亦不给手据，手续可谓简单已极，然亦很少出错。若果然遗失，镖局亦管赔偿。如数目太大，赔偿亦太难矣。故俗语有云：'赔得起的赔。'言外即赔不起时就不能赔了。盖遗失之时亦极少也。"①

清季有个颇为有趣的现象，是户部银库的库丁雇佣镖师保镖。其原委，且看《清稗类钞》的记述。

其一，《库丁窃银》：

户部银库有库丁，凡四十人。开库之日为堂期，月九次，合加班之堂期计之，凡十余次。每一丁，月有三四次可当值，出入累千万，无不有所窃。三年满役，除行贿满尚书规费六七千金及保镖费外，尚可余三四万金。堂期入库，四时均赤身，而满尚书公案鱼贯而入，取官制衣裤著之。运银疲乏，可出而小憩。其复入也，仍裸而至公案前，张两臂，

①齐如山《镖局》，辑自《文史资料选编》第 34 辑，北京出版社 1988 年。本书凡引述此书，皆据此，不另赘注。

露两胁，胯亦微弯，更开口作声，以示全体无夹带也。然所窃之银，则在肛门中，人不及察也。闻业此者，先以鸽卵出入肛门，以次而易鸡卵、鸭卵、鹅卵，均泽以油。久之，更塞以重十两之铁丸六七枚，则每次塞银时，至少可五十两矣。又有一法，则藏银于夹底水桶。盖京师街衢多尘，堂期必备清水洒路，库丁乃于桶底加板一层，银入其中，俟堂官散，即从容担之而出。

其二，《库丁》：

户部有银库，额设库役四十人，一曰库丁，一曰库兵，三年而替，以旗人充之。每届点充时，满尚书及其左右皆有规费，辄六七千金。费既纳，满尚书乃坐堂皇，唱名而点之，库丁跪谢而出。出时，必有保镖者护之以行，恐人劫之也。行劫者，大率为觊觎丁缺无力贿充之人，并纠集无赖而为之，伺新充者至大堂阶下，即劫之以去，囚于家，使误卯期而纵之归。盖冀其误卯而另派他人，则规费便虚掷矣。欲其即释，亦须赂以数千金。

其三，《继禄享用拟王侯》：

京师之富而多豪举者有三项人，内务府人员，吏户两部书吏，各库库丁是也。其中之强有力者，辄皆岁入数十万，然率不事家人生产，每岁所得悉糜于声色狗马诸玩好。故凡歌楼妓馆中，传呼某某等至，则群呼大爷或二爷，其音彻耳，如向日六部司员之参谒堂官然，其乞怜之状可掬也。而以内务府中人为尤甚。

其四，《库丁盗库银案》：

> 户部有三库，岁有御史奉命稽查，库丁恐其纠摘积弊，馈赠甚丰，相沿既久，即有清介者不受其贿，亦无能发其覆也。道光癸卯，库丁张诚保盗库银事发，遂成巨案。诚保，大兴人，兄亨智开万泰银肆于正阳门外，为其子利鸿捐纳知州，又为数友报捐，备银万千余两，属戚族周二、张五运至部，二在库门外守银，令五陆续携银进库。时捐银皆诚保上秤报数，乘捐生拥挤时，讹报二平为三平，七平为十平，共盗银四千两。适有未及交捐者之银，均从库门外运回，因即随盗而出。肆伙张益生知其故，索分之，诚保不允，遂偕其侣数人控之官。诚保弃市，亨智遣戍，家产均入官，二等问罪有差，库官皆褫职。乃命侍郎维勒查库，计少银九百二十五万二千零，历任银库司员查库御史凡三百余人，皆被谴追赔。自是稽查三库御史之缺遂裁撤，而以实缺侍郎兼充管理三库大臣矣。

原来，库丁雇佣镖师护卫所窃赃银兼保卫自家人身安全。当然，这也是当时镖局的一宗比较稳定而相对风险较小、轻松的护卫生意。对此，京城著名镖师李尧臣的《保镖生活》亦有更为详实的记述："那时候，不仅单身的客人上路要找镖局保护；商人运送货物，更得委托镖局，才能防止贼人抢夺。那些走马上任的官老爷（卸了任，发了财的更不消说了），也得请求镖客沿途保护。最后，连地方官运送饷银和各种款项，没有镖局随同保护，也休想平安无事。当时各地运到北京的银子，都是装鞘运送，一运就是几十万。运到北京珠宝市，化了之后，铸成银锭交库。镖局子把银子运到北京以后，还要负责交库。谁保来的，归谁去交。"此外，还要保护库丁。"原来当年当库丁是一项很肥的差使，库丁可以从银库里往外偷带银子。尽管防止很严，如库丁出来时要裸体打一个跟头，但库丁还可以从肛门里把银子偷偷带出来。因为库丁这样发财，北京城里就有混混专抢库丁，等于绑票勒赎。因此，库丁上班下班，都得找镖局保护，才能不被流氓绑去。"

此外，就连赌和娼这样低级娱乐行业，也往往要求镖局给予保护。尽管一些著名镖局对此不屑一顾，以防有失声誉，但也总会有镖局做这些生意的。据李尧臣《保镖生活》介绍："这是另外一些镖局做这些买卖，这些镖局，不在前面所说八家之内。因为他们专和这些娼寮、宝局打交道，八家镖局的人都看不起他们。"镖师大多是武林高手，大多自重自爱，崇尚侠义，注重名节声誉，因而多忌讳染指娼赌之类，生意上也就自然不愿同这类行业来往。

(3) 业兴盛，人物迭出。

常言说，时势造英雄。社会发展的历史证明，诸行百业的兴旺发达，无不造就一批当行杰出人物，即俗语所说的"行行出状元"。这些人物在不同行业发展中各领风骚，既是其骨干，也是该业兴旺发达的基本标志之一。

有清一代镖行兴盛的显著特点之一，即当行人物迭出，产生了一群活跃于镖行事业中的武侠人物；许多镖行武侠事迹、故事，至今仍在一些地区广为流传，足见其影响之深远流长。

清末北京镖局，就拥有一批著名镖师，如会友镖局的宋彩臣、鲁玉璞、王芝亭、王福泉、胡学斌、李尧臣，同兴镖局的武老飞，永兴镖局的葛老光，源顺镖局的王子斌、刘化龙、马福利，沧州盛兴镖局的李凤岗，奉天（沈阳）常胜镖局的李星阶，等等。规模、影响较大的镖局，往往都拥有几位或一批著名镖师支撑着牌号门面。从一定意义上说，这些著名镖师的名气就是该镖局赖以生存获利的金招牌。

王子斌创业兼镖师的源顺镖局，现如今镖局的旧址位于北京东城区西半壁街13号。

其中，源顺镖局的创业者兼镖师王子斌，就是曾参与戊戌变法、率众镖师攻打北京西什库洋教堂的"大刀王五"，一位名扬武林的燕京大侠，虽死于清政府御林军的刀下，却名垂青史。清末民初，才华横溢的书生杨圻据其同王子斌的直接交往体验写下了一首记述、称颂其事迹品格的《大刀王五歌》。歌云：

> 长安谁健儿，王五四海友。高颡贯大鼻，河目胆如斗。
> 策马过其门，遮客不得走。大臂如巨橡，持我坐并肘。
> 呼妻出见客，布衣椎髻妇。杀鸡具面饼，酌我巨觥酒。
> 大声谈刀剑，眼光忽左右。自言少年事，谈笑杀人伙。

天下多奸吏，安得尽授首。悖入不悖出，此理天不取。
男儿贵坦白，为盗何足丑？英雄如落日，忽焉已衰朽。
我时方弱冠，闻言前席久。问以刀剑术，大笑握我手。
公子好书生，才智得未有。一人何足敌，六经乃真守。
豚儿令读书，君能教之否？世道促浩劫，饥寒十八九。
天下一指掌，有事十年后。斯言犹在耳，斯人木已秀。
真气见肺肝，愧死肉食臭。乃知山泽间，奇士或一觏。
人生共天地，流品何薄厚？苟不知礼义，衣冠有禽兽！

此外，李尧臣活捉盗首黑老宋，追回被劫镖银并在抗日29军教授大刀的故事，李星阶从日本兵枪下夺回镖车和投身抗日战争的事迹，不仅是传诵一时的佳话，至今仍流传于民间口碑之中。他们不仅是一代著名镖师，同时也被视为主张正义、爱国爱乡、有功于促进社会进步的传奇式进步人士，受到社会的重视和欢迎。

（4）偏远处，亦有镖行。

山海关有"镇远镖局"。出了山海关，在今属辽宁地域，同样分布了几十家镖局。据报道，清末时，辽宁地区有30多个镖局，如沈阳的震远、锦州的三盛、营口的永发和得胜等家①。据营口市武术协会副主席、营口市梅花桩拳法研究会副会长兼秘书长杨林在"梅花桩拳高峰论坛"（2011）的发言中讲述②：

①特约记者喻鹏秋《清末辽宁有30余家镖局高手云集不乏武术大师》，《辽宁日报》2012.9.29。
②营口市武术协会副主席杨林的"梅花桩拳高峰论坛"（2011）的发言《向梅花桩拳前辈学武二三事》，见于北京昆仑元天武学文化有限公司官方微博"昆仑功夫俱乐部的博客"。

　　我的家在辽宁营口，这是一个一市两港之城。早在清朝咸丰十一年（1861）年营口开港后，生意兴隆，贸易繁盛，而货物贩运，银钱携带都走旱路。当时清政府正值外有列强侵略，通过不平等条约大量掠掳中国白银；内有太平天国起义，耗用大量军费。所有这些支出银两均由百姓负担，百姓不堪重负，纷纷铤而走险，拉绺子，当土匪。营口周围大小匪帮数十股。当时民谣说："冯麟阁占东山，青麻坎杜立山，洪辅臣半边天，抢官夺印金寿山……"盗贼蜂起，治安不好。行商大贾，达官显贵，为确保行旅安全，都请镖局派镖师护行，到光绪年间，营口有大小镖局 23 家，镖师、趟子手和脚夫共 400 余人。日升、福顺、金成是营口最有名的镖局，分别由沧州、山东、河南的镖师经营。辽河行船也有保镖，但不称镖局而叫"船会"。营口有公利、太平等五家船会。最兴盛时营口有大小镖局 40 余家。

　　古或《镖局春秋》关注到了清季关外营口的镖局[1]。书中写道：

　　凡商家起运货物皆找镖局押运，按脚程远近、货物所值取不同的"镖利"，商定后签订"镖单"，在镖单注明起运地点、商号、货物名称、数量、镖利多寡等，双方各盖图章（即印章，其章非状）。护送到指定地点、商号后取得镖利。

　　上等货包括金银、人参、麝香、鹿茸等，送到奉天镖利为一件二吊（一千东钱为一吊）。只保抢劫，不保风雨灾害，

---

[1]古或《镖局春秋》第 75—76 页，朝华出版社 2007 年。

货主要派人随行保管。

在铁路开通前，从营口到奉天（今沈阳）是4天路程。头天宿大高坎，二天住汤岗子（今鞍山），三天停烟台（今辽阳县），4天中午到奉天。

又有《营口风物志》① 记述：

镖局是一种中国古老的保险形式，主要从事运输保险，19世纪中叶在营口较为活跃。营口对外开港后，镖局行业十分兴旺，特别是清末时，"东三省马贼（土匪）充斥，故商旅往来咸以保镖护行。"据《南满经济调查》（1910年版）记载："由营口运往东北的货物，不论陆运、河运多请镖局予以保险，在营口颇呈一时之盛。"镖局的活动范围以营口为中心，辐射东北、河北、山东等地。

经营镖局者多数是具有习武之风、熟练刀枪之术的河北省沧州人和河南人，土匪头目亦有入伙者。据《实业的满洲》记载，清光绪三十一年（1905年），营口共有镖局23家，有局员367人。一流的镖局有日升、福顺、全成，二流的镖局有兴顺、万成、义州、魁成、永发、永元、顺成、顺声、兴隆、金源，三流的镖局有福成、魁元合、复兴东、汇聚、金城等。镖局押运的货物系贵重物品，如金银、人参、鹿茸、鸦片、貂皮等。镖局对押运的货物要查明种类、数量、价值，以确定镖费，与货主相互签订保单，注明商号名

---

① 营口市史志办公室、中共营口市委党史研究室编《营口风物志》第一册第218—219页《历史纪实·营口的镖局》，万卷出版公司2014年。

称、货物种类、数量、押运地、接货商号等。收货人收到货后要加盖图戳（回执）。押运货物的镖局或由镖主亲押、或由镖师押运，视货物多少、价值而定，均有若干镖手相随。镖局与匪帮之间或有某种默契，相互勾结，或利用名声威吓。所以，镖局起运货物时都插有旗帜，土匪视旗帜一般不加侵扰。个别镖局与匪帮联络不周或遭遇散匪而被留难堵截时，镖局则派人与之谈判，用金钱疏通，请求放行，如匪徒不肯让步，则诉诸武力。如对货物造成损失，镖局按起运货物事前签发的镖单（保单）赔偿，不过很难做到如数赔偿。镖局承保的风险一般仅限于匪盗抢劫，不承担其他意外风险。

起顺镖局清光绪十年（1884 年）在火神庙（今西市区渔市办事处火神庙里）路西成立。老镖主张起顺，直隶静海（今属天津）人，生于清道光二十二年（1842 年）。他幼年习武，擅长腿上功夫，练就鸳鸯腿、窝心腿、连环穿心腿等，人称神腿张，颇受武林界推崇。膝下有两个儿子，长子张永发，独擅轻功，人称草上飞；次子张茂发，跤技高超。镖局有十几名镖师，个个精明强悍，武艺高强，就连趟子手（伙计）、脚夫（挑担的）、车夫也有技艺。起顺镖局专走西线，如盘山、沟帮子、承德、古北口，直到北京。镖利（费用）按货物种类和路程计价。以锦州为例，一等货包括金银、人参、鹿茸、麝香等，每件二吊钱（2000 文）；二等货包括绸缎、玉器、鸦片等，每件一吊钱；三等货包括洋火（火柴）、洋油（煤油）、白糖等，每件八百文。起顺镖局闻名遐迩，信誉好，生意兴隆。旗帜是月牙镶金边的黑旗。

1900 年营口段火车开通后，镖业不振，加之 1906 年后张起顺年迈体衰，镖局难以为继，被迫停业。

曾有学者提出[①]，当铺与镖局是近代内蒙古经济史与社会生活史研究的两项重要课题。近年出版的有关当铺镖局的论著，均对内蒙古近代的当铺与镖局状况很少叙述，而民国年间日本人的某些调查资料则可对此缺陷有所弥补。文章特别列举了其所见到的一册西北事情研究所《镖局》。摘要迻录如次：

> 有关内蒙古镖局的资料极少，作为人民交通出版社的中国公路交通史丛书一种的《内蒙古公路交通史》（第一册，近代公路交通，1993 年）37 页谈到了镖局，使用了三种日文和汉文资料，即《蒙古地志》中卷，1642 页至 1644 页为镖局一节；《满蒙的马车运输》115 页及《黑龙江述略》卷6，83 页。……笔者有幸见到日文油印本《镖局》一册，仅15 页，封面及目录各一页，正文 13 页，大致纵 28 字、横 13 竖行，算满页为 4732 字，再除去空行等约 4000 字而已。封面标为西北事情研究所（这是日本当时的一资料情报机构），资料第一二三号，昭和十八年（1943）七月二十日。编辑者久下司。目次：第一章，关于清代镖局，第二章，镖局的经营，第三章，镖局的货客护送，第四章，镖师傅，第五章，货客的保护，第六章，关于厚和德胜镖局。内载据厚和德胜镖局主人陈荣祥言，乃山东省德州（德县）人，又在河口经

---

① 房建昌《清代以来内蒙古的当铺与镖局考略》，《阴山学刊》1995.2。文章谈到"最近上述曲彦斌先生的《中国镖行》（辽宁古籍出版社，1994 年）一书对内蒙古的镖局无所叙及"。所言甚是。

营镖局，活跃于湖南、湖北（汉口、仙桃镇）、河北（京津）方面。出生于武术世家，擅长滑拳，从小习拳法，也学过卖药，民国十四年迁来厚和。除了搞武术也干接骨，还卖海马追风膏和大力丸。门口挂的德胜镖局牌为他人所赠，尚有店一隔，内藏各种武器，有往古镖局历史之秘。

经营镖局的多为山东人，为古来武术盛地，多出壮士豪杰。武艺练达者所开镖局自称主人，养壮士为徒弟，教育成镖师傅。积资金交钱铺为预金全部运至镖局或让镖局亲见，定下输送赁金。输送的远近、货物的价格及重量、输送的难易（包括易损程度）是决定价格的主要因素。然后作为契约书。多先附定金，赁金在货物送到后支付。当时从北京运送布匹至汉口，价值一万元的赁金为百二三十元，镖师傅用镖局车马时为三百元的程度。镖局待货物积至五万至十万元时开始发送，很少有客伴货行的。镖局将货物送达目的地交给接受人即完成任务。如造成货物损失要赔偿。镖局最重的是信誉。返程由当地镖局介绍接受新的任务。镖局也承担行人或任免官吏的保镖。

内蒙的赤峰，是相距中原内地较远的偏远地区，但也是镖行曾经很发达的所在。例如民国初年出版的《中国民事习惯大全·镖期·热河赤峰县习惯》①记载，"赤峰县交通不便，汇兑颇难。商家往口里购办货物，其款项交镖局解送，担任保险。春、秋二季为镖期，此则镖期之所由来也。凡放债者，有以镖期为率，利息

---

①上海法政学社施沛生等编《中国民事习惯大全》第一编第37页，广益书局1924年，上海书店出版社2002年影印出版。

在三分以上，故名镖期利息"。据本地学者调查①：

　　赤峰街最早出现的镖局，是嘉庆年间的"锦元镖局"，后来有"元成镖局""隆泰镖局"相继出现。这三处镖局都分别设在客店内。"锦元镖局"镖把子李庆春原籍河北宝坻县，曾被直隶帮"饶都社"推举为会董，后来开设"锦元镖局"就把镖局设在其父亲在赤峰三道街开设的"裕隆店"。李家父子都有一身武功，善使棍棒，远近驰名。"元成镖局"设在头道街公升店，后改为清隆老店，"隆泰镖局"设在三道街中和店。

　　在交通不发达时代，保镖业遂成为不可缺少的行业。镖局的业务，主要是为商号押运货物、取送银两、捎带书信等。

　　那时交通运输工具主要是驮子、骆驼和趟子车。这些运输必须结伴而行。为了保证路途上的安全、及时，各商号就请镖局为其保镖押运。清朝货币流通实行银钱交易法，通称硬货，即指银子与铜钱。凡官府出纳皆以银，商户大宗贸易皆以银，居民日常流通皆以钱。

　　镖局押运货物银两均执行清光绪年间规定的镖费标准，百两银子费率一两二钱，货物则由双方临时议定，写在合同书上。

　　镖期，即起镖日期，一般均为单月，即一、三、五、七、九、十一，按期结算，年底（十一月）总算。此俗沿袭

①吴宇周《赤峰的保镖业》，载高云华编《红山文史》第四集第108—110页，赤峰红山区政协文史委1990年。

较久。凡商业间银钱往来，亦以镖期计算利息。

镖局是一种特殊行业，交际面广，接触人多，与官府、商界、平民都有交往。在地面上吃得开，才能设立镖局。镖局立案必须有三家铺保，而且在钱铺要有一定数量的存款，在官府备案，以便丢镖银时作赔。

清末光绪年间是镖行的黄金时期，生意极为兴旺，镖局受到街内商户的普遍信任。但时隔不久，由于毛票贬值和直奉战争的波及，赤峰街内市场一度出现萧条景象，镖局内无人问津，部分镖师另谋出路或兼做他业。这期间"元成镖局"因卷入兑换毛票而亏本停业。

每年旧历三月三，有"晒镖会"，这是镖行自己组织的。北京称为胜友会。届时，赤峰武林众友咸集于关帝庙院或文庙院内，表演各种武术项目。地藏寺（今箭亭子一带）赛马，镖行亦有参加者。

民国二十二年，日寇占领赤峰，天津、北平（北京）商路中断，改由东路锦州、沈阳、营口进货。一九三五年，锦赤铁路通车，现代化的交通工具取代了保镖行业，"锦元镖局""隆泰镖局"几乎同时歇业。后来改称"脚子行"，专门送信、运货。但不久亦宣告停业。

再如清光绪年间地处偏远的内蒙五原县的"五原镖局"。据由行伍出身弃甲经商、在五原县城开办五原镖局的张嘉荣的时年84岁孙子的回忆①：

①张文明、刘继云《土镖头与洋买办》，《文史精华》1996.8。

《土镖头与洋买办》书影

我今年84年岁了，要说我祖父张嘉荣的事，那还真是红火过一阵子呢。他在清朝同治、光绪年间，先是清军绿营的管带，退役后即落脚在今黄河河套地区的内蒙五原县城开镖局。

祖父张嘉荣，汉族，清朝道光二十二年（1842年）生于陕西省渭南地区的大荔县一佃农家庭。兄弟四人，祖父行三。少年时，因家境贫寒，他离家从军绿营，戍边于陕北长城脚下的神木地区，后升任管带，大概相当于现在的营长。光绪七年（1881年），他弃甲经商，落脚于五原县城开办一镖局。

当时，镖局和卖油盐酱醋的杂货店铺一样，也得有官家颁布的牛皮文书（即今营业执照），每年要照章完纳各种税捐。当然，镖局不卖吃穿用的，而是卖身上的武艺，就是卖命，以保过往客商和财产的安全。所以，镖局又与杂货店铺不一样，后者是要一个国泰民安的社会环境，而镖局却恰恰相反，越是人心惶惶，鸡犬不宁，乃至盗匪丛生，其生意也就越红火！五原县为西北与内地过往客商必要之水旱码头，故当时一般马匪多以抢劫客商为主。他们来去无踪，神出鬼没，心狠手黑，多的成群，少的单挑，一股一股的比黄河岸边的杂草还多，让人防不胜防。但是，祖父的五原镖局并没有发生过较大的被劫镖之事。其原因有二：

　　一是镖局有哥老会各码头的暗中保护。光绪年间，听祖父说，河套一带的反清秘密洪帮组织哥老会，不仅控制了黄河沿岸的各水旱码头，而且还把势力渗透到官府和绿营之中。当时，河套地区的包头城哥老会的总头目杨万祯曾拍着胸脯公开说："出了归绥城（今呼和浩特市），凡是烟囱冒烟的地方，都有我的人！"可见，当时哥老会遍布之广，势力之大。杨的后台老板就是当时河套巨富王同春。祖父为了镖局生意，而不是为了反清，不仅秘密加入了哥老会，而且还凭借过去当管带的声望，设法与王同春拜了生死盟兄弟。民国初年，王同春的三子王英取代杨万祯而成为哥老会的大龙头后，仍尊祖父为长，逢年过节要亲自来宁夏石嘴山的我家庄园给祖父磕头。所以，当年五原镖局走镖时，各水旱码头的哥老会徒只要见祖父的帖子，都要暗中严加保护，故一般盗匪不敢贸然下手劫镖。

　　二是祖父治理有方。当年在河套地区，几乎童叟皆知有一绰号"三疯子"的五原县镖头。因祖父行三，当年管带，个子不高，罗圈腿，走马步，武功好，尤其是打核桃铁弹丸，百发百中，且不怕死，一般武林人不敢跟他过招。此外，镖师全是祖父从河套重镇包头请来的武林高手。当然，祖父常告诫伙计们，走镖时，不能光靠死拼硬打，能忍则忍，以和为贵，多交个朋友多一条活路，刀下留人；如遇上非动武才给让路的冤家对头时，也要速战速决，切忌恋战纠缠不休，因为强龙斗不过地头蛇。

　　当时保镖酬码是百值抽五，遇劫则全赔。但一般中小客商多结帮搭伙，随其骆驼队，在荒漠之中，昼行商路，夜伏客栈，自负其货。所以，祖父的镖局生意也是清淡的。

山海关镇远镖局除做正常的业务之外，习武是最重要的一课，王家非常节俭，但有很好的练功场地。镖局的后院内，摆放着刀剑戟、斧钺勾叉等十八般武器及石锁、沙袋、护具整齐摆放在墙角。王家的弟子也很多，大多是镖局的弟兄，还有附近村庄里的好武术的青年，都想跟王家镖师们学两手。由于走镖是件非常辛苦事，日夜兼程不说，还得风餐露宿，面临各种各样的险境。因此，镖师们在带徒弟时，还要教给徒弟"三会一不"的技能：一要会搭炉灶。因为走镖多会在荒山野岭，前不着村，后不着店的，为了不至于饿肚子，就得自力更生，自己搭炉灶做饭菜，才可饱腹。二要会修鞋。鞋在镖师的旅途中有着非常重要的作用，他们大部分时间都在行走，没一双合脚的鞋，将是一件很痛苦的事。虽然可备鞋或沿途买鞋，但新鞋不一定合脚，走长路很容易磨脚打泡。因此镖师们都得会修鞋，以不影响行走。三要会理发。走镖多时一走就是数月，而且极有可能是生活在恶劣的环境中。风尘仆仆，一副狼狈相，偶过城镇村屯，又免不了要去拜访地方势力，打点官府讨借过路。中国是礼仪之邦，人们向来注重仪表礼节，拜访他人一般都会把自己打理的干净和体面再去，这时镖师就得学会理发，打扮自己了。这样一来，不仅自己不跌份，而且还可以显示镖局的实力。"一不"就是不洗脸。在走镖的过程中，"洗脸"和"到家"是同义语，用镖师们的行话说"该洗脸了"，也就是该到家了。

究其原因，不洗脸其实也是为了保护皮肤，有过极限探险运动经验的人士就明白，在户外，冬季寒风凛冽，春秋风沙扑面，夏季骄阳似火，用土碱洗完脸之后，凌厉的风一吹，脸反倒很容易受到伤害，会如同被刀子割了一般，不仅生疼，还会生裂口。其实这些是镖师最起码的基本功。"没有规矩，不成方圆。"各行各业都有着自己的生存之道和行规，镖局行业的江湖文化色彩，决定了它的行规的特殊性。

尽管说，"清代镖行业以直隶、山东、河南、山西为中心，遍布全国十三个省。总镖局设在北京城内，称'南七北六十三省总镖局'"[1]，但哪里有需求哪里自然会形成护卫行业，这是古今一理的商品市场法则。因而，偏远之地，亦会有镖行存在。此外，《内蒙古十通·旅蒙商通览》上册第二编卷一晋商的《镖局业》[2]，辑有选辑自《晋商文化旅游区志》的"镖局业务"和"镖局管理"，但未说明是否内蒙古的镖局，或是指晋商镖局在内蒙古的活动，不得而知。

综上可见，清代镖行的确比较兴盛。换言之，也可以认为，清代是历史上中国镖行的极盛时期。

---

①吴宇周《赤峰的保镖业》，载高云华编《红山文史》第四集第108—110页，赤峰红山区政协文史委1990年。

②《内蒙古十通·旅蒙商通览》上册第650—651页，内蒙古人民出版社2008年。

4. 话说镖行之"镖"

飞镖是冷兵器时代的诸传统兵器之一。武士使用飞镖本在常理之中，无可非议。例如《清稗类钞·少妇用匕首》所载常熟拳师在械斗中使用暗器"手镖"事例。

> 常熟多拳师，同时有四庭柱、一正梁之目。正梁者，陶姓，最勇健。庭柱者，二文二武，均举人，其一曰仲家德，且以制艺著称于时。

> 常熟滨海，多沙地，非有力者不能得，往往以争夺而械斗。仲受人聘，敌请其技，适地有巨石，一拳下，石陷地三尺，众惧，不敢斗。时有一异方少妇，肩一雨盖，日游于市。而貌美体弱，足纤小，有无赖戏之者，一指着身即仆，行踪又极诡秘。庭柱之党思困之，适妇过萧寺，一人直前扑妇，妇足略举，颠百步外，五人合力攻之，妇挥拳抵敌，操纵裕如，久不能胜。陶潜取手镖伤其眉际，遂败而遁。众追之，疾如飞鸟，瞬息已杳。所遗之雨盖，抽其柄，得匕首二，吹毛断铁，犀利无比，不知为何许人也。

又如《清稗类钞·谢伯麟掷镖》所载某武士精于掷镖百发百中的故事。

> 左文襄幕中有谢伯麟太史与吴观礼齐名，每论事，意见辄相左。谢久客戎幄，习武技，能掷镖，百发百中，无虚掷。尝于墙上插香枝，密如星点，以镖遥掷之，相距百步，

中处香悉坠。

尽管武林受"明人不做暗事"的伦理观念影响，一些武侠以使用飞镖等暗器为耻，但暗器毕竟也属于常规兵器，讲究武德未必排除使用暗器，皆视必要与否。即或是镖师，亦并非绝对不使用诸如飞镖之类的暗器。因为，有效地自卫防身，有效地保证所护卫的人财物安全，乃其职责所在。例如《清稗类钞·孙贡玉碎钱箸》所载镖师孙贡玉身怀奇技绝不授贼故事。

> 孙贡玉，以勇闻，习拳于少林寺，得内家法。艺既成，由寺后夹弄出。时日已暮，望前村有灯火光，一老者伛偻迓之曰："汝非某僧高弟乎？此径无足音久矣。"曰："然。"老者曰："盍休此，我与汝师厚，明日汝师当顾我。"旦，僧果自外来，相见色喜，老者令幼子与孙角艺，僧高坐作壁上观。搏方酣，僧遽呼曰："止，止。为汝易帽。"孙自顾帽已失，乃语请留，复三载，精其技。
>
> 孙归后，为镖师，商贾聘护囊箧。里有不逞子入北省为魁，素骁勇，号大刀柳，然知孙善弹击，戒其党勿犯，以故，望帜即驰去。孙性和易，虽妇孺皆与狎，有固请观技者，削箸作束，抵其项，以手击箸，箸折而项不伤。又指按铜钱数十枚立碎。有巨盗伺孙久，夜登楼扣之，加利刃，孙捷于飞猱，已自后捊其腕，盗投地痛甚。子夔，坚请习技，不许，曰："生平见壮士多横死，汝足病废，天之爱汝者厚矣，我何忍以此技祸汝也？"晚年杜门韬晦，得以寿终。

又如《点石斋画报·镖师发镖》之例：

北方土地高厚，人之躯干亦较南边为结实，其膂力过人者，精习拳棒，投入镖局，为经商北省之家保银货往来不失事，亦犹洋人保险意也。比来北上者，多附轮船以去，此风亦少衰矣，而东豫晋陕诸省，所历多旱道，仍赖若辈挟之而后行。苏城阊门内穿珠巷一带，房屋杂瓦砾中，宵小易于匿迹。日前有米店学徒持洋八十元经此，为游勇攫去，学徒哭喊，得镖师追赶，发一镖，适中游勇手，洋遽堕地，取以送之归。然则镖固不可以不发也，惟其得乎时，乃有益于事。

辨析镖行之"镖"的本字，是"镖"或是"标"？需要仔细考据。

主旨在于考证"保标"一词的起源，并且略述保镖行为在早期的发展情况的《保镖考》① 开篇即关于镖行之"镖"辨析，且迻录如次：

因为武侠小说、电影等休闲文化的流行，"保镖"或"镖局"的称呼人人耳熟能详。不过，清末以来，"标"字经常被"镖"或"镳"字取代，以至于辞书中也以这两字为正写。辞书上甚至说明"镖"或者"镳"为一种投掷用的武器，"保镖（镳）"者因为使用这种武器而得名。②

仔细地检查早期的文献，我们发现当时的写法都是写成

---

①陈国栋《保镖考》《食货月刊》第 14 卷第 5、6 期（1984）第 30—39 页。本书凡引述此，皆据此，不另赘注。
②该文原注：如《辞源》（台北：商务），"镖局"条云："……局中家养善用镖之壮士，谓之镖客。……"日文的《アジア历史事典》（东京：平凡社），"镖局"条类同。

《点石斋画报·镖师发镖》图

"标"字，而非"镖"或"鏢"。例如《清实录》乾隆元年六月条云：

> 山东兖州镇总兵官索建功奏："客商雇觅保镖之人，起程时（应）将各保镖人年貌、籍贯、马匹、枪刀，并往来何入，一一验实记案，发给路照一纸，以备沿途查验。"得旨："此事殊属纷更，恐将来无保镖者矣。……"①

其实，就是民国初年，还是有人写作"标"。附图里"会友标局"的"标"字便是一例。近人陈其田在其名著《山西票庄考略》一书中也曾作如下的案语：

> 按：晋人写镖局，概作"标"，疑系另种组织。②事实上山西人把镖局写作"标局"一点都不用怀疑，因为从"保

---

①该文原注：《清实录》：高宗朝，卷二十一，页三三上。引文中（　）内文字系作者所加，下同。

②该文原注：陈其田，《山西票庄考略》，台北：华世出版社，第160页。

标""标局"的语源上来考量，"标"字远比"镖"或"鑣"两字来得更为正确。并且，"保标"的发生与山西商人的发达也恰好有着密切的关联，因此数百年来山西人都能正确地使用"标"字。

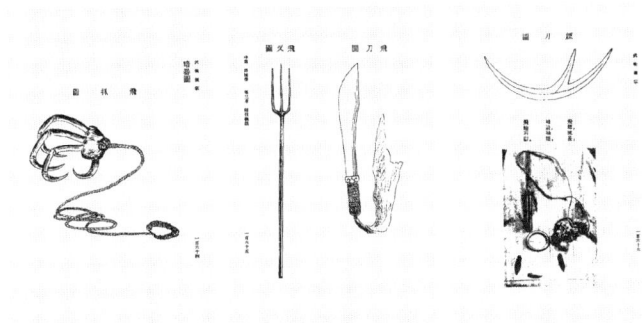

万籁声著《武术汇宗》中的各种镖类暗器

李尧臣《保镖生活》① 中谈道："水陆功夫学会了，就学使暗器。一般都知道，有些镖行的人能使飞镖，因此有人以为镖局的得名，就是因为使用飞镖的缘故，这实在是一种误会。所谓保镖是指保送的财货、银两，所以装着财货、银两的车辆就叫镖车；财货银两被贼劫去，就叫丢了镖。镖局的镖旗、镖号，都是因此命名。至于飞镖，不过是一种武器罢了。镖行的人未见得人人能使飞镖。"

话虽如此，那么"镖行"之"镖"到底作何解释，何以由此得名，它与此行有何必然联系呢？或言之，"镖行"或"保镖"之说究竟源出什么物事呢？

――――――――

① 李尧臣《保镖生活》，刊《文史资料选辑》第75辑，文史资料出版社1981年版。本书凡引述此书，皆据此，不另赘注。

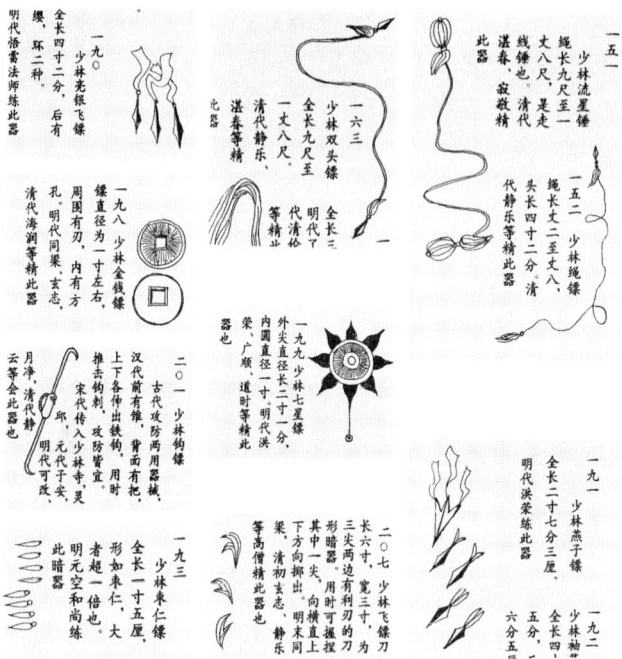

《少林兵器总谱秘本》所载少林寺"飞镖"类兵器组图；原载素法、德虔《少林兵器总谱秘本》，北京体育学院出版社 1989 年。

　　查阅镖行内部秘传的《江湖走镖隐语行话谱》①，也只是说"齐云获愿，祁明走标，徐忠访友"，或者是"走镖者，英雄也。白龙马，梨花枪，走遍天下是家乡"，仍然难得其解。但是，这部手抄秘本的用字上，却给人以一点启示，即书中 11 处用"镖"字者，有 5 处写作"标"。无独有偶，明代成书的《金瓶梅》的镖行、镖船，均作"标行""标船"。清朝文献中，《游梁琐记》

---

　　①曲彦斌据《双楷书屋考藏珍本丛书》影印校点，附录于《中国民间隐语行话》卷末，新华出版社 1991 年版。

卫聚贤《山西票号史》封面与自序中关于镖局起源考证的页面书影；
原载《山西票号史》，中央银行经济研究处 1944 年。

中的镖队写作"标队"，《新齐谐》中的保镖写作"保标"，《客窗闲话》中的镖客写作"标客"；亦有写作"镖客"者，如《天禄识余》，但为数较少。至清末，梁启超笔下仍写作"标客"，如其《中国地理大势说》："燕齐之交，其慓悍之风犹存。至今响马标客，犹椎理侠子之遗。"也就是说，明代有关镖行事物用"标"字；入清后"标""镖"间用，但仍以用"标"字者居主；而且，近现代山西和有关山西票号、镖行的多数文献，也都使用"标局""保标"字样。

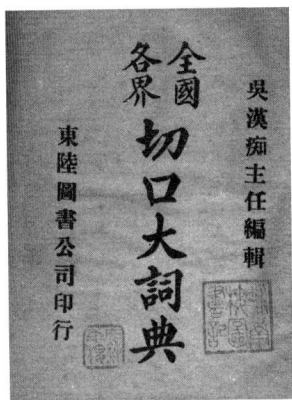

《全国各界切口大词典》封面

　　民国以来，则均改用"镖"字，如 1924 年出版的《全国各界切口大词典》中的"行程保镖者之切口""住宅保镖者之切口"等；如今，则一律写作"镖"行了。

　　清段玉裁《说文解字注》"（标）木杪末也。杪末、谓末之细者也。古谓木末曰本标。如《素问》有标本病传论是也。亦作本剽。如《庄子》云有长而无本剽者是也。标在冣上。故引申之义曰标举。肆师。表盨盛告絜。《注》云。故书表为剽。剽表皆谓徽识也。按表剽皆同标。从木。票声。敷沼切。二部。"①

《全国各界切口大词典》之页面书影

　　从语言学或训诂学来看，这无疑是一例汉语的同音假借现象，即通假字现象。一般说，汉语假借字分为两类，一是本无其字而代以别字，一是本有其字而代以别字。语言学家认为："前一类可以说是不造字的假借，后一类是在用字当中的假借。在用字当中既然本有其字，为什么还要另外写一个假借字呢，其中可能有两种原因。一种原因是写书者仓促间写为一个音同的字，历代传抄因其旧而不改；另一种原因是某一时期、某一地区、或某一师承，经常习惯以某字代某字用，后世传写也就一仍其旧，这从《周礼》故书和长沙马王堆汉墓所出帛书可以略知消息。"② 那

　　①关于"标船"，网络辞典《汉典》有个表述："有保镖护送的船。"（挂着标记的船，一般不会被劫掠）。
　　②周祖谟撰文，见《中国大百科全书·语言文字》第226页，中国大百科全书出版社1988年版。

么，明清多写作"标行"而后世改写为"镖行"，显然是把
"镖"假借为"标"了，属于本有其字而代用以别字的假借字类
型。换言之，"镖行"本应作"标行"。

《说文解字注》《康熙字典》之"卫"书影

　　于此，还有一种"镖局"之"镖"别解①。

　　　镖局走镖时的重要交通工具是镖车。镖车有很多种，从

①王宝文《山海关镇远镖局考》，《满族文学》2012.2；又见于王宝文《回忆山海关镇远镖局》，《侨园》2012.5。

传为北宋画家张择端创作的风俗画《金明池争标图》（局部），现收藏于天津博物馆。

马车到轿车推车不一而足，使用何种镖车通常由运送的货物决定。最常用的镖车是独轮镖车，它的特点是只有一个车轮，这样的车子走起路来平衡不好掌握，但走崎岖不平的山路比较方便。镖车上插着三角形小旗称为镖旗，上面写着代表总镖头的姓氏，这也是镖师出镖的标志。在走镖过程中，啸聚山林打家劫舍人远远一看镖旗，就知道是哪一家接的镖，就知道护镖人是哪位武艺高强、身怀绝技的镖师，也就不上前了，他们是不会乱劫镖的。如果你失了镖，给商家失了财，你就没了名声，也就没了饭碗，因此镖师们对自己的名声看得非常重要。而这个行业之选用"镖"字为当号，也是很有蕴意的。"镖"字不仅是旧时兵械中一种暗器的名称，从字面上理解也有着金银财产商票之意，左为金银，右为商票，也就是说武林高人凭着一身硬功夫，为买镖的商家保护着金银财产，应用这个"镖"字实在是妙不可言。

关于"镖局"之"镖"的如此"很有蕴意的"解读，作者所闻或为业内传说，或为作者的臆测，文章未讲，不得而知，权视为别解，存其一说。

那么，"镖行"何以本应作"标行"呢？

对此，似当从与"标行"的"保标"相对应的"夺标"来索解。

据文献显示，所谓"夺标"，就是夺取锦标，源出于古代南方竞舟游艺民俗。锦标，即锦制的旗帜，是用来奖励竞舟优胜者的获胜标志。唐白居易《和春深》诗第15首中说："齐桡争

《龙舟竞标图》组图之元吴廷晖
《龙舟夺标图》

渡处，一匹锦标斜。"说的就是这种"夺标"。另外唐代大诗人元稹亦专有《竞舟》诗描述这一竞舟民俗，诗中说："楚俗不爱力，费力为竞舟。买舟俟一竞，竞敛贫者赇。年年四五月，茧实麦小秋。积水堰提坏，拔秧薄稗稠。此时集丁壮，习竞南亩头。朝饮

村社酒，暮椎邻舍牛。祭船如祭酒，习竞如习傩。连延数十日，作业不复忧。君侯馈良吉，会客陈膳羞。画鹢四来合，大竞长江流。建标明取舍，胜负死生求。一时欢呼罢，三月农事休。"诗中的"建标"之"标"，即竞舟者拼力争夺的锦标。五代王定保《唐摭言》卷三《慈恩寺题名游赏赋咏杂记》载："卢肇，袁州宜春人，与同郡黄颇齐名。颇富于产，肇幼贫乏，与颇赴举，同日遵路，郡牧于离亭钱颇而已。……明年，肇状元及第而归，刺史以下接之，大惭恚。会延肇看竞渡，于席上赋诗曰：'向道是龙刚不信，果然衔得锦标归。'"这里所谓"衔得锦标归"是即景生情的一语双关，既是说竞舟争夺锦标，又隐喻了卢肇考中状元。后世则借此为典，将考中状元喻称为"夺标"。当然，亦有径指竞舟夺标者，如张宪《端午词》中说的："段家桥下水如潮，东船夺得西船标。棹歌声静晚山绿，万镒黄金一日锁。"为防锦标被人夺去，则必以竞技护标。

五代时，竞舟夺标又谓之"打标"，如宋龙衮《江南野录》："嗣主许诸郡民竞渡。每端午，较其殿最。胜者加以银碗，谓之打标。"此即清俞樾《打标》诗所说："我读《江南录》，竞渡曰打标。借以习水战，不唱迎神谣。"当时，这一竞技游艺是受到南唐朝庭赞助的。对此，宋马令《南唐书·后主书》所记更为明确："保大中（即李璟保大年间，943—957），许郡县村社竞渡，每岁端午，官给彩缎，俾两内较其迟速，胜者加以银碗，谓之打标。"

关于竞舟"夺标"情景，宋孟元老《东京梦华录》卷七《驾幸临水殿观争标锡宴》描述得较为具体、生动。其中写道："……又以旗招之，则诸船皆列五殿之东面，对水殿排成行列，则有小舟一军校执一竿，上挂以锦彩银碗之类，谓之'标竿'，插在近殿水中。又见旗招之，则两行舟鸣鼓并进，捷者得标，则山呼拜舞。并虎头船之类，各三次争标而止。"显然，在皇帝亲驾观赏的竞舟夺标中，必然统一指挥，秩序井然，要比民间竞舟活动有许多约束，不致发生争标相戕之争。

至明清两代，湖南等地的竞舟夺标之俗仍然颇盛。明李东阳《竞渡谣》中说："湖南人家重端午，大船小船竞官渡。彩旗花鼓坐两头，齐唱船歌过江去。丛牙乱桨疾若飞，跳波溅浪湿人衣。须臾欢声动地起，人人争道得标归。年年得标好门户，舟人相惊复相妒。两舟睥睨疾若仇，戕肌碎首不自谋。严诃力禁不得定，不然相传得瘟病。家家买得巫在船，船船斗捷巫得钱。"又据清嘉庆二十二年增刻本《长沙县志》卷十六载："五月，端午……坊市造龙舟，竞渡夺标，俗以为禳灾，实吊屈原之遗意也。屡示禁止，此风已息。"

凡事总有其度，非适度即失度，失度则往往适得其反。民俗亦有其度，良俗过度则可成陋俗。竞舟游艺民俗，本怀念先贤之举，当属良俗。即或衍为禳灾祈福之俗，亦不难理解。然而，若借此不惜有损基本生计，乃至因争相夺标而"两舟睥睨疾若仇，戕肌碎首不自谋"，则有失其本愿及应有意义，良俗亦化为陋俗。唐以来诸多有识之士的忧虑，即在于此，故"严诃力禁""屡示禁止"如此"夺标"与"保标"之风。

陋俗可以改良，可以令禁，而劫财害命却是从古至今屡禁而不绝的社会治安之患。护卫财产、人身安全，亦如"夺标"与"保标"似的争斗较量。在冷武器时代，传统武术自然成为这种较量的直接工具，一如竞舟，都是以技艺竞争其"标"。一当

"保标"成为社会诸行百业的一种职事行当,竞舟民俗也就被作为一种隐喻使用开来,谓之"标行。"也就是说,"标行"以及与之相关联的"标船""标旗""标师""标客""标头"等,考其民俗语源,皆出自古来荆楚著名的民间竞舟游艺民俗。荆楚文化对中华传统文化影响之深远,既有楚辞那样昭著显证,亦不乏民间文化各种细微之例。"标行"民俗语源所出,即为其一。这一点,标行各种基本名目用语,均可显示出同其民俗语源之间的对应联系。

试析如下各例:

标船　竞舟活动中本指夺得锦标之船;标行则用指护卫的载运货物、商旅等的航船。

标　竞舟活动中指争夺的荣誉标志,即锦标,一种锦制旗帜;标行则用指所保护的对象,所谓"失标""丢了标"就是被劫去了所护卫的对象。

锦标　竞舟活动中指作为获胜者荣誉标志的锦旗;标行径谓之"标旗",悬、插于标船、标车或宿地、标局,作为一路标行或某家标局的标志。

标车　竞舟活动中本无,系标行仿"标船"之名类推用以称陆路护卫的载运之车。

标客　护标者。客,系就其应标主邀请雇用而言。

标师　护标者。师,系就镖行从业者相互之间的师徒传承关系而言。镖客均为武术在身者,凭武艺护标,故一仍武林传统,师徒相传。

标头　一如竞舟活动中各舟之舵手、老大,标行称其护标的首领为标头。

保标　竞舟活动中指保护锦标不为人夺去，相对"东船夺得西船标"之类的"夺标"而言；标行用指护卫所保护的对象。

标号　竞舟活动中擂鼓呼喊助威，统一水手动作；标行"走标沿途要喊镖号，也叫喊趟子"，① 又谓"喊镖"，② 一如"标旗"，在于对外表明本身的来路是"标行"的。同时，也是用以内部联络的暗号，如《江湖走镖隐语行话谱》所载："走镖者遇事先要开口，先喊小号'哈武'二字。在店内，收更时叫起，喊'哈武'二字，一齐都起来了。喊'哈武我'，全起来了。拾东西装车，喊'哈武，各管其手了，哈武我'。车不动，回头看，别丢下东西，'扫堂了，哈武哈武我'。上车喊'哈武，请客上车押辕子，哈武我'。要走了，各喊'哈武，众家各着手，哈武我'。要走，喊小号，'哈武，着手条顺了，哈武哈哈武我'。出店走了，喊'哈武，跟帮一溜溜了，哈哈武我'。"等等。凡此，均明显印证着"标行"及其相关用语源出于古来荆楚竞舟夺标游艺民俗。同样，现代"招标""夺标"的民俗语源，亦出自竞舟游艺民俗。

古代竞舟游艺的"标"，系指获胜的荣誉标志"锦标"，亦即锦旗。在标行说来，其"标"则发生了语义偏离，即以隐喻的方式视其为当行所具体护卫的对象。因而，简言之，"标行"即"保标"的行当；"保标"，亦即以武术保护指定的对象，如人财的安全。同是竞技，但已从一般游艺竞技转为拼命性的武术较量，对抗的性质已从娱乐转化为敌我抗争。

上述事实说明，"有人以为镖局的得名，就是因为使用飞镖

---

① 李尧臣《保镖生活》，刊《文史资料选辑》第 75 辑，文史资料出版社 1981 年。
② 齐如山《镖局》，辑自《文史资料选编》第 34 辑，北京出版社 1988 年。

的缘故，这实在是一种误会"，尽管李尧臣这位老镖师未能言明，但的确言之有理。所谓"保镖""镖行"，本为"保标""标行"。那么，同"标"音同者若干，如熛（火焰）、幖（旗帜）、膘（肥肉）、骠（古音 piào，一种马）、飙（暴风）、彪（小虎）等，何以单单选中一个"镖"字呢？究其原因，也正是常人多闻标客善用飞镖这种便于携带的暗器而产生的误解。以讹传讹传开去，"标行""保标"，就衍作了"镖行""保镖"。

然而，应当指出的是，在汉语中，"标"字有时也与"镖"相联系。例如："标刀"，一种短刀，清陶澍《续获颖凤匪徒惩办附片》："又据阜阳县知县孙灵府禀……将赵四诱出，同该境兵役围拿擒获，搜出身带标刀二把。""标子"，一种用以投掷的标枪。清方以智《通雅·器用》："今滇兵皆用标枪空掷，谓之标子。"其他又如"标叉"等，都是指类如飞镖似的小型、投掷性兵器。虽如此，却仍用"标"字，而不写"镖刀""镖子""镖叉"之类。这说明，将"标"误衍为"镖"仅系标行、保标范畴。

当然，并不能因"镖行"本作"标行"就否认标行武士使用飞镖，飞镖仍是古代一些标师所常用的兵器，但一如当行有人指出的那样，不是所有标师都能使飞镖。

同时，如今既已约定俗成地将"标行"写作"镖行"，也没有必要着意改回本字，那样反倒容易产生混乱。不过，对于探讨一种社会史和文化史现象的源流来说，搞清其本源，正本清源，却是十分重要的。

虽道是"标行"，权仍作"镖行"吧。

二、镖行与行事

诸行百业，各有其当行行事，亦即行业活动和行业文化。

所谓"镖行"①，亦即保镖行业。

镖行以保镖为立行营业之本，自然存在符合当行特点的行业行事和由此产生的行业文化。

1. 立行管理

据统计，清代主要分布在北京、天津、山西、河南、河北、上海、江苏、江西等地州府的全国镖局数以万计，其中较有影响的镖局多达36家，镖师1000多人②。

同社会一般诸业比较，镖行是一种具有民间性质的非官方保安行业，是一种特别行业。其最主要的"特别"之处，即把武士的武术作为商品进行有偿服务经营。因而，谁需要，谁都可出资

---

①本书所谓的"镖行"是涵盖的具体的"镖局"在内的保镖行业的概称，泛指行业整体。

②参吉灿忠《同兴公镖局考》第14—15页，人民体育出版社2013年。

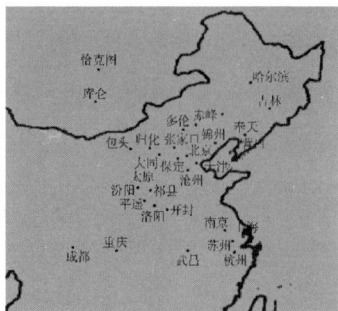

中国镖局分布示意图，见于李金龙、刘映海《清代镖局与山西武术》，北京体育大学出版社 2007 年出版。

雇用，而不像军队或衙卒那样唯官命是从由官府调用。其所起的作用，虽与军队、衙卒及后来的警察的某些职能相近，却又是官府武装所难以顾及和完成的。否则，就不会形成保镖行业及其消费市场了。作为一个特种行业，镖局同样被纳入政府的管理视野，也要像其他工商诸行那样向官府备案、获准、请领执照以及纳税。这在一些历史文献中辑载不多，但仍可以觅得一些有关记载。

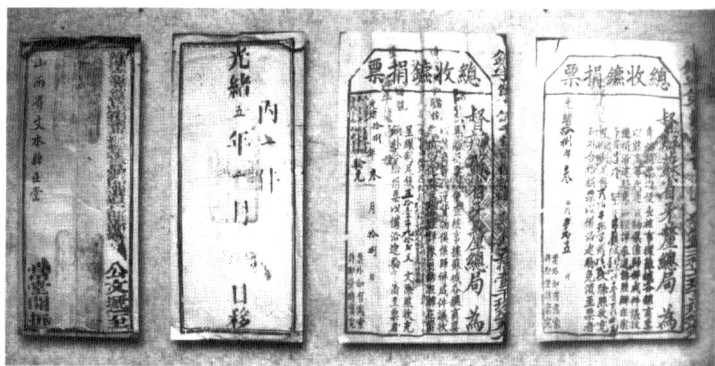

清代镖局执照，原载刘映海、乔增光《镖行四海》第 68 页，山西教育出版社 2014 年出版。

例如，在比较偏远的位于内蒙古自治区西部、河套平原腹地的五原县光绪七年（1881），"当时，镖局和卖油盐酱醋的杂货店铺一样，也得有官家颁布的牛皮文书（即今营业执照），每年要照章完纳各种税捐"①。再如，关于镖局的武器管理，中国第一档案馆披露的光绪三十二年（1906）京城镖局枪支登记造册管理的一批档案文书显示，作为特种行业的镖局，接受的也是特殊管理②。

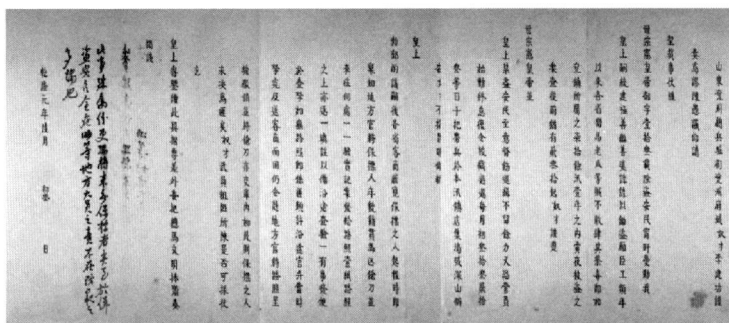

兖州总兵李建功乾隆元年（1736）六月初三日为发给保镖路照事情的奏折

官府的镖行管理，一向少有法律法规。镖行的镖师，多属侠勇之士，人员参差不齐，虽然崇尚"武德"，讲究所谓"江湖规矩"，亦不过仅仅是一种"道德约束"而已。因而，走镖过程往往会发生"侠以武犯禁"③的失德情况。

乾隆七年（1742）《山西布政使严瑞龙为请严禁保镖胡作非为事奏折》为我们显示了官府管理镖行的一例④。作为中国镖行史上的一个事件，奏折比较详尽地描述了镖局走镖途中一些镖师胡作非为的表现。迻录如次：

----

①张文明、刘继云《土镖头与洋买办》，《文史精华》1996.8。

②中国第一历史档案馆藏，哈恩忠编选《光绪三十二年京城管理镖局枪支史料》，《历史档案》2005 年第 3 期。详见本书附录。

③语本司马迁《游侠列传序》："韩子曰：'儒以文乱法，而侠以武犯禁'。"

④吕小鲜《乾隆七年保镖史料一则》，中国第一历史档案馆《历史档案》2001.4。

　　山西布政使臣严瑞龙谨奏，为请禁保镖肆横之禁，以安民生，以恤商旅事。

　　窃查西北各省，凡富商大贾前赴东南置买绸缎布匹等项，俱囊挟重赀，动至数万金，骑驮数十头，合队行走。有等膂力过人、身娴武艺之徒，受雇护送，带有鸟枪、弓箭，名曰保镖，所以防草窃、杜剽掠也。讵若辈骄悍性成，多不安分。入肆则强买食物，短少价银，沿途则纵任骒头践食田禾，甚至投宿到店，勒令先到之人搬移他处，如遇过渡争先，辄将上船行李抛弃岸旁。稍与较论，鞭扑随之。商民畏其凶横，莫可谁何。此臣向所得之传闻者。

　　迨上年承恩人谨请训后，于八月初旬道经河南荥泽之黄河地方，时已登舟而镖客后至，手持小旗，称系皇饷，喝令退避。臣随问以饷运何处，有无解员，若辈茫无以对。又侦知臣系湖北布政使，始让同舟。而睚眦之状，勃不可遏，则其平日之欺压商民，不问可知。

　　今岁奉旨调任晋阳，臣从湖北起程，复一路查访。保镖之徒到处肆横，众口一词，实与臣闻见所及无异。并有语以若辈出店入店插旗放枪，形同官长者，更为僭妄不法。

　　伏思伊等受雇保镖，俾得长途无事，乃其本分。若恃强肆横，以致扰累商民，殊属未便。臣为绥靖地方起见，可否仰恳天恩，饬令各该省督抚转饬地方官通行示谕，凡保镖之徒经过关津渡口及城乡市镇，毋许短价买用食物，亦不许纵畜践食田禾。其于投宿、过渡，惟论到之先后，不得强为争竞。一有违犯，立即严拿重惩。至于借称皇饷哄吓乡愚，并插旗放枪，虚张声势，均干功令，并请悉行禁止，以杜僭妄。如此，庶强横各知敛戢，而商民咸歌荡平矣。

为此缮折奏请，伏乞圣明裁断施行。臣谨奏。

乾隆七年十一月初九日奉朱批：该部议奏。钦此。

严瑞龙（？—1751），字凌云，四川阆中人，1718 年（康熙五十七年）严瑞龙高中进士。1735 年任台湾御史，并因累功升任巡视台湾监察御史。1736 年任满，升任湖南按察使。1742 年出任山西布政使。1750 年，因其弹劾湖广总督唐绥祖而递升湖北巡抚。翌年，因经查证其所呈报皆为诬告，则于 1751 年遭斩立决。

乾隆七年（1742）严瑞龙出任山西布政使后，根据上年的亲身经历及本次赴任途中的明察暗访，认定镖局有三宗罪：一是恃强凌弱，扰累商民；二是插旗放枪，恐吓百姓；三是虚拟皇饷，僭越犯上。于是，奏请乾隆对劣迹斑斑的镖局严打重惩。

《山西布政使严瑞龙为请严禁保镖胡作非为事奏折》描述了镖师所携带的武器之中，有鸟枪，这就说明，18 世纪中叶镖局所使用的武器，已经从冷兵器向杀伤力和震慑力更强的"重武器"过渡，而后又迎来了"鸟枪换炮"的时代。此即引起了官府的关注管理，以及《管理镖局枪支规则》[1] 的制定。

中国第一历史档案馆典藏的巡警部档案存有光绪三十二年（1906）京城 13 家镖局枪支清册，共计备案枪械 134 支，种类有歪把子毛瑟枪、金口毛瑟枪、铁板凯瑟枪、木板凯瑟枪、马拐子枪、步拐子枪、直五眼枪、斜五眼枪、套筒五眼枪、十七出枪、十三出枪、九子十成枪、大八响枪、大七出枪、七星枪、大六出

---

[1] 中国第一历史档案馆藏、哈恩忠编选《光绪三十二年京城管理镖局枪支史料》，《历史档案》2005.3。

枪、小六轮子枪、门连灯枪、后门炮枪、慢里下枪等 20 余种，清一色是近代军工产品意义上的洋枪。同年，中国第一历史档案馆典藏的巡警部档案存北京外城巡警总厅专门制定《管理镖局枪支规则》共 8 条，呈报巡警部并获得批复。详见本书附录《管理镖局枪支规则》。

2. 亮镖开业

镖行之所以作为一种社会行业立足于诸行之林，是因社会经济活动发达的需要应运而生。具体说，就是商贾行商保安的需要，促生了镖行。

日本天野节二郎辑《满洲写真帖》中的镖局，明辉堂（神户）出版，
大连天野满书堂大正五年（1916）发行。

以明代为例。明代是中国商品经济比以往历代均显活跃的时期，晋、徽、闽等诸地以乡缘地缘为纽带的各种商业行帮已基本形成；俗语所谓"三百六十行"之说，即始见于明代文献。中叶之后，进入资本主义经济萌芽时期，商业活动日趋活跃。当时，令商旅颇感到头痛而寝食不安的一大难题，是交通不便和常有匪盗劫扰，即行程保安问题。刊行于明万历二十七年（1599）的日用百科全书《三台万用正宗》卷二一《商旅门》，辑有一篇《客商规鉴论》，专述客商必备常识，其中即说道："未出门户，须仆妄不可通言。既出家庭奔路程，贵乎神速。若搭人载小船，不可出头露面，尤恐船夫相识，认是买货客人。陆路而行，切休奢侈。囊沉箧重，亦要留心。下跳上鞍，必须自挈，岂宜相托舟子车家。早歇迟行，逢市可住。车前椸下，最要关防。"何以如此？显然在于防范不测之祸。清憺漪子所著《士商要览》卷三中的《士商十要》说得尤为直白："凡行船，宜早湾泊口岸，切不可图快夜行；陆路宜早投宿睡卧，勿脱里衣，此为防避不测。"行商贩运的沿途人财安全，成了一大棘手之事。官府衙门，虽有维护治安、缉匪捕盗之责，却难以做到逐行逐个商旅一一随行护卫。于是，一个为商旅进行有偿保安服务的行业便应运而生，此即冷武器时代以中华传统武术为护卫手段的镖行。

《金瓶梅》写到西门庆家的"标行""标船"，详细情景没说。李尧臣《保镖生活》谈到镖行之立行开业时介绍的，就是这种情形：

> 在旧社会，社会挺不安宁，各地都有贼人铤而走险。有七八十人一伙的，有二三十人一伙的，也有三五成群的，盘踞在各地。所以行路的人，就得找会武术的人保护。起先，有些会武术的人，住在客店里，等候客人雇用。他们只推一个小车子，客人雇妥了，就推着小车子上路，一天要走八十里地，这是保镖的源起。后来买卖一天比一天发达，就自己立个字号，开一家车店，备有轿车，听候客商雇用，这就是镖局子了。到了后来，又在各地设上了分号。

　　社会秩序越坏，盗贼越多，镖局的买卖自然越发达。

　　在镖行形成之先，历代皆有武士充当人财安全护卫的保安事例，虽然有许多也是有偿的，但是只是一种随机性、散在的护卫行为，不具有行业经营活动性质。一旦作为经营性的镖行、镖局之类行业机构形成，以往那种散在的、随机性武卫活动，才纳入行业行为轨道。

　　开办镖局，除按章向官府备案、获准、请领执照以及纳税例行公事外，首要的则是选聘镖师，尤其是镖头，这是立局之本。

　　或因镖行的镖师向以"江湖武士""江湖客"自居，对手亦往往是"江湖中人"，因而镖行多被视为"江湖行当"，其事迹亦多散见于有关江湖内容的书籍文献。

　　这就是说，开办一座镖局，两件事最为首要，一是必须拥有武艺高强的武士充当镖头，否则非但保不了镖还会丢镖，客商谁还买镖局的账；再即行东在当地社会要有声望、影响，吃得开，才能支撑开门面立住脚，因而许多镖局都寻找后台靠山即在于此。当然，同时还必须具有一定资本。有人谈道："镖局者，既非殷实商家，又无充裕资本，都是几位武术家（俗名把式匠）组织而成，并雇用把式匠数十人，为之轮流保护运输车辆而已。"看似简单，实际操作起来并非轻而易举。同一般工商行业相比，镖行的保镖活动直接与匪盗打交道，与之抗争，因而时刻都担负很大风险，是一种风险行业。如果不具备破除风险的实力，也就无所谓镖行了。社会对这一行业的需求，即在于代人承当安全风险并保证经受风险时的安全。

　　镖行是以镖师为资本、以镖师的武术和江湖经验为商品的经营实体，明代称镖行，清代称镖局，仍以"镖行"作为行业的统称。镖局选择镖师，向来是镖局用人选才的头等大事。如内蒙古镖局之例①：

> 　　镖师傅为镖局的雇员，大点的镖局一般养二十至二十五名镖师傅，镖师傅的年龄一般为二十至五十岁，身体好的也有干到六十岁的。十七八岁时尚缺乏责任感，且武艺未到家，故多用二十岁以上的。一名镖师傅多带一徒弟，大致为三至五年，多要有专门的武艺。

> 　　镖局招镖师傅先要考腕力，有胡须的尤为欢迎，这样显得勇武。镖师傅多在镖局起居，经常习武，由主人供给伙食，不赞成恋家者。车马船等运输工具由镖局提供。镖师傅的衣服与常人全异，上衣为长衣，做得非常大型，袖子、裤子也非常肥大，布制靴与蒙古靴相似，靴尖显得大而突出。辫发卷于头上，系以约六尺长的黑绸子。武器为马上用的大刀，类似偃月刀，要藏暗器飞镖或七节鞭，有手持绳鞭或袖剑的，有别拳铳的，甚至有备洋炮的。投宿时货车上卧有镖师傅。有的旅程极长，如从北京至新疆伊犁要七八个月。

> 　　镖有写作镳的，其尖如矛头，头环绑红绸，可掷毙约数十步（约十米）之敌。用镖时先作退状，乘敌隙掷出，以从后掷出效果为佳。七节鞭用来击对方的耳门骨部和脚脖子，拳铳有二铳，可连发十三弹。

> 　　老师傅又称镖头，或称喊镖，为最优秀之选。一行最后有一人，中多有镖师傅三人以上。镖头是镖师傅中最重要的

---

① 房建昌《清代以来内蒙古的当铺与镖局考略》，《阴山学刊》1995.2。

角色，取其武艺高强，能言善辩，至深山老林或通过城镇城门鼓楼及遇到可疑人时会出大声以为扬威，故名喊镖。又遇匪贼时要讲一种隐语（即行话特殊语），这是江湖上的语言。

再如内蒙古赤峰镖局，亦然①：

镖局掌柜的称"镖把子"或称"镖头"，伙计称"镖师"，有"大镖师""趟子脚师傅"，客称"武师"。镖师不能担虚名，要有武功，一般都有拳脚、枪刀、棍棒等功夫。至民国初年，经警察局批准，开始发给枪照，镖师每人可佩长短枪各一枝。

镖局有特制的镖车，车辕插上写着镖局字号的黄色三角旗，车厢挂铁铃铎，车行时叮咚作响。车子上有钱箱子，苫布、皮绳。保镖时路上严禁吃酒，严禁赌博，不许出门会亲访友。早歇晚行，宿住大客店或驿站内，晚上值班，人不离车，值班者白天可在车上睡觉。每次出镖有镖师三至十人护镖，另有批前哨的一人，称趟子脚师傅或镖师。社会上有句俏皮话："保镖的车明走暗装"，就是为了保密，在晚上装车。

镖师要会说江湖话，俗称黑话，对绿林人物称"朋友""老大"，相遇时用江湖话对答。镖车遇山坳、密林等险要去处，要敲锣，打口哨。镖师有时还为"山大王"购买枪支，

---

①吴宇周《赤峰的保镖业》，载高云华编《红山文史》第四集第108—110页，赤峰红山区政协文史委1990年。

烟土等等。

再如山海关镇远镖局的镖师、镖头①:

王姓家人不仅自己当镖师走镖,兴旺时还雇佣镖师曾多达 50 余人。镇远镖局除陆路镖外还有"坐店、护院、守夜"等业务。镇远镖局在管理上有着严格的门规戒律:凡入吾镖局者,务须尊敬师长,铭记教诲,尊重同辈,切磋共进;凡入吾镖局者,务须武德为先,德艺兼重,练功不辍,志坚业成;凡入吾镖局者,务须勤慎敬业,忠于职守,执勤勿惰,护镖争先;凡入吾镖局者,务守"四戒":戒持武欺人,无事生非;戒不敬师道,同辈相谤;戒学艺不精,泛传他人;戒违法违纪,败坏武风。在走镖中还有着"陆路三不住、进店三巡视、睡觉三不离、客镖要三忌"的规定,即:不住新开店房,不住易主之店,不住娼妇之店;要进店内巡视,要到店外巡视,要进厨房巡视;武器不离人,身体不离衣,车马不离院;忌问囊中何物,忌同雇主宝眷接触,忌中途讨赏。

在每次走镖的前一天,镖局王当家的都要为镖师们摆上送别宴席,要大家吃好喝足酒,走镖上路就不再饮酒了。第二天,王当家的再将这些规定重复给镖师们,亲手把官府开的通行证和接收镖物的清单交给总镖师,送他们到城外,并为他们祈祷一个字:和。不住地叮嘱出门在外遇事要以和为贵。因为他们的职责就是保平安,所以不管处理任何冲突和突发事件,都要以和平解决、和气生财为主导。镖局的镖师

---

①王宝文《山海关镇远镖局考》,《满族文学》2012.2。

们对此也有一句口头禅，叫"三分保平安"，就是"带三分笑，让三分理，饮三分酒"。

上路走镖后，途中遇到关口拿出通行证，为避免纠缠，镖师有时会顺手塞给官兵们一些银两，这样就可以顺利通过了。在路上，看到山上有土匪的时候，就大声喊镖："一声哈武镖车走，半年江湖平安回。"据说"哈武"是山西人称镖局创始人张"黑五"的谐音，慢慢地"哈武"则成了镖局中的行话。如喊镖不行，就需"春点"对话，"春点"是江湖上的隐语，俗称黑话，是通过语言讯号作为江湖上人彼此联系的一种特殊手段。如"春点"再不行，就得兵刃相见，以死相拼。镖路上遇到劫匪，那是不可避免的事情。至于战与不战，完全取决于劫匪给不给面子，而一旦动起手来，镖师的任务不是杀人，而是保住镖物安全。作为陆路镖的镖师，要一边用长矛单刀与劫匪博斗，一面催促车把式策马狂奔。这时候的镖车异常颠簸，如果博斗是发生在车上，镖师必须有超人的"站功"，不管镖车如何颠簸摇摆，镖师都能够稳如泰山。只要能摆脱劫匪的纠缠，不杀人不伤人是最好的结果。与此同时，镖师还要时时注意给劫匪留足面子。特别是草原劫匪，一旦劫镖不成空手而归，那是件很忌讳的事情，他们为了洗掉这股晦气，常常不惜以血光冲灾。因此，有些跑北道的镖师为了不与他们结下更深的"梁子"，常常事先就与雇主商量好，把一些病骆驼马匹或不值钱的东西丢下，让他们也有所"收获"。镖师们一趟镖安全地送到目的地之后，就可以拿到应得的报酬，返回自己镖局里交了差，生活也就有了着落，英名也会在世上留下。

清末长篇评书《童林传》第八十五回《仇人相见分外眼红
云台剑客威震众侠》虽非史实，却以说故事的形式展现了清季镖
行之盛，乃至业内的竞争情景。

离开永发镖局往下走。这十三家镖局代表着全国南七北
六十三省，十三家大镖局子。他们转了一圈，挨个儿地都看
了。熟识的呢，就进去喝口水儿，说几句闲话；不熟识的，
也就是一走而过。

这十三家镖局子都是谁呢？镖主叫什么字呢？第一就是
"双龙镖局"，震东侠和北侠合伙儿开的，双龙镖局的两个镖
师：一个是黄灿，一个是潘龙。第二家叫"永昌镖局"，就
在北京西河沿儿，两个镖师一个叫鼓上飞仙丁瑞龙，一个是
清真教的铁三爷。第三家就是刚才出事儿的"永发镖局"，
镖主叫吴永发，也就是剑山蓬莱岛设在北京的暗线，就是坐
探。第四家是"镇远镖局"，就是如今的辽阳市，镇远镖局
有三位镖师，就是马老奎、于老寿、边老成，号称"辽东三
老"。第五家是云南的"怀远镖局"，总镖师是白马神枪赛仁
贵薛尚。第六家是"南洋镖局"，也就是现在的广东，总镖
师是逍遥义士欧阳子昆，跟震东侠是好朋友。第七家是福建
的"顺平镖局"，总镖师叫霹雳狂风楚怀玉。第八家是江苏
的"定远镖局"，镖师叫钻天鹞子鲍国方。第九家是直隶保
定的"常泰镖局"，总镖师是神弹子活张仙董奎。第十家是
天津的"天顺镖局"，一共有两位镖师：一个叫八大锤梁虎，
一个叫金钱豹周能，跟震东侠关系都不错。第十一家是甘肃
来的，叫"玉门镖局"，一共有两位镖师：铁翅大鹏马延祥、

漠北驼鹿马延广。第十二家是山东"登州镖局",也来了两位镖师:一个叫一盏灯鲁宝章,一个叫浪里飞蟹赵畅。这第十三家是武汉的"湖广镖局",总镖师叫中州侠夏五,人家都管他叫夏五爷。算起来是十三大家镖局。

因为这次"双龙镖局"在北京设立分号,今儿个要挂匾披红,庆贺开张典礼,所以把这十二大家全请来了。大家欢聚一堂,举行这个亮镖会。这些人都来捧场,不管多远同时到达。另外也不光是这十三家镖局,谁没有点儿朋友?所以来呢,还带了不少的朋友。况且这种事儿又是公开的,大家随便参观,因此天下来的英雄、高人就不在少数。加上老百姓,把这整个桃花庄亮镖会的会场围得是风雨不透!

震东侠陪着雍亲王和童林把这十几家都转完了,回到"双龙镖局"看台。雍亲王归座,众人按次序坐好,仆人献茶。雍亲王还惦记刚才那危险的事儿呢,就问童林:"海川,刚才那老道是怎么回事儿?为什么嗷嗷怪叫,拿宝剑要刺杀我?难道他认识本王?""爷!您算猜对了。那个老道是剑山蓬莱岛的,官拜站殿将军之职,叫羽士清风侠杜清风。挨着他那俩人,您没瞅着有个大奔颅头的吗?叫赛南极诸葛建,在旁边那个黑大个儿,叫野飞龙燕雷,他们都是从四川来的。前者我在公主坟跟他们见过面,好悬没死在他们手下,多亏我师爷八卦太极庶士张洪钧出了面,这才转危为安。把他们三个人给打跑了。可能是这三个人怀恨在心,今天见了爷、见到我,这才动手行凶。""噢!混账!海川哪,拿我的名片到顺天府、九门提督衙门,调人把他们几个给我逮起来!"童林一乐,道:"爷!您甭生气,他们一个也跑不了,这阵儿切莫打草惊蛇。"大伙儿都捂着嘴乐了，心说，真不愧当官儿的，动不动就打官腔，动不动就调军队。这些人儿怕军队呀？都是高来高去陆地飞腾的手儿，你军队还没来呢，他就没影儿了。但这话谁敢跟雍亲王还嘴呀？他那么说大伙就听着。

镖行的常设办事机构俗名为"柜"或"柜上"，掌管洽谈生意、银钱等日常事务，并管理协调各分号的分柜。

如同一般商号铺面多、置有牌匾招幌作为招徕标识，镖行的招幌是一面书写着自家字号的镖旗。镖旗招幌，既属古代酒旗遗俗，又兼具武林传统，即酒旗与帅旗的统一体。又如行商招幌那样，行程保镖途中，无论水路的镖船还是陆路的镖车，也多插有自家字号镖旗。只不过行程中的镖旗虽有招徕生意功能，但更重要的目的在于沿途向江湖朋友或匪盗通报此系某家镖行的镖队，以期关照别找麻烦；对向无交往联系的欲劫镖者，也是一种威慑。因而，即或途中住店，仍要把镖旗插出去，入夜则换以书写有镖行字号的镖灯。

个中，清末民初内蒙古镖局使用的镖旗，别有特色。据介绍[1]：

> 出行时有老师傅持镖旗骑先头马在前，镖旗呈三角形，纵横约三尺，白木棉上绣印赤或黑的镖局名，边镶赤色鳍，斜七鳍，下六鳍。取中国以黄河为中心，南有七省，北有六

[1]房建昌《清代以来内蒙古的当铺与镖局考略》，《阴山学刊》1995.2，随文注（《镖局》一书中有此旗绘图），为本文作者所据久下司编辑的《镖局》西北事情研究所资料第一二三号，昭和十八年（1943）七月二十日油印本。

省（《镖局》一书中有此旗绘图）。有此旗可通行中国，因为各省镖局皆互相联络，以保天下行旅平安。

关于镖行立行开业的情形，云游客所著《江湖丛谈》亦有实景式的描述①。书中写道：

在昔时，水旱交通极不便利，买卖客商往来贩卖货物的，离不了镖行的。就是国家解送饷银的时候，亦是花钱在镖局子雇用镖师护送的。在那个时代开个镖局子亦很不容易。头一样，镖局子立在哪省，开镖局子的人得在这省内官私两面叫的响，花钱雇用真有能为的教师充作镖头。没做买卖之先得先下帖请客，把官私两面的朋友请了来，先亮亮镖，凭开镖局的人那个名姓儿就有人捧场才成哪。若是没个名姓，再没有真能为，不用说保镖，就是亮镖都亮不了。自己要逞强，亮镖的日子非叫人给踢了不可。立住了万儿的镖局买卖亦多，道路亦都走熟了，自然是无事的。最难不过的是新开个镖局子，亮镖的日子没出什么错儿，算是把买卖立住了。头一号买卖走出镖去，买卖客商全都听见声儿，要是头趟镖就被人截住，把货丢了，从此再亦揽不着买卖了，及早关门别干了。

清末评书《永庆升平》第一回《康熙爷览奏私访　胡忠孝异乡受困》说的就是"兴顺镖店"举行立行开业的"亮镖"仪式情形：

①连阔如以云游客的笔名在北平《时言报》发表长篇连载《江湖丛谈》，1938年由时言报社结集出版，共三集。本书凡引述此书，皆据此，不另赘注。

圣上穿便衣来至东华门外，御马圈首领王坤慌忙将驴拉过，圣上骑驴接鞭在手，打驴出东安门，顺皇城根一直往南，至正阳门外。见桥头上有大鞍车紫缰，此车乃系达摩肃王乘坐，带领随事从人，俱穿官衣在此等候接驾。

众人遥见圣上穿便衣骑驴前来，肃王爷将要更衣接驾，直见圣驾骑驴进西河沿往西去了，王爷随在后追赶。

圣上在驴上，心中暗想说："我前次私访，获五虎庄的恶霸。今日览奏，不知前三门外土教匪徒在于何处？"正思想间，已至顺治门大街。

忽听纷纷传言："兴顺镖店亮镖！"圣上不知亮镖是何缘故，心中暗想："必是人吃的胖，要亮亮膘头儿，朕不免前去一看。"随跟众人一直往南，见大街南头路东人烟稠密。举目一看，有一高大席棚，悬挂花红甚多。也有书写"陶朱事业"及"本固枝荣"等字，下款俱是士、农、工、商有名之人。大门上有泥金匾一块，双插金花，上写"兴顺镖店"四字，乃系名人之笔。

圣上看罢下驴，将驴拴在隔壁粮店门口，手拿鞭子，分开众人往里行走，进了大门，坐在大板凳上观看。只见以东为上，上房五间，前出廊，后出厦，满窗户玻璃，照耀眼目。南边雪白的院墙，当中有绿屏门四扇，上写"斋庄中正"。南边还有院落，北房五间，直通北后院，门里的影壁尚未修齐。有一个秃瓦匠，身穿白棉绸裤褂，漂白袜子，青缎子实纳帮鞋；年有四十来岁，细眉圆眼，手拿瓦刀，在那里抹灰。又有小工一个，身躯胖大，穿的是茧绸裤褂，山东鞋；身高八尺，面如紫玉，扫帚眉，大环眼，平脑瓜顶儿，手拿九斤十二两大瓦刀，在那里煮灰。裤腰带上头，带着荸荠扁的咂壶一个。又见天棚底下摆着刀枪架子两个，两边有十八般兵器，件件皆精。北房前有八仙桌儿三张，上铺猩猩红毡，摆定元宝无数。

圣上看毕，并不知里面是何等买卖，只听南院内划拳行令之声，十分热闹。

从东上房走出一人，年约二十有余，身穿白鸡皮绉小褂，青洋绉中衣，紫花布袜子，青缎子双脸鞋；腰系青洋绉褡包，上绣团鹤斗蜜蜂儿；黄尖尖的头发，小紧辫；甜浆粥的脸蛋，垂糖麻花的鼻子；两道扬眉，一双马眼，配着两个糖耳朵；手拿小藤子鞭，横眉立目，来至圣上面前，说："老头儿走开吧，别在这坐着！"圣上抬头一看，这小子就打了一个冷战，倒抽一口凉气。见圣上身穿宁绸古铜色齐袖大衫，篆底官靴；长眉阔目，准头丰满，一部银髯，天武神威，气相不俗，必非平等之人。

看罢，忙带笑开言："我当是谁，原来是老爷子。我叫小秦椒胡老大，你不知道我吧？里边坐着。"圣上并不答言。那小子转身方才要走，忽听外面有人说："老爷行好，有剩饭无有？赏给我兄妹两个一碗半碗。"圣上回头一看，见来了一男一女：那男子约有二十有余，面带病形；女子低头不语，五官倒也端正，钗荆裙布，窄小弓鞋，虽无倾国倾城之貌，亦有羞花闭月之容。

圣上看罢，心中暗想："各省大吏，年年进奏'五谷丰收'，我辇毂之下，谁知也有乞讨之人！看这二人之貌，并非久作乞丐，其中必有缘故。我朕出来，可惜未带银两，若带银两，必以问明周济周济他二人。"

正想之间，见看门的小秦椒胡大，手举一藤鞭，照那乞丐劈头就打。那人还手，一拳将小秦椒打倒在地。小秦椒一阵贱笑，说："你还会把式吗？你念一个喜歌儿，我给你一百钱。"那人说："我不会念喜歌，休得胡说！"这小子望那人身背后一瞧，见一女子十分美貌，秀发青丝，面如芙蓉，鼻如悬胆，口似樱桃。便说："朋友，瞧你这样不像要饭的，你姓什么？哪里人？告诉我，我周济周济你。"

再如单田芳改编自清末常杰淼原著的长篇评书《童林传》第八十六回《亮镖会童林献艺　众兄弟侠义遭打》，讲述的亦属于镖局立行开业"亮镖"时，尚未入行的童林登台献艺被镖局选中的情景。

"噢！刚才我哥哥练完了，这一次轮到我头上了。我要向天下的来宾致意，特别向十三家镖局的同行们致谢。"二侠侯杰一说到这儿，下边又是一阵热烈的掌声。就见二侠侯杰秃脑袋一晃，容光焕发，声音更高了："众位！为了感谢各位的光临，方才我哥哥登台献艺，实质他是我亲哥哥。他练的那东西怎么样呢？咱得说不错。但是，美中还有不足。我这儿有位朋友，大概众位都有耳闻啦。此人家住京南霸州童家庄的，姓童名林字海川，有个诨号叫震八方紫面昆仑侠！我把我的兄弟请到台上给众位指引指引，让你们看看我兄弟的绝艺。"说着话一回头："海川哪！来，赶紧登台！"

……

这阵儿海川骑虎难下呀，硬着头皮也得练！没练以前，童林把帽子摘掉交给刘俊，把袖面儿挽了挽，冲这天下的人行礼，提高声音说："各位！名位兄弟，老师！各门各户的英雄好汉！士农工商，三教九流，各位老前辈！小可就是童林，童海川。方才我二哥侯杰向大家介绍了，实质上我哥哥这是捧我。我童林自知有愧，名不符实，也无非空有虚名罢了。但是呢，今天三月三亮镖会，庆祝'双龙镖局'开张志喜，我童林没有别的表示，也只好登台献丑，练练拳脚和兵刃，酬谢大家对我的捧场。"童林也没多说，身子往后一退，把外边土黄布的大袍子闪掉了，把腰里的带子"嘣嘣嘣"连紧了几扣，大辫儿往头顶上一盘，又说："我先练一趟拳脚，这趟拳脚就是我老师教给我的，叫'柳叶绵丝掌'。"说着就见童林往下一煞腰，晃动两臂，啪啪啪啪！就练开了。内行人，外行人，全都注目观瞧。就见童林站如松，走如风，身如蛇形，腿如钻，两拳似流星，眼如电，猫蹿狗闪兔滚鹰翻，把拳脚之中的武术精华全都集中到这趟招数上，练的是真快！下边的掌声一浪高过一浪，简直是天崩地裂的一般。童林把绵丝掌练完了，一收招，气不长出，面不更色。然后又把双钺拿出来了，接着练"子母鸡爪鸳鸯钺"。

童林练着，就引起不同的反响。咱们单说"永发镖局"，前头一溜桌子，后头坐着一排人，正中央就是云台剑客燕普，上垂手杜清风，下垂手诸葛建，野飞龙燕雷，身后站的都是剑山蓬莱岛的贼寇，这帮人也注意看着。

各镖行开业立住脚之后，多形成有自己的常年顾主和相对稳定的打开了局面的保镖路线，以及大体行程走镖日期。清末北京各镖局即如此。永兴镖局、正兴镖局均走南宫一带白布镖，每年正月二十二走头趟镖，数额较大，二月以后各趟数额则小。自成镖局、天兴镖局，专走河北深县、冀县；福源镖局专走饶阳等地；北源镖局专走热河（今承德）、八沟（今平泉）、喇嘛庙（今多伦）之镖，运往山西；东光裕镖局、西光裕镖局，专走北口外之镖；会友镖局走四路镖："北路镖是张家口、热河；东路是东三省，营口、吉林、奉天，到黑龙江省城；西路到西安为止；往南是直到南京、上海"。① 此外，也有专走散镖的镖局，如源顺镖局，"何处有镖即往何处，无一定道路，亦无一定日期，故名散镖"②。

因所走路线和所需交通工具的不同，走镖又分为陆路镖和水路镖。陆路走镖，镖师多乘轿车（畜力带篷厢的载人车），或者骑马随行。水路走镖，镖师随船护卫。

镖行是对客户实行有偿服务的，其所收取的报酬名为"镖礼"。为什么叫"镖礼"而不称作其他什么名目呢？考其原故，似当有三：首先是镖师从业者主要是武术师，武行素以尚义轻财、仗义行侠等江湖义气为美德，若直言诸如"镖价""镖钱"之类则似有悖武德；其次，镖行赖以换取收益的，不是传统概念的一般商品，而是镖师的武功及其江湖经验，是一种颇具风险的工作，有时甚至丢命，是玩命的行当，索收"玩命钱"又如何估

①李尧臣《保镖生活》，刊《文史资料选辑》第75辑，文史资料出版社1981年。
②齐如山《镖局》，辑自《文史资料选编》第34辑，北京出版社1988年。

价呢！第三，镖师拼命为客户保镖，虽系雇佣关系，但客户受惠于镖师自当以礼相待。但是，既然受人恩惠岂有不回报之理，镖行也是一种"买卖家"呀。因此，客户以"镖礼"酬谢，当是极得体的了。既表示了对武行传统的敬重，又作了实际的回报。至于"镖礼"实质就是银两、钱币，并无妨碍。在中国传统馈赠礼俗中，直接以金银等货币形式相赠答的占有相当大的比重，古今都如此。所以，以货币作为"镖礼"也是合乎情理的事。这说明，将镖价称为"镖礼"的自尊自重，也是客户对镖行的尊重。

关于"镖礼"的收取比例，极少有文献记载可考，多属随时议价。据了解，清代末年，北京会友镖局为官府护送饷银的镖礼，一般是一万两银子付五十两，即 0.5%；为商号兼带汇款，一般是大约每十两银子付五钱报酬，即 0.5%。前者系大宗专行护运，后者为小量兼捎，镖礼取价多少自然就并无分别了。

当时，会友镖局派出镖师走镖的人数，一般是以万两一个人为大体标准。一趟镖，少则一两位镖师，多则十数人不等。也就是说，走一趟镖，平均每位镖师要为镖局大约收入五十两银子。那么，镖师个人收入怎样呢？据李尧臣《保镖生活》介绍：

　　保镖的人，每个月也就挣四五两银子，头儿们也多不了多少，七两二钱银子，那就是最多的了。有人说，李鸿章找的护院，每月给几百两银子。据我所知，可没有这么些个。到了年终，柜上赚了钱，大家可以分点红，但那时当家的吃大股，一般人分的也不多，护送大官上任，遇见官儿高兴，送到以后，赏个十两二十两的，那是外快，不在正式收入之内。一个保镖的，每月虽只挣几两银子，可是吃的是柜上的，而且好吃好喝，生活还是挺舒服的。

由此推见，当时镖行实行的是月薪年分红分配制度，薪额、红利多少采用的是等级制度，非固定的小费收入不计在内，并由镖局供给饮食。这种分配方式，显然沿袭的是传统民族工商业的模式。同时也说明，镖行同其他商贾、作坊各业比较，其规模、收益当属中下档次产业，即或生意兴旺，收益亦是很有限的，是为诸行保安需要而服务的次生行业。

3. 入行从业

镖行的从业者，除柜上的账房先生、厨师、杂役人员外，主要是镖师。

镖行依靠出雇镖师为客户人财保安服务获利，镖师则是以其武动作为保安资本来换取报酬的生计。没有镖师不成镖行、没有武功也就不能充当镖师。从这种意义上讲，镖行是除武馆和江湖团体而外的又一民间武士群集的主要所在。北京会友镖局极盛时，连同各地分号总有镖师1000多人，这个规模则是一般武馆所难以相比的。镖师之间，悉以师徒关系联结，相互以师兄弟、师叔、师大爷等仿亲族称谓称呼，体现着江湖社会和武林的文化传统。其潜性意识则是，大家都是吃卖武艺这碗饭的兄弟，应像手足兄弟那样在出生入死之中有难同当、有福共享。

除少数武功精湛的武士直接应邀入行即径直排入某一镖师行辈外，一般进入镖行从业者，都要首先投师求艺，掌握、提高武术本领，并学习行规行话。实质，也就是职业训练。其中，拜师学习武功则是最重要、也最为艰苦的专业技能培训项目。

据 16 岁即从业于北京会友镖局的著名镖师李尧臣先生回忆说：

进镖局的首先得拜师傅。我的师傅名叫宋彩臣，师傅的师傅名叫宋迈伦，是清朝中叶有名的拳师。我在家学过太祖拳，乃是外功。镖局子的人全凭一身功夫吃饭。我的功夫还不到家，拜师以后，首先是跟着师傅学武艺。先练拳术，叫做三皇炮槌。三皇也叫做三才，就是天、地、人。后练六合刀。随后又练大枪，三十六点，二十四式。十八般武艺，差不离都练到了。以后又练水上的功夫。水里得使短家伙，分水揽、雁月刺、峨嵋刺、梅花状元笔之类，学了不少。水陆功夫学会了，就学使暗器。……飞镖也叫斤镖，因为一个镖的重量足有一斤重。小说上说什么金镖，那是念别了。哪有用金子打镖的呢？斤镖比较笨重，身上不能多带。常用的暗器，还有紧背花装弩、飞蝗石子。

学会了软硬功夫，还得练飞檐走壁，蹿房越脊。所谓蹿房，就是攥着房椽子头，往上一翻，一丈多高，一蹿就上去。落到房檐上，要轻轻落下，不能有动静。越脊，是说越过房梁，在房梁上走，不能在屋瓦上行走。踩在瓦上，嘎嘣一声，把瓦踩碎，别人就发觉了。因此就叫做蹿房越脊、飞檐走壁。上了墙，照例要在墙上往下面瞭望。看看院子里或花园子里有没有沟、井、翻板，有没有狗；听听有没有大人说话孩子哭。有时还要用问路石试探一下，要没有动静，才能翻身跳下；跳下去也要轻轻落下，不能有响声。

学会了飞行本领，还要练马上的功夫。古来作战，有车战、水战、步战、马战。保镖也得准备这四样和敌人打仗的技术。因为镖客在镖车上，拿着长枪，就和古时战车仿佛。在船上水里和敌人交手就是水战了。步战、马战，更是常有的事。

镖行的对手，主要是江湖中的匪盗团伙。这些匪盗团伙赖以劫掠作案的资本，主要是传统武术功夫，其中不乏武林高手。因而，镖师若无相当的武功，非但应付不了夺镖者的进攻、袭击，甚至连性命亦难保证。因此，镖师非得练就一身过硬的真功夫不可，否则是当不得镖师的。旧时各地娱乐场、集镇上，多有流动卖艺的武艺人，称作跑马卖解的。虽然个中亦不乏高手，但仍以本事不大者居多，靠假招、花样招引观众。对此，江湖上叫做"腥挂子"，即假功夫、花架子。相反，当镖师需要能进行真刀真枪实战的真功夫，江湖上称作"尖挂子"。所谓"挂子"又叫"瓜"，指武术；"腥"是假的，"尖"是真的，均江湖通用隐语行话。

例如《点石斋画报·镖师拒盗》所载：

江西新城县某土庄备有白金万两，分作廿包，雇夫十名挑运之省庄办土发银。时预募镖师保护以御强暴，及行甫数十里山僻之处，果遇绿林豪客呼啸而来。挑夫弛担而斗，镖师振臂直前，一时拳足纷飞，各逞雄力。所幸镖师技艺绝伦，群盗均非所敌，尽皆披靡遁去。回视银物，分毫未动，唯挑夫受伤数人，不能负担，只得折回该庄。以银虽未失而

《点石斋画报·镖师拒盗》图

人已受伤，立即据情呈禀县署。邑宰阅词，签差严缉，不知冥冥飞鸿，尚能弋获否？

严选入行从业镖师，在于走镖安全。镖师是个时刻都身在危险之中的职业，晋商镖行既严选镖师，还关注到了从业镖师的后顾之忧[①]。

镖局选聘镖师要求很高，起码是武林精英，还要求镖师对车战、马战、步战、夜战，样样精通。广盛镖局还另加一条，镖师必须是擂战中闯过三关的武林豪杰；昌德镖局则要求镖师必须以一抵三；同兴公镖局试过拳法功夫之后，还要让镖师拧动花枪，看他扎得快不快、稳不稳、准不准；三合

①曹继植《晋商镖局镖行义行天下》，载曹继植、齐荣晋《晋商镖局镖行义行天下·山西岁时节日与人生礼仪》（山西历史文化丛书），三晋出版社2010年。

镖局在考察镖师武功之后，则要与三个跤手摔跤，连胜两将者则被聘用。大盛魁和复盛公招聘店员也要让他们动动拳脚，然后再看他字写得好不好，算盘打得利索不利索。镖局选人重才更重德，要求镖师以义气为重，友情第一，所以充当镖师者大多是亲兄弟，或是同门师兄弟。由于有着血缘或拳缘关系，镖师们便结成了铁血情义，遇险都当仁不让，生死无惧。另外，镖师经常与贼、匪等社会败类打交道，因此，他们更重视"洁身自好"，要与"坑蒙拐骗"绝缘。镖师们皆以"德信义勇"来严以律己，宁可以命保镖，以命救友，也绝不背信弃义。

镖师是一个很危险的职业，走镖途中难免遇到一些伤残或殉职的情况，为妥善处理事端，各个镖局都有各自的处理办法，视伤残程度负责定量的长期供养，如想回老家者，柜上给其适当的补偿。一般情况下，是给伤者置地10亩左右，再给一辆大车和几头牲口，让他们有一份不动产以养老送终。如家中有兄弟子侄者，还可顶替走镖，或者在镖局中充任文职，享受应得酬金。另外，镖师也有个年龄段，有道是"四十不出阵，五十不走镖"，对于因自然衰老的镖师，同样有三种安排，有本事的镖师可转任分号掌柜，或掌个外柜，再或者介绍给某字号当库丁或当护院。掌不了柜的，则当师傅带徒弟，发挥余热，培养人才。三是告老还乡，照例得到一辆大车、两头牲口，好回家安度晚年。对于阵亡者则酌情而定，实行一次性抚恤。

镖行把凭借镖师的武艺高强制服沿途各路匪盗称作"硬镖"，

把通过联络江湖情义兼以财礼相贿来免除行程劫掠之扰称作"软镖"。软镖是一种不流血、不伤和气的相互妥协的和平方式，实质上是镖行在向匪盗买路，使用的是赎买政策。

俗语有道"和气生财"，镖行为使自己的买卖兴旺财源有出，也希望尽可能减少争斗。争斗难免有伤亡，有时敌不住匪盗袭击还要丢镖。丢镖不仅要赔偿损失，更会有损镖行声誉，保安系数减少就失去客户，断了自家生计。尤其许多镖行大都拥有一些常年固定雇主，专有每年的固定必走路线。若一遭同那一伙匪盗结下冤仇，则会麻烦不断难得安宁。至于镖师，自然也愿意落得太平无事，圆满、轻松地出差交差。匪盗多亡命之徒，又在暗处，来去无踪迹，而镖行走镖是在明处，防不胜防，难免不遭遇而损伤人财。何况，有许多匪盗为患多载，连官府亦奈何不得。在这种情况下，镖行以江湖情义为媒介，以出资行贿为手段，在一些经常行程走镖必经之路买通沿途匪盗，实际也是一种无可奈何而又属两全其美的上策。对于双方说来，就是一碗饭大家吃。所以镖师走镖途中每遇匪盗时都要称自己吃的是朋友的饭，穿的是朋友的衣，把对方视为"江湖朋友"。事实亦确如此，若无匪盗劫掠，也就无需镖师保镖了，也就不会出现镖行这种武林生计了。做贼的，每天以打劫行抢为生，看着镖行的情面，有一部分"高高手，放过去"了，这不是做贼的给镖行留下的这碗饭么？所以镖行称贼作"当家的"，跟称呼镖行的"掌柜"一样。至于官府对镖行的"软镖"实即"通匪"现象，也是持以默许态度的。因为，一方面镖行多有官府要员的权势作靠山，另一方面官府的饷银等许多护运保安事务亦需由镖行来承担。说到底，软镖实质是镖行与官府、匪盗三方的默契形式，缺少哪一方面的认可都难成软镖。

　　尽管镖行有软镖办法，但拥有武林高手充当镖师仍是其最基本的实力所在，是其开业的主要资本。其原因在于：首先，镖局开张要想站住脚打出牌号，必须凭镖师的本领亮镖。头趟镖亮响了，镖行的生意也就红火起来，客户不断，财源大开；若亮砸了，只有关门大吉。镖行保镖抢的是匪盗的饭碗，是从匪盗口里夺肉，强者获利，弱即失损，两者是抗争关系。因而，每当新镖局亮镖，匪盗多有意夺镖来。夺成了，使你一蹶不振，少一家敌手，多一点获利机会；未夺成，日后你也难免另眼相看不敢结仇成为冤家，或即"不打不相识"由此结为软镖关系，也可享得一份稳定的收益。所以，镖行无实力实难以立足经营。

　　其次，软镖办法只能用来对付那些常年必经路线的匪盗团伙，至于各地零散贼人却不能——联络起来，处处照应得到。不要说区区镖局，哪一路盗首也结识不尽天下贼友。何况中国地域如此广大，山高林密，水深湖多，走镖险途无处不有。至于以走散镖为主的镖局，尤其难以靠这种软镖办法完全避免与匪盗争斗。

　　无论怎样，镖行的资本仍在于拥有一批武艺精湛的从业人员。因此，对从业镖师进行武术强化训练成为镖行除走镖业务外的主要日常活动。

4. 保镖规矩

　　《孟子·离娄上》云："离娄之明，公输子之巧，不以规矩，不能成方圆。"世上诸行各业，无不存在其当行规矩。这些纷杂各异具有不同当行特点的行业规矩，既有行业习惯法的功能，也是该行业赖以存在的基本形式之一。俗语说，家有家法，行有行规。行业规矩，是从业者赖以存身立命谋求生计的基本操作准则与方法。

保镖行业是颇具武林及江湖文化色彩的特别行当，但在具有行业规矩这一点上，并不例外或"特别"。

且以晋商镖局为例①：

晋商镖局之所以能长期活动在商界，并且取得不菲之业绩，除武功卓著之外，镖行的行规与管理制度也十分重要。镖局的行规很多，全都是镖师们用鲜血和生命积累的经验。它们既代表了镖局的利益，又代表了镖师的利益。这些行规有：水路三规、择店三不、进店三要等。

水路三规是：第一，昼寝夜醒，因为白天一般不会发生抢劫事件，而夜晚却有贼人前来偷袭，所以镖师白天大都进舱酣睡，夜晚却要全部警醒，以防突发事件发生。第二，人不离船。水路沿线多是人烟稠密地区，可谓繁华热闹，奇景遍地，镖师如登岸观赏，就会因走神而失镖，因此，要保证人不离船，以免中了贼人的"调虎离山"之计。第三，避讳妇人。妇乃色物也，水上船家多以船为家，往往妻女同舟，最宜"色眩误事"，或被贼人"放白鸽"，造成"色狼入室"，然后劫货毁人。因此，镖师素重武德，以免丢镖失命。

在走陆路时，住店也是至关重要的一个环节，选择客栈有"三不住"原则：一是不住新开之店。镖师一般都走固定的镖路，对沿途客店都很熟悉，并和店家结成友好关系，而

①曹继植《晋商镖局镖行义行天下》，载曹继植、齐荣晋《晋商镖局镖行义行天下·山西岁时节日与人生礼仪》（山西历史文化丛书），三晋出版社2010年。

对新开之店，镖师不知底细，故而是绝对不留宿的。二是不住易主之店。老板突然换了新主，在弄请变因之前，镖师对此只能敬而远之，唯恐易主后变为贼店。三是不住娼店。所谓娼店就是旅店和妓院功能合一之店，此店往往明者为娼，暗者为盗，因此，也不能留宿。

选好客店后，镖师们要遵守"三要"准则：首先，对店内巡视一番，看看有无"异相"，以免被贼人瞄上。二是到店外巡视，看看有无"异风"，以免被贼人跟踪。三是到厨房查看，看看有无"异味"，不要被麻毒等物药倒。

镖师入睡时还要执行"三不离"。首先是武器不离身，一旦贼人入室行窃，也好有所防备。二是衣服不离身，晚上住店从不脱衣睡觉，一旦出事，马上开战。三是车马不离院。镖车进店后，就有值更人员负责看护车马，不管店外发生什么事，镖师们都不闻不问，以免中了"调虎离山"之计。

这些规则一方面保证了镖物的安全，一方面也预防了镖师丢镖失命的问题发生。

纵览镖行诸规矩，其突出的行业特征是以防御夺镖为核心内容。换言之，镖行规矩都是围绕保镖活动而形成和操作的。

有清至民初，中国镖行诸规矩，主要表现在镖号、隐语行话、陆路行程走镖、水路行程走镖、途中宿店离店以及护院保镖等当行行事的操作方面。

（1）镖号

俗语说，卖啥吆喝啥。一如商贩的叫卖市声，镖号也是一种特定的吆喝。不过，商贩的叫卖吆喝在于吸引、招徕顾客，而镖师走镖的吆喝则是向沿途可能潜伏、遭遇的匪盗通报自己是镖行走镖的，希望"江湖朋友"给予关照，即莫出来劫掠。当然，由于某些镖局有自己特殊镖号，这一信息的发出，亦兼具为本镖局扬名的作用，但却并非其主要目的。

镖号是镖行走镖行程中用以防御劫掠、向匪盗请求放行的手段。这一点，同镖旗、镖灯的作用是一致的。

镖号的基本发音，有的写作"哈武"（《江湖走镖隐语行话谱》），有的写作"喝唔"（《镖局》），也有写作"合吾"（《江湖丛谈》《保镖生活》），写法用字分歧不一，但其音大体相似，音变的差别不很大。

镖号的语义是什么呢，有人推测，可能是"赫武扬威"四字之中"赫武"的谐音。但据《江湖丛谈》解释说："这合吾两个字，是自己升点儿，叫天下江湖人听。'合吾'是'老合'，凡是天下的江湖人，都称为'老合'。喊这两个字儿，是告诉路上所遇的江湖人哪，吾们是'老合'！喊这两个字喊到'吾'字，必须拉着长声。"此说比较贴切，言之合理。

镖号的喊法、变化，因具体环境和情况而有所不同。例如，据李尧臣介绍，北京会友镖局喊镖号是这样的："按着镖行的规矩，走镖沿途要喊镖号，也叫喊趟子。因此，走镖也叫做走趟子。镖行的镖号，就是'合吾'二字，喊法义有种种不同。如在住店或过桥时，喊'合吾'二字抑扬迂回拖得很长，这叫作'凤凰三点头'。平时所喊'合吾'二字，就比较短促，有时就是简单两个拍子'合、吾'。保镖的喊'合吾'，做贼的也喊'合吾'。路上遇见贼，双方谈妥，他准你过去以后，他就高声喊一个'合吾'。有几个贼，就要喊几声'合吾'。有时贼人趴在地上，远远地看不见；但为首的这个贼喊了一声'合吾'以后，就听见远远的'合吾''合吾'一声接着一声，贼人要多，'合吾'声就接连不断，喊上好大的功夫。"贼平时是不会喊镖号的，否则就成了"贼喊捉贼"了。然而，镖行与贼在遭遇后，贼予以关照放行，这时也喊起镖号来，显然是向镖师表达江湖情义的一种方式。这一现象，也印证了镖号乃"老合"之说是对的。相互喊"合吾"，即为承认彼此的江湖朋友关系，是以江湖情义为重的表示。

镖号往往因镖局不同而略有区别，成为一种特定的镖局字号识别符号。这一现象，是镖行推行软镖手段的产物，目的在于向有交往的、被赎通了的匪盗团伙打招呼，提醒他们彼此的默契关系，以免误会冲突。此即齐如山先生《镖局》中谈到的："软镖者，由开镖局之人，每年送各地土匪头目银钱若干。沿自镖所经之路土匪头目皆须送之，各该地土匪头目再向匪众分配。故镖车之沿途安全，皆由该地土匪头目负责。镖局运镖车上，皆插有本镖局字号之旗帜。其规矩是，保镖师傅每遇桥、庙、树林、城镇，皆须预先大声呼喊，名曰'喊镖'，亦曰'喊大趟子'。如遇车前有人，亦须招呼，名曰'喊小号'。大趟子、小号之喊法，各镖局皆有其特别之规定，预先通知沿路土匪。届时土匪一听，便知为某局之镖，绝对不会行劫。倘遇有其他未曾得钱之小股土匪截抢，则该地之受钱土匪，亦须帮助镖局，银物不至有失。故平常四五辆镖车，只用一位镖客随往，路间遇事，有人答话便妥。若与官场运帑，或与大商家走专镖，每次或达数十车，则每车必有一人。遇喊镖时，第一车之人喊完，第二车接声，以次到末一车为止，往往喊半小时之久，声颇雄壮动听。"可知镖旗在走镖活动中亦兼具镖号的这种功能，一为视觉符号，一为声音符号，互为补充，各有其利而作用则是相近的。清末北京的永兴、正兴、自成、天兴四家镖局，日常营业相互照应，镖号则一样，小号都是"喝唔"，大趟子为"喝喝唔"三字音。福源、东源、北源三家镖局，大趟子均为"哑喝喝唔"四字音。源顺镖局的大趟子，是"唔喝喝唔"四字音。会友镖局的大趟子，亦为四字音，但为"呦喝喝唔"。一般说，小号都一样，即"喝唔"，有所区别的是大趟子。所谓小号，是镖号的基本发音，大趟子系以此为基础的种种变化形式。

镖队喊镖号，通常由在前开路的镖师大伙计领号，他根据视野所见各种情况作出的相应判断喊以相应的镖号，为传达某种信息，还掺杂一些当行隐语行话。这样喊镖号，既是向匪盗团伙发出消息，也在于向内部提示有关情况。此即《江湖丛谈》所记述的那样："镖车上的大伙计走在路上虽然是耀武扬威，两个'招路'得会'把簧'。'招路'是眼睛，'把簧'是用眼瞧事儿。镖行人常说当大伙计不容易。骑着马拿着枪，走遍天下是家乡。春点术语亦得讲，跨着风子（即是骑马）得把簧。镖车走在路上瞧见了孤树，大伙计得喊'把合着，合吾'。如若遇见了桥，得喊'悬梁子，麻撒着，合吾'。如若遇见路旁有个死人躺着，得喊嚷：'梁子土了点的里腥啵把合着合吾。'如见对面来人众多，得喊'滑梁子人氏海了，把合着合吾'。如若瞧见有山，得喊'光子，把合着合吾'。如若过河登船时，得喊'两边坡儿，当中漂儿，龙宫把合着，合吾'。如若遇村镇有集场，得喊'顶凑子掘梁子，把合着，合吾'。如若遇见庙会有香火场儿，人太多了，得喊'神凑子掘梁子，把合着，合吾'。"

喊镖号几乎是行程走镖的一项主要活动，但每逢至省会城市或镖局所在，却是不得喊镖号的，而且镖客均需下马下车步行，过去之后方能重新上车上马继续上路。同时，离镖局启程时，亦需步行，见熟人都要打招呼而过。这种行程保镖礼仪，也属一种规矩。据说，省会以外的地方，途经河北（旧称直隶）沧州地面时，也是不能喊镖的，否则十有八九总要引出麻烦来。这也是镖行的一条规矩。原来，沧州是著名的武术之乡，是武林高手和镖师辈出的地方。相传，六合拳门派首领李冠铭即出在沧州。李冠铭自幼习武，曾三下京华，五闯天津，到处求师访友，练就一身好武艺，身手矫健而有奇力。有一次，一辆镖车从沧州城经过，保镖的没先去拜谒当地武林名家就喊起镖来，这在武林之中是大不敬之举。这时，正逢李冠铭在街上闲逛，闻之大怒，遂从家中牵出马来，驱马赶去，一会儿就超过了镖车。正好，前边有一座石牌坊，只见他双手一攀牌坊大梁，两腿一夹，硬把那马平空夹了起来。马咳咳乱叫，疯狂挣扎，却前后左右都动弹不得。真是好力气！保镖的知道遇见了武林高手，连忙跪下叩头认师。李冠铭哈哈一阵大笑，驰马而去，放过了镖车。从此，凡镖车路过沧州都不喊镖，相沿成为一种规矩。①

再如晋商镖行的一例②。

镖师们浴血奋战，为的不是挣那约定的酬金，而是体现镖师的人生价值，以"镖行天下"力保"货通天下"，让商

①《李冠铭大闹天齐庙》，见《河北武林故事》，中国民间文艺出版社1985年。
②曹继植《晋商镖局镖行义行天下》，载曹继植、齐荣晋《晋商镖局镖行义行天下·山西岁时节日与人生礼仪》（山西历史文化丛书），三晋出版社2010年。

号从骨子里认识"以镖护商"的根本目的，在于人格的尊严和促进社会的发展。

嘉庆初年，祁县渠家有一批银镖要运往天津，而从河南到天津，沧州是必经之地。沧州地方非同一般，素有"镖不喊沧"之说，戴二闾在赊店接镖之后，决定亲自押运。车进沧州，他没有掩旗报号，而是大摇大摆地穿街而过，不料被一群武士围在街头，戴二闾声称他是"广盛镖局"镖师，是戴隆邦的二小子——"戴二闾"，带头的尹玉文一听是赫赫有名的戴家镖师，马上提出"要想过沧州，美名必须留，胜败不劫货，为着见见戴家的手"。戴二闾得悉尹玉文的意图后，便决定"艺中见义，阵中结谊"，既不能为敌，又不可败阵，从此解开无人不头疼的"沧州死穴"，蹚出一条以义气为重的镖路。开手是两刀对阵，戴二闾擅长扭扣刀法，三扭两扣便削断对方的柳叶刀。二次出阵，对方拿的是二丈长的白腊大杆，戴二闾没有以硬对硬，而是拉出一条软鞭以柔克刚。结果皮鞭缠掉大杆。尹玉文一看连败两将，便亲自上阵，言明徒手对擂三局，不论胜败都送镖上路。头两局平分秋色，关键的决胜局一开场，尹玉文施展出鸳鸯腿专攻戴二闾下盘，戴二闾本可施展绝招化解取胜，但他却没有，而是以旱地拔葱跳上镖箱。尹玉文还在纳闷，咋不破招进攻。戴二闾又反弹琵琶，施展出"美人挂画"贴上高墙。尹玉文还在惊目咋舌，戴二闾又提气离墙跳上门楼。此刻尹玉文如梦初醒，原来戴二闾是给他留下了大面子，没有让他当众出丑，这种"艺中见义，阵中结谊"的战术，既彰显了心意拳的非凡功夫，又反映了高手的崇高武德。从此，两位英雄结为挚友，沧州也不再是镖路上的一大"死穴"。

（2）隐语行话

隐语行话，或谓民间秘密语，是某些社会集团或群体出于维护内部利益、协调内部人际关系的需要，而创制、使用的一种用于内部言语交际的，以遁辞隐义、谲譬指事为特征的封闭性或半封闭性符号体系，一种特定的民俗语言现象。[①] 使用隐语行话，是旧时诸行各业习见的语俗，一种行业文化形态。

中国镖行，作为一个曾兴盛过数百年的民间行业，也曾有过当行隐语行话，并且是走镖活动中除武功而外的又一主要实用手段。一位好镖师，既要精于武功，又必须掌握当行隐语行话，方可谓文武齐备。清代镖行中流传说："虽然力勇武艺强，江湖话儿要说讲。遇事稳开口，总要升点把簧。"又说："会全生意要知江湖话，才能称起江湖班。四大部州、三教九流、八大江湖、校里二行，有一不明是未全。"可见掌握当行隐语行话的重要。而且，陆路行程走镖与护院保镖等当行行事各有其隐语行话。

如《全国各界切口大词典·行程保镖者之切口》：

> 向瓜：行程保镖者。
>
> 瓜行：镖局也。
>
> 沙：主人也。
>
> 风：有盗也。
>
> 麻：有家人也。
>
> 招风：镖旗也。

[①] 详见曲彦斌《中国民间隐语行话》第 7 页，新华出版社 1981 年。

弓皮：急也。

倦千：缓也。

麻牵：偷看也。

度堂：坐也。

破赌：不识取笑也。

固嵌角：结交朋友也。

献红：火烧也。

踏瓢：下船也。

上背手：骑马也。

钻窑：到人家门也。

唸旦：不言也。

灼炭：趴灰也。

拿卯：拐龙阳也。

养马：姘识女人也。

溜海：燕好也。

挨斗：卖女也。

挨身：自卖自也。

羊盘：不切晓也。

半亮：晓得不全也。

衍生：不在行之人也。

闷东：气也。

古贵：恼也。

西方亮：腹饿也。

盈腹：饱也。

是：在也。

漂流：不在也。

咬七：渴也。

山透：酒醉也。

再如《全国各界切口大词典·住宅保镖者之切口》：

坐池子：住宅保镖也。

走沙：不利于主人也。

暗由：更也。一更为一暗，由余推此。

落扇：坚闭门也。

拔盘：隐伏也。

隐生：放暗器也。

边江子：唱道情之人也。

漂火头：道士送符也。

吊浸水：道士和尚化缘也。

飘生：剃头也。

削青：剃头也。

诳盘：洗面也。

潮龙：洗浴也。

按摩：做痒也。

扳：挖耳垢也。

拣尸：敲背也。

裁皮：剔脚也。

跳：卖物也。

跳酣公：卖糖也。

跳烟头：卖香者。

跳顶公：卖帽者。

跳符恳：卖假货者。

实赟：真货也。

请空：燃光者。

又如清末民初北平打磨厂学古堂印行的《江湖行话谱·保镖护院行话概略》：

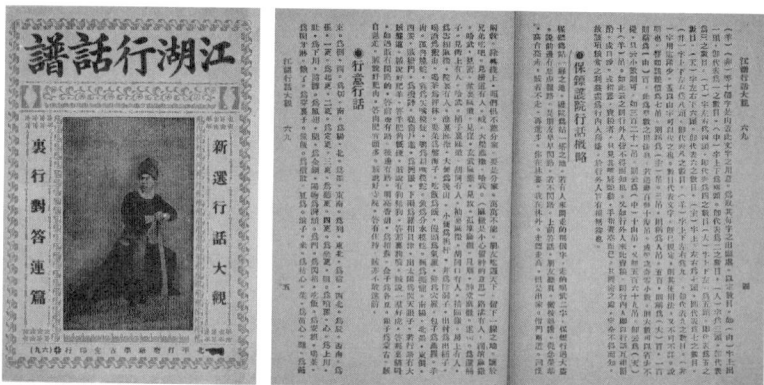

《江湖行话谱·保镖护院行话概略》（北平打磨厂学古堂印行）书影

保镖为站一线之地，护院为站一塔之地。若有人来问，"走的那个字"，"走的'喝武'二字"。保镖行遇大盗，说："前边有恶虎拦路，是朋友早早闪路。"若不闪路，上前答（似当作"搭"）话："朋友听真，搬按（似当作'鞍'）认镫，从念荣华，高台亮走。"贼若不走，再进步："你在林里，我在林外。走镖走高，俱是出家。僧门两道，回汉两教。绿林线上，咱们俱不能分家。要是分家，万万不能。朋友吃遍天下。留下一线之地，让于兄弟吃吧。"见横道有人，喊："大梁麻撒，哈武！"（"麻撒"是小心留神的意思。）路沟有人，"涧演麻撒，哈武！"见窑，"盆里麻撒。"见窨，"玄武麻撒！"见坟，"孤堆麻撒！"见庙，"神堂麻撒！"进街，为"还桶子"。见街上有人，"哈武！桶子里麻撒。"胡同有人，"袖里麻撒。"胡同口有人，"岫麻撒。"房上有人，为"云棚麻撒"。院里有人，"池里麻撒。"大便为"挽山"，小便为"挑杆"。井为"阴洞子"。出村为"出桶子"。喝酒为"搬山"。喝茶为"押林"。要菜为"盘海子"。吃饭为"饥"。馒头为"气罗"。饼为"穴罗"。包子为"蒸罗"。羊肉，"孤冉模蛇"。鸡为"尖嘴模蛇"。鸭为"扁嘴模蛇"。鱼为"分水模蛇"。面为"撕龙"。南，阳。北，墨。东，倒。西，妾。贼拨门，为"拨锋"。从窗户进，为"腕眼"。下雨，为"罗相员津"。出太阳，为"闪天眼子"。若行路有大贼盘道，贼说"好肥羊"，答"羊肥角牴硬"。贼说"有狗无狗"？答"那里狗咬"。贼说"一群好虎"，答"那里猫叫"。如遇贼有问路的，答"前边有路后边有路"。明亮香甜，为"招苏"。金子为"各豆"，银子为"蒙古"。贼自退走。贼说"好肥肉"，答"肉肥尝头多"。贼说"好寺院"，答"有住持"。贼亦不敢进前。

因而，除业内口耳相传、传钞外，坊间还印行多种江湖隐语行话秘籍。如《新刻江湖切要》《清代镖行江湖隐语行话秘典》《出门切口江湖秘诀》《江湖切口要诀》等等，以备不时之需。

中国镖行的隐语行话具有如下一些特点：

第一，是当行除武功而外的两大主要保镖手段之一。许多行业的从业者只要首先掌握了基本当行技能即可操作，隐语行话虽

清佚名传抄本《清代镖行江湖隐语行话秘典》（邨雅堂藏）书影

然也是其必备知识，但可以在实际操作中逐渐掌握。然而对于镖师来说，不掌握运用当行隐语行话便寸步难行，走不了镖，无法同夺镖者对话，更不能化干戈为玉帛、化险为夷。

第二，镖行的隐语行话多采自江湖通用者，而不是当行固有的全封闭体系。这是因为，镖行将此作为同匪盗沟通信息、联络江湖义气的必备方式，因而只有采用江湖通用的隐语行话，双方才听得懂、答得上，又显示了自身的江湖人身份，即彼此都是走江湖的，可互相关照一些。这就是镖行中人所说的："保镖的光会武艺还不行，必得学习行话。当时买卖家各行各业，都有行话，镖局子也有镖行的行话。不过，镖行的行话，不仅是在同行之间应用，主要是和江湖上的贼人见面，必须用行话交谈。这种行话，我们叫做'春点'，一般人就称之为'江湖黑话'。镖行和贼打交道，首先得会'春点'。彼此拉交情，镖行必须和气，光凭武艺高强，想制服他们，那还是不行。"[1]

第三，一般行业的隐语行话主要用以协调内部人际关系、避免行外人知，而镖行的隐语行话却在于协调同对方的群体间关系，强调的是对外交际功能。究其实质，一如以金钱贿赂沿途匪帮那样，也是一种"软镖"手段。

上述镖行隐语行话的三个基本特点，是由其行业的功利性决定的。

镖行的隐语行话，主要为两种形态，一是语词形态，二是套语。

语词形态的隐语行话如：唱

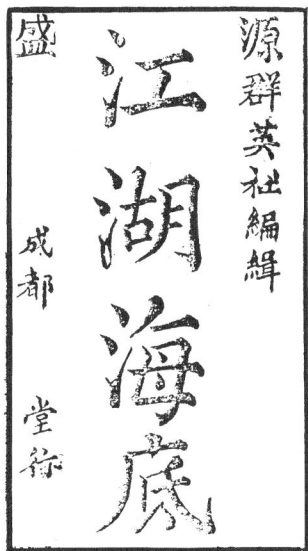

成都群英社编辑印行的
《江湖海底》封面

---

[1] 李尧臣《保镖生活》，刊《文史资料选辑》第75辑，文史资料出版社1981年。

戏的，即保镖；唱，即叫号；眼，即镖旗；天平，即行囊；蛇腰，即钱褡裢；行究，即包袱；念团，即别说话；神堂，即寺庙；孤堆马，即坟；天高，即晴天；明路，即天黑；葫芦，即嗓子；标古，即小绺；芒古，即贼；古堂，即庙；窑，即房子；洞子即店；线，即道路；井，即城里；对牌，即见面；鞭把，即打架；名念，即好人；成破点，即商人；土彦子，即风水先生；坐点，即相面的；彩力子，即变戏法的；明条子，即唱戏的；扛子把，即轿夫；轮子拖，即赶车的；青子，即小刀；海片子，即大刀；苗子，即花枪；踢土，即鞋；登空，即套裤；等等。

《出门切口江湖秘诀》
（邨雅堂藏）书影

镖行套语，即常见的江湖盘道隐语行话形式，有问有答。如对方问："穿的是谁家的衣？"要答："穿的是朋友的衣。"若问："吃的是谁家的饭？"要答："吃的是朋友的饭。"首先要表达的意思是，彼此都是一师所传，都是走江湖的，大家当以江湖义气为重。陆路行程走镖、水路行程走镖、护院保镖等，多流行不同的套语。

（3）陆路行程保镖

陆路走镖，除例行喊镖号、插镖旗外，就是要眼观六路、耳听八方，时刻注意发现可能出现的异常情况，以防不测。一路上，山、水、林、桥、坟、庙、人家、集市等，均可能有贼潜伏。同时，还要注意观察路上是否设障或异常迹象。发现异常情况或前方有需注意防范之处，镖头都要随时提醒诸镖师。遭遇匪盗，首先由镖头上前施礼交涉，恳请放行，实在不允，则指挥众镖师与之拼争，赢则闯过去，败则退回另想办法。

试看《江湖走镖隐语行话谱》所载有关规矩：

> 看见房上有人，喊"哈武，云片马撒着，哈武哈哈武我"。看胡同有人，喊"哈武，袖里"。往东看，喊"哈武，倒念麻"。往西看，喊"哈武，窃念麻"。往南看，喊"哈武，阳念麻"。往北看，喊"哈武，墨念麻"。出街顺道，喊"哈武，顺线。一路跟帮去了，哈武哈哈武我"。坟地有树，喊"哈武，丁林麻撒着"。坟地无树，喊"哈武，班丁一路麻"。见土山子，喊"哈武，壕子麻"。见坟圈子，喊"哈武，丁壕麻"。见砖窑，喊"哈武，孤堆宣屋麻"。见土坯，喊"哈武，古排麻"。见庙院墙，喊："哈武，孤群麻"。见道沟子，喊"哈武，桶子里麻"。遇河沟子，喊"哈武，孤阴神堂麻"。前路有拾粪的，喊："哈武，抢拿朋友，哈武，后边枪杠着"。路旁一死人，喊"哈武，梁子麻"。车后有人，喊"哈武，扫倚麻"。路旁有人，喊："哈武，冷子麻"。车走散了，喊"哈武，前拢着、后盯着，哈武哈哈武我"。如有好人，喊"哈武，乌鸦跟帮一溜溜乏了，哈哈武我"。见了歹人，喊"哈武，雁子麻撒着，哈武哈哈武我"。如有绿林之人，说"前边恶虎拦路"。
>
> 我说："朋友闪开，顺线而行，不可相拦。山后有山，

山里有野兽，去了皮净肉。是朋友听真，富贵荣华高台亮，各走念。"着他再不走，我说："朋友听真，我乃线上朋友，你是绿林兄弟。你在林里，我在林外，都是一家。"他若说"不是一家"，我说："五百年前俱是不分，是朋友吃肉，别吃骨头，吃骨头着别后悔。"他若是不走，喊"众家兄弟一齐打狗，哈武"。众家兄弟听见，答号："哈武，轮子盘头边托，器械着手一齐打虎"。将他们赶跑打散，喊"哈武，轮子条顺了，顺线一溜着手，哈武我"。

如在桥下走，喊"哈武，攒当左右麻撒着，哈武哈哈武我"。见村庄，喊"哈武，觉子里海梁麻"。见两边有牌坊，喊"哈武，宣空麻"。见窑烧火，喊"孤堆喷云麻"。见桥上走人，喊"哈武，登空麻"。穿城走，喊"哈武，攒当入洞子了，哈武哈哈武我"。

凡此，一路上小心谨慎，时刻警惕有人拦路夺镖。

（4）水路行程保镖

在没有航空运输技术的年代，陆路与水路是交通的两大主干。

中国江河湖泊星罗棋布，虽有碍于陆路交通，却也是一种丰富的交通资源。人们利用水路之便旅行、运输，既要设法克服自然险阻，同样亦需防御、战胜水路行程中的匪盗为害之患。于是，水路行程保镖就成为镖行行程保镖的又一主要业务。《金瓶梅》中关于西门庆镖行的记述，主要是"标船"，即水路行程保镖。

受水路交通自然条件、交通工具等因素的制约，水路行程保镖亦形成合乎其特点的各种行事规矩。对此，《江湖走镖隐语行

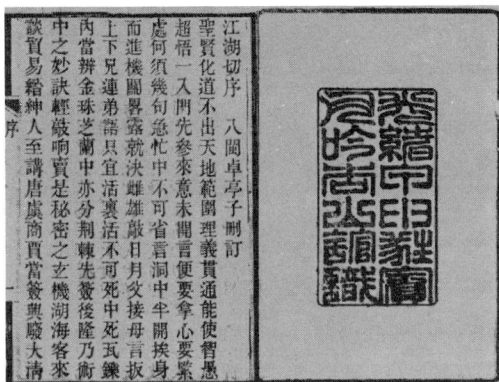

清光绪刻本《新刻江湖切要》卓亭子序文局部
书影（邨雅堂藏）

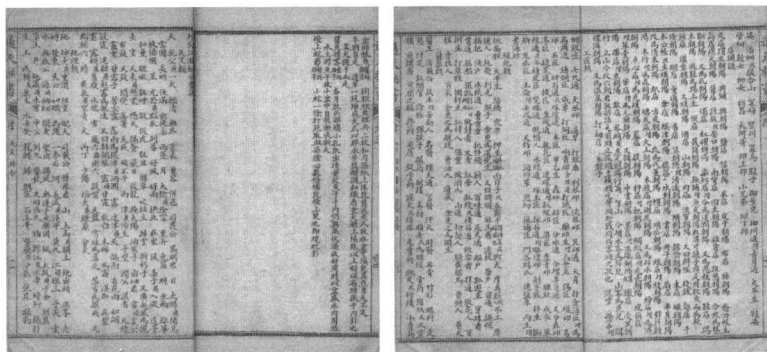

《增广通天秘书要览》增附《江湖切口要诀》正文书影

话谱》亦有相应的记述。例如：

推舟拢岸，喊"哈武，打平登舟拿正了，哈武哈哈武
我"。水路为湖路，旱路为山路。水路无堤，可喊"俱是一
样"。有人问："你看见打灯笼的过去无有？"我说，"未看见
打灯笼的过去，看见戴红帽的过去了"。有人问道："你看见

戴花的过去无有?"我说,"无看见戴花的过去,看见戴缨帽的过去了"。有人问,"你看见穿红的过去无有?"我说:"无看见穿红的过去,看见穿绿的过去了"。有人问:"你看见放羊的过去无有?"我说,"无看见放羊的过去,看见打虎的过去了"。有人说"好媳妇",我说"婆婆歪"。有人说"一片好水必有鱼",我说"田地不能下网"。有人说"好",我说"闻香不到口"。有人借火,我说"钱粮火,借不得,我带着崩星子"。有人问道,我说"山前满然山后有路,明毫甜香"。有人说"包袱松",我说"叶子紧"。有人说"一片好地",我说"荒地不能收成"。有人说"好绵羊",我说"羝角硬"。有人说"一群好虎",我说"那里猫叫"。有人说"水得无鱼不凹",我说"无鱼有个鸭鸭剗手"。有人说"一坨好肉",我说"无油骨头多"。

若在船上走,先说道:"上上桥板。"答:"上扶手,把货物点清。众家兄弟,器械随身。"有贼人,咱说:"皮上朋友,家伙扫着,哈武。"要是来大船数只,买卖船为中癸震一片要代,看见红泡即说:"众家兄弟一齐挡风,四面风紧船上听。"一样坐更,五更开打了明锣,镖船人零碎齐备,以打行锣。"哈武,提锚开船。"又为:"提锚开槁支顺着,哈武。"过关:"哈武,抖拦打锚。"以打行锣,拦头上帮进关。开行舟:"支顺着,哈武。"

除镖船中行事外,盘道套语多与陆路行程保镖相通用。因为,陆路行程保镖亦难免走桥过河或搭船摆渡。

（5）行程保镖途中宿店

镖程远，不能当日到达目的地，中途则需找店宿下。一如客商行旅，均需早宿早上路，不能赶夜路，夜间有夜幕为障，尤难防御袭击。

不过，夜间宿店亦非万全之举，不能高枕无忧，仍要格外留神，既防误入贼店，又需提防匪盗潜伏入店打劫。因而，镖行宿店亦有一定规矩。如《江湖走镖隐语行话谱》所载：

> 住店，喊"哈武，拿湾入窑了"。进店看地方，再喊"哈武，八仙对摆了"。住店规矩，要八仙桌子一张，放在院当中，要有天灯。车上要有灯笼，挂在车上。洗脸、喝茶、吃饭完毕，大家轮流坐更。看见车上灯笼摇动，必有歹人到来，须要留神。
>
> 再说定更喊号的规矩，总不外"哈武"二字。头位喊"哈武"小号，众位答一小号，都答"哈武哈哈（武）"。一位，喊"哈武，定更了，哈武"。二位，喊"哈武，喷子着手了，哈武我"。三位，喊"哈武，答线了，哈武我"。五位，喊"哈武，顺桶推线了，哈武我"。六位，喊"哈武，拉线升点了，哈武我"，铛一枪，"哈武"。二更，喊"哈武，起更了，哈武哈哈武我"，铛又一枪，"哈武"。三更，喊"哈武，听更了，哈武哈哈武我"，铛又一枪，"哈武"。四更，喊"哈武，坐更了，哈武哈哈武我"，铛又一枪，"哈武"。五更，喊"哈武，一齐坐更了，哈武哈哈武我"，铛又一枪，"哈武"。起来了，喊"哈武，各管其手了，哈武哈哈武我"。又说，"哈武，请客押辕子，哈武哈哈武我"。又，

喊"哈武，当家各自着手了，哈武哈哈武我"。又，喊"哈武，一溜跟帮了，哈武哈哈武我"。

齐备了，无有掌包的，曰："齐备了，请客人押辕子。"抬手，推顺着，拈起家伙来，喊："哈武哈武我，代流华拉着跟帮，哈武哈武武，跟帮代流华拉着。"跟帮到了湾即是拐湾。

跟帮到村中，进店规矩如出店一样。出店、进店，洗脸为懞灰。脸要朝外，先将贼道验清。要椅子一把，向贼道而坐，（听）掌柜的安排。一定要坐更、要合。若是绿林兄弟朋友，请下吃茶。歹人不听，即叫众家兄弟一齐挡风，招手，顺桶拉线，升点，将歹人赶跑。伙计你埋怨打更人，这点小可，何用齐起？坐更人说："六国土语，一路规矩。"通都说完，只是不听，伙计们说："有个合，兄弟如何让他，他就该散。""弟坐更，不得已而为之，但看一线之路，轻易不可。"

（6）护院保镖

护院，是镖行除行程保镖而外的又一主要业务。所谓护院保镖，即受雇为权势或商贾人家的人财安全加以保护。相对行程保镖而言，护院保镖的特点是就地守卫，自有其符合当行行事特点的保镖规矩。对此，《江湖走镖隐语行话谱》专有系统的载述：

护院全凭刀共枪，全凭说话能应当；开言答话劝他走，不必动怒把他伤。他若不听礼不通，不想别处胡乱行，见面就是一鸟枪。你的买卖不能作，我的差事不能当。照面你亦不得手，岂不又把义气伤。叫声朋友你是听，你上别处得上风。站脚之地有朋友，不可在此遭校隆。浑天不见青天见，牙赁窑中会朋友。山前不见山后见，免去边托别交锋。朋友做事要义气，总是和气把财生。朋友若作朋友事，不仁不义天不容。务必谨记一席话，管叫到处是英雄。

护院的为坐山守海，他人为江洋大路。朋友走镖为支杆响挂，他人为绿林中英雄。教厂子、黜杆子为相挂，大街卖艺把式为边挂子。看家的，住他拉杆的。护院的，为靠山的，明挂子，会武艺的，为相人点。我家人黑线，为容白点。师傅为师老，绿林总头为瓢把子，徒为好习，别位师为相傅，会武艺的为相人家，会不全的为花脖。

护院的在屋里坐着，耳听外边有人扔砖瓦，出来看房上地下无人，开口答话："有挂住池，拉杆靠山的，捻上有朋友，不必风摆草动；能可远采，不可近寻。捻上的朋友听真，你若不仁，别说我不义，是朋友顺风刮去。"歹人说："你靠的那座山？"我说："我靠四大名山。"他人问："何为四大名山？"我说："朋友义气为金山、银山，我看朋友重如泰山，相会如到梁山。"又问："你守的是什么海？""我守的是江湖大海，与朋友交和为四海，此为坐山守海者，他人若是江洋路的朋友，顺风刮去，必不在此寻找。若不是江洋捻上朋友，必在此寻啰。你那为，你可别说我不义了。依我说，趁早刮去，免得皮肉受苦。若是不走，定要在此搅闹，再要想走，寸步难行。倒念有青龙，窃念有猛虎，阳念有高山，墨念有水如大海。上有罗网，下有众家弟兄，一齐动手将你拿住送到当官，可别后悔。"

护院的有个声名，有未曾相识的朋友特来望看，急速请他进去见礼。落坐便问贵姓高名，家处何处。他人曰家哪里、姓字名谁，再看他的意思。无论好人、歹人，既与他同道，朋友相待，用酒用饭应酬。

上述种种镖行规矩，行中师徒传承中多掺以隐语行话口耳相传。一部当行手录秘传的《江湖走镖隐语行话谱》，除载录当行隐语行话外，再即当行行事规矩。这些行事规矩，悉为以往保镖经验的总结，被视为成功的保证，因而掺以隐语行话以回避行外人知。当然，使用隐话行话这一习俗事实的本身，也不外规矩之一。这一点，即如《江湖丛谈》所说："凡是练武的人将武艺练成了，无论是保镖去，护院去，得重新另学走闯江湖的行话，把行话学好了，才能出去做事呢！遇见事的时候，一半仗着武功，一半仗着江湖的暗话，才能走遍天下呢。"举凡种种镖行规矩，都是围绕防御"夺镖"的需要而产生和实行的，其目的明确、功利性极强。全部规矩，再加上武林传统和某些通行的江湖规约，就是一部载录于当行口碑之中的镖行习惯法，规范着从业者的言行。

三、镖行与江湖社会

首先，似要考察一番何为"江湖社会"？

所谓"江湖"，本为江河湖海的泛称，如《庄子·大宗师》："泉涸，鱼相与处于陆，相呴以湿，相濡以沫，不如相忘于江湖。"后来，当人们用"江湖"代指四方各地或隐士隐居之处，则给这一地理学概念注入了浓厚的人文含义。例如：《汉书·王莽传下》："太傅牺叔士孙喜清洁江湖之盗贼。"三国魏曹操《让县自明本志令》："江湖未静，不可让位，至于邑土，可得而辞。"系泛指四方各地，有如"五湖四海"。晋陶潜《与殷晋安别》诗云："良才不隐世，江湖多贫贱。"《南史·隐逸传序》："或遁迹江湖上，或藏名岩石之下。"即指隐居之处。后世用"江湖"泛称以"走江湖"为生计现象或这一社会层面，就是从上述这种人文含义派生而出。

据清传本《江湖通用切口摘要》说："江湖诸技，总分四行，曰：巾、皮、李、瓜，行此者名曰相夫。凡做相夫者，不曰做而曰当，故自称当相者。算命、相命、拆字等类，总称曰巾行；医病、膏药等类，总称曰皮行；戏法四类，总称曰李子；打拳头、跑解马，总称曰瓜子。"旧时，这四行从业者，多是游走四方各地以卖其技艺为生计，成为一个自由职业的社会层面。所谓"江湖术士""江湖郎中""江湖艺人"，便属这一社会群体的不同职事、行业差别。

也就是说，所谓"江湖社会"，就是以医、卜、杂技、武术等技艺为生计谋生于各地的自由职业者的松散群体。

然而，混迹于江湖者，并非只是医、卜、杂技、武术诸行人等。

绿林、匪盗皆缘属武林中人而以"江湖好汉""江湖英雄"自诩，以劫富济贫、铲除不平为号召旗帜。

清佚名《鹅幻汇编·江湖通用切口摘要》

镖行，自是由武林英雄支撑的行当，又兼专以夺镖的江湖中人为争斗对象，当然也必属江湖行业。

即如清代某县花子院对联所说："虽非作宦经商客，却是藏龙卧虎堂。"江湖社会既藏龙卧虎，又人鬼混杂，是个良莠芜杂并存其间的复杂群体。

甚至，奔走四方、经常同江湖中人遭遇或打交道的商、店、舟、脚诸行，亦以"江湖客"自称。这些行当的从业者，都积累有相当丰富的江湖社会经验，成为其谋求生计的必备常识。明代、清代，商界流传的种种"江湖必读"，一如《江湖走镖隐语行话谱》之类，均属当行必修课程。

至于文人雅士有感于际遇不平，感怀向往江湖，则是另外一回事，自当别论，实为清谈。例如："人生在世不称意，明朝散发弄扁舟。"（唐李白《陪侍御叔华登楼歌》）、"永忆江湖归白发，欲回天地入扁舟。"（李商隐《安定城楼》）、"扁舟寓兴，江湖上，无人知道姓名。"（宋黄裳《瑶池月》）。无非是"落魄江湖载酒行"（杜牧《遣怀》）之类清谈而已。于愤世嫉俗、感叹人生不遇之际，似欲学范蠡"乘扁舟浮于江湖"（《史记·货殖传》），却绝无春秋范蠡那种决心与豪气，不过发泄一番罢了。

镖行与江湖社会的关系，形式上是"夺镖"与"保镖"的对抗性表现，潜在其中的，则是侠与镖行、盗与镖行、侠与盗等一系列微妙的社会群体关系的链结。江湖社会成分的复杂，决定了这种链结关系的微妙。是与非、好与歹、正义与邪恶，均以动态的而并非绝对化的交错其中。某些简单化、绝对化的判断或观念，往往在此陷于自相矛盾或尴尬之中。

1. 侠与镖行

镖局楹联，不仅直陈保镖行业的功能，还尽显镖师侠气。如例：

> 平安可走五湖，四海有兄弟；道义可行天下，九州传美名。
> 一声哈武镖车走，年年江湖平安回。（横额：威震四方）
> 大智大勇威震四方，立信立义诺重千金。（广盛镖局）
> 万金托镖不失一文，千位镖师不若两人。（广盛镖局）
> 仁义为本神武为恃，信誉是守鸿业是途。

大智大勇威震四方，立信立义诺重千金。（平遥古城中国镖局博物馆镖局门面）

崇信义万里争投，秉公直千金可托。（平遥古城中国镖局博物馆镖局门面）

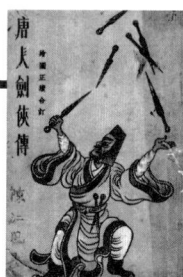

《雍正剑侠图》等各种剑侠传

所谓"侠",初见于《韩非子·五蠹》所说:"儒以文乱法,侠以武犯禁,而人主兼礼之,此所以乱也。"将武侠与儒士并举,并且"人主兼礼之",显见那个历史时期侠的社会地位是很高的。什么是"侠"呢?汉司马迁《史记·太史公自序》认为,是那些"救人于厄,振人不赡";"不既信,不倍(背)言"的"仁义"者。具体说,则是"其言必行,行必果,已诺必诚,不爱其躯,赴士之厄困。既已存亡死生矣,而不矜其能,羞伐其德";"以德报怨,厚施而薄望"(《史记·游侠列传》)。这种注重信义、友谊,勇敢忘我,救人困危而不求报答的游侠精神,正是武林等江湖社会所推崇的江湖义气,维系江湖社会的精神依托。而游侠之行"不轨于正义",亦即"以武犯禁",恰也正是江湖武侠同统治阶级的法纪规范相冲突的表现。

"游侠",或谓"闾巷之侠""布衣之侠""乡曲之侠",出身贫贱微末,也正是江湖人所处社会地位的写照。尽管他们"状貌不及中人,言语不及采者,然天下无贤与不肖,知与不知,皆慕其声,言侠者皆引以为名"。江湖武林尤其看重侠义声誉,虽无固定生计,游走四方,但见义勇为、除暴济厄而不图报的侠义之举,却在民间倍受推崇,乃至成为人们身陷厄境所渴求与期待的神秘力量。

镖行为武林勇士荟萃之所,是旧时游侠人等打破怀艺无业传统所选择的一种直接服务和栖身于社会而应运创建的特别行业,一种除此人等别人难以从事的行业。虽说镖行是有偿进行保安服务的行当,但从业的镖师仍然继承和保持了江湖武侠的侠义传统,成为镖行的立业之本。

例如,武林向奉佛教禅宗的创始者菩提达摩为祖师,于是达摩便自然成为镖行的行业祖师。近世著名武侠小说作家宫白羽（竹心）的成名作《十二金钱镖》，是一部以镖师保镖生活为题材的长篇小说。其开篇第一回《小隐侠踪闲居传剑术，频闻盗警登门借镖旗》，在描写振通镖局胡孟刚向安平镖局的镖头俞剑平借镖旗过程中，展示了镖行供奉达摩祖师的细节。书中写道：

> ……胡孟刚进厅一看，这厅也是练武的地方，里面没有什么陈设。在迎面桌上，正当中供着伏羲氏的神像，左边是达摩老祖（凡开镖局的都供达摩老祖），右边是岳武穆像。胡孟刚晓得俞剑平专练太极门的武功，所以把画八卦的伏羲氏供奉在当中。这三尊神像都供着全份的五牲。在达摩老祖圣像前，有着二尺宽、一尺半高的一个木架，摆在香炉后面。架上用一块黄绫包袱蒙着，看不出架上插的是什么。俞镖头吩咐大弟子程岳，把三寸佛烛点着，自己在三尊神像前，肃立拈香，然后向上叩头顶礼。四个弟子也随着叩头。胡孟刚却只向当中叩拜了祖师，站在一旁。俞剑平身向达摩老祖像前下跪，又对大弟子说："把镖旗请下来。"黑鹰程岳忙把木架上的黄包袱揭下来，露出五杆镖旗，全都卷插在架上。……当下，程岳请下一杆镖旗，递到师父手中。俞剑平跪接镖旗，向上祝告道："弟子俞剑平，在祖师面前封镖立誓，不再做镖行生涯，不入江湖，隐居云台，教徒授艺，实有决心，不敢变计。今为老友胡孟刚，情深谊重，再三求告弟子，助他押护官帑，前赴江宁，以全老友之名。弟子心非所愿，但力不能辞，只得暂取镖旗，重入江湖，此乃万不得已。但愿一路平安无阻，还镖旗，全友谊。此后虽以白刃相

加，也决不敢再行反复。祖师慈悲，弟子告罪！"

白羽本名宫竹心，1901 年生，原籍为河北，后移居天津。其青少年时代，仍是清末镖行生意兴盛的时期，如北京会友镖局解体在 1921 年，即其 20 岁之际。100 多万言的《十二金钱镖》成书于 1937 年，距中国镖行的解体仅 10 余年，相去未远，故有关镖行史实的素材具有相当程度的真实性。

镖行供奉达摩为行业祖师，亦从当行秘传的《江湖走镖隐语行话谱》中得到印证。该谱称：

> 若问祖师，老祖西天如来。我佛收下弟子二人，大弟子阿南，二弟子贾社。阿南收弟子二人，大弟子黑虎，二弟子丛庆。贾社收弟子二人，大弟子王正，二弟子和尚。王正收弟子三人，大弟子齐云获愿，二弟子祁明走标，三弟子徐中访友。和尚收下弟子三人，大弟子王刚骑马走高，二弟子马山学登山为花脸，三弟子孔雀学下愿画窖笼。

所谓"老祖西天如来"，"如来"本佛祖释迦牟尼的十种称号之一。禅宗谓如来所说的诸禅法为如来禅，谓达摩西来祖祖相传的禅法（系教外别传，不立文字而以心印心）为祖师禅。实际上，这无非是将行业祖师从达摩再向前追溯到了佛祖。同时，也不排除这样的可能，即这个传抄本中的"西天如来"或系"西天而来"的笔误。因为，在民间传统信仰中，关于"如来佛"之说影响极为深刻而广泛。

镖行奉达摩为祖师，源于相传达摩是少林武功的初祖。民间说，达摩是印度（天竺国）王子，印度佛教禅宗的第二十八祖。

他深深的眼窝，鹰勾鼻子，戴一对大耳环。梁武帝时，他凭借轻功，脚踏一根芦苇飞渡大江来到中国北方，选中了嵩山五乳峰顶石洞修行。达摩成佛后，随着四方僧人前来投师者增多，即在少室山阴林中修筑了少林寺。达摩每天在寺中给僧徒说法，一当僧徒困顿即逐个连击其身十八下，并要求他们设法抵挡。而后，众僧徒即感精神倍增。久之，即形成为朝天直举、排山运掌、黑虎伸腰等十八种基本拳法，少林寺僧人也就开始习武练功。"后来少林僧兵救了唐王李世民以后，少林武僧又在全国出了名，少林拳也传出了寺院，传到了镖行中来。因此镖行也有了少林门派，他们就敬达摩为祖师爷了。"①

　　镖行奉达摩为行业祖师，是从武林承继下来的传统。事实上，作为中国佛教禅宗初祖的菩提达摩，虽有其人但并不会武术。而且，达摩来华的北朝时期，少林寺尚未以武显世。据考证认为，该寺在北周武帝废佛时被毁，大象（579—580）时重建后改名"陟岵寺"，隋文帝时（581—604）才又敕复原少林寺名。此后，在漫长岁月中，少林寺会武术者颇多，逐渐形成少林拳系。少林寺下层佛陀多来自平民，有的入寺前即身怀武艺，而后又相互传授，逐渐吸收、继承了前人经验并有所发展，从而使少林武术誉满天下。② 武林及镖行奉达摩为祖，实际上是缘自少林武术影响的文化依托现象，在于增强行内凝聚力、自豪感和行规等习惯法的约束力，同时亦为提高当行社会地位和声望的必要手段。

　　此外，镖行所讲求的"朋友义气为金山、银山，我看朋友重如

① 任骋《七十二行祖师爷的传说》，海燕出版社 1986 年。
② 习云太《中国武术史》第 208—211 页，人民体育出版社 1985 年。

泰山，相会如到梁山"；"所吃者，名为英雄饭；穿者，名为好汉衣；到处，师兄称号"等等，无不洋溢着浓厚的江湖武侠精神。

镖师多系武林高手，镖行多以侠义为范，因而许多著名镖师都被誉为"大侠"，既叹其武功高强，亦赞其侠义精神。《清稗类钞·义侠类·大刀王五疏财尚义》，即为一例。

> 光绪时，京师大侠有疏财尚义之大刀王五者，以保镖为业，能手定法律，约束河北、山东群盗，其所劫，必赃吏猾胥之财也。
>
> 己卯（1879）、庚辰（1880）间，直隶（今河北）劫案数十起，逐捕不一得，皆心疑王，以属刑部，乃由五城御史发卒数百人围其宣武门外之宅。王以二十余人持械守门，数百人弗敢入。日暮，吏卒悉散归。
>
> 明日，王忽诣刑部自首，时总司谳事兼提牢者为濮文暹，异而询之，则曰："曩以兵胁，故不从命。兵既罢，故自归。"诘以数月劫案，则侃侃直言具为之者，或徒党，或他路贼，无少遁饰。濮固廉知其材勇义烈，欲全之，乃曰："诸劫案固于汝无与，然以匹夫而广交游，恣饮博，不得为善类。吾逮汝者，将以小惩而大戒也。"笞二十而逐之。
>
> 癸未（1883），濮被简为南阳府知府，将之官，资匮，忧甚。一日，王忽求见；既入，则顿首曰："小人蒙公再生恩，无可为报。今出守南阳，途中必多暴客，非小人为卫，必不免。且闻公资斧不继，特以二百金为赆。"濮曰："今已得金矣。"王曰："何欺为，公今晨非贷百金于某西商而议不谐乎？无已，盍署券付我，俟到任相偿，何如？"至执鞭弭以

周旋左右，则计早决矣。濮力辞不得，署券与之，遂同行。

至卫辉，黄河方盛涨，金垂尽，乃以语王。王笑曰："区区何足难我！"言毕，乃匹马要佩刀去，从者皆疑其往劫也。薄暮归，解腰缠五百金掷几上。濮曰："此盗泉也，吾虽渴，决不饮一滴，速将去。"王大笑曰："疑我劫乎？区区五百金，何至无可贷？此固某商所假，不信，可召而询之。"乃书片纸令从者持去。次日，商来，以券呈，信然，始受之。王既送至南阳，仍还京理故业。

甚至，镖师的武侠义勇传统亦为其子女朝濡暮染所继承，可见武侠传统于镖行影响之深。仍据《清稗类钞·技勇类·镖师女以碎杯屑毙盗》所载：

乾、嘉之际，行北道者咸苦盗贼。有京宦川人某，欲运银数十万旋蜀，往某镖师行延镖师，则均他往，惟一十龄丫角女在焉，行主令应召。

届期，女跨黑卫来，不持寸铁，宦惴惴。抵潼关犹未暮也，女命停车，指道旁一大逆旅曰："可止此。"及入店，则已有伟丈夫十数人，眈目视银车。宦大骇，女坦然若未睹，命将银车入。女年稚，沿途皆独宿一室。是夕，饭毕，命众睡，自索茶壶及杯阖门而寝，宦率众执械，守女室外。漏三下，微闻屋瓦有声，自庭隙窥之，盗已满女室之顶。宦再窥女，方秉烛观书。少许，屋瓦移故址，盗注目下窥，女斟茶徐饮，饮尽，覆杯碎之，成细块一堆，一手执手以阅，一手拈杯屑弹之。及杯屑尽，灭烛睡。

黎明，女启扉，命众登屋收尸。验之，则盗双目中微有
血点耳。其死也，盖杯屑弹入目而贯脑耳。

若小童女，竟沉着制盗致死，令人叹止，所仗的除其绝技之
外，就是从其镖师前辈身上所继承的侠勇传统。相比之下，那刮
得数十万银两荣归故里的京官，可谓渺小卑怜至极。武侠形象，
在十岁镖女身上焕然生辉。

镖行所承继的武林的武侠传统，不仅仅规范着当行的行业精
神、行业秩序，同时亦因一些镖师的侠勇行为为当行以及武林增
添了光彩。

2. 武侠小说中的镖行

镖行的镖师作为冷兵器时代的一种职业，在武侠小说中几乎是
不可或缺的人物构成要素。其代表性作家和作品主要有：

（1）宫白羽的镖师题材长篇武侠小说。

宫白羽（1899—1966），近现代著名武侠小说家，1938 年因
在《庸报》连载《十二金钱镖》一举成名。《十二金钱镖》及姐
妹篇《联镖记》写的天津安平镖局、振通镖局曾闻名海内。他总
共写了三部镖师题材长篇武侠小说。

宫白羽的长篇武侠技击小说《十二金钱镖》曾连载于 1938
年天津《庸报》副刊。1939 年由正华学校印行出版，共 8 卷。作
品主要描写江湖人称"十二金钱镖"的俞剑平金盆洗手多年，却
难拒好友所托，借出镖旗，押送官银，谁料竟遭遇离奇劫镖。为

挽回声誉，营救老友，俞剑平不得不出山寻镖，却因此访出二十年前一段恩怨情仇的真相。原来，飞豹子袁振武图占师妹未遂，与师弟十二金钱镖俞剑平结怨。20年后，飞豹子聚众劫镖，以报怨恨。镖客俞剑平拔剑出山寻镖，获悉贼踪，巧定六路排搜之计。从探风、传警、改道、遇劫、拼斗、失镖，到盗踪飘忽，寻镖人多次受骗、扑空，故事情节一步紧似一步，扑朔迷离。

《联镖记》系《十二金钱镖》的后传，《大泽龙蛇传》的前传。故事大略说十二金钱俞剑平首徒、安远镖局名镖师狮子林廷扬，在护镖途中被飞蛇邓潮请的武林高手侠盗小白龙方靖所害从而结怨。飞蛇邓潮杀人夺镖后，欲对其妻儿赶尽杀绝，幸有林廷扬的师弟魏豪及一众镖师保护，始得幸免。

《大泽龙蛇传》是《联镖记》的续集。故事大略说，十二金钱俞剑平首徒黑鹰程岳的女婿，兼狮林观白雁耿秋原之徒的安远镖局名镖师狮子林廷扬，护镖途中与巨盗飞蛇邓潮结怨，埋下十五年后一场祸事。独行侠小白龙为避武林同道，化名隐身。邓飞蛇为报家仇，邀小白龙助拳"拔闯"，小白龙与飞蛇性不相投，几番拒绝。飞蛇费尽心机，设计骗得白龙与其仇家名镖师林延扬斗剑，白龙覆巢。林延扬为诛飞蛇只身寻仇亦伤重身亡，托孤摩云鹏魏豪。数十年后，林之子化名纪宏泽长大成人，与摩云鹏叔侄相协南下找白龙报仇，途中失散，纪宏泽被女寨主飞来凤和遗孀金慧容钟情，两女相斗，演出一场夺婿惨剧。

（2）王度庐的镖师题材长篇武侠小说。

王度庐（1909—1977），原名葆祥，字霄羽，出生于北京一个下层旗人家庭，1977年病逝于铁岭。少时家贫，无力就学，曾经到北大"偷听"，后创作《鹤惊昆仑》《卧虎藏龙》等三十余部，一举成为风靡一时的武侠小说大家。其早年创作以武侠言情小说为主，并兼及社会言情小说，独成一派"悲剧侠情派"，与"奇幻仙侠派"还珠楼主、"社会反讽派"白羽、"帮会技击派"郑证因、"奇情推理派"朱贞木并称"北派五大家"，对新武侠小说创作产生了重要影响。

《紫凤镖》，系王度庐继《卧虎藏龙》之后创作的古典武侠爱情悲剧故事，最初连载于1946年12月至1947年7月《青岛时报》，1949年由重庆千秋书局印行单行本。故事大概是，光绪年间保镖的行当儿很兴旺，在北方赫赫有名的就是"紫凤镖"——只凭着一只紫凤镖旗，所向无敌。紫凤镖旗在江湖上行走了二十余年，留下了许多侠义事迹，但是很少有人晓得，镖旗主人柳梦龙用紫凤作招牌的原因。原来，少年侠客柳梦龙文武双全，流落江湖，无奈去做保镖。他凭借一身武艺，打败了不少强人，又路遇避仇隐身盗窟的侠女陶凤儿。陶凤儿武艺高强，并且会打镖，与柳分手时将一支紫色绒凤插于镖车之上，遂使江湖豪杰望凤披靡。柳梦龙外出学镖，结识了陶凤儿的仇家镇襄阳耿二员外，试图探查陶凤儿的身世。原来陶耿两家是世交，陶凤儿8岁时父亲因贪赃枉法获罪，耿家将其全家藏匿、收留，一住十余年。有位耿二员外也会打镖，家世显赫、富有，妻妾成群，但对陶凤儿一厢情愿，穷追不舍。凤儿逃离后，耿二四处寻找，并想利用柳梦龙将凤儿抓获。此间，陶柳（龙凤）二人相爱，并定了亲，但柳对陶的身世有疑虑，陶又因家丑不肯明言，于是产生出种种误会。历经几番争斗，凤儿受了镖伤，柳也很是悔恨，最后虽协力战胜了仇人，但凤儿的心灵却受到极大伤害，无法平复。陶死后，柳重入镖行，并用素缎做成镖旗，上绣"紫凤"，是为"紫凤镖"。

《绣带银镖》十四回，原题《清末侠客传》，初稿连载于1947年5月至1948年9月青岛《大中报》。故事大概为，少年刘得飞武艺超群，曾救过在豪门受虐待的小妾许小芳，之后两人相爱。善打飞镖的女侠卢宝娥也爱上了刘得飞，她在无意中用飞镖杀死了小芳。卢宝娥悔恨不已，用刘得飞的腰带上吊身亡。刘得飞受到刺激，精神失常，流落在京城街头卖艺。

（3）金庸的多部镖师题材长篇武侠小说。

被誉为"香港四大才子"之一的金庸（1924—2018）本名查良镛，生于浙江省海宁市，1948年移居香港。当代武侠小说作家、新闻学家、企业家、政治评论家、社会活动家，与古龙、梁羽生、温瑞安并称为中国武侠小说四大宗师。其多部武侠小说都写到了镖局，如《倚天屠龙记》的龙门镖局，《笑傲江湖》的福威镖局，《飞狐外传》的兴隆镖局，仅仅是《倚天屠龙记》中就有虎踞镖局、晋阳镖局、龙门镖局、燕云镖局，以及《侠客行》中的西蜀镖局。出自金庸小说《飞狐外传》虚构的元代兴隆镖局，位于山西大同府。总镖头周隆，金刚拳的掌门人，镖银曾被欧阳公政所劫，害得他倾家荡产。参加天下掌门人大会的目的，是要找欧阳公政报仇。分别见于金庸小说《书剑恩仇录》和梁羽生《联剑风云录》《冰河洗剑录》的"镇远镖局"，可谓武侠小说造就的一个当世名气最大的镖行。

（4）古龙的镖师题材长篇武侠小说。

古龙（1938—1985），原名熊耀华，籍贯江西南昌，生于香港。著名武侠小说家，有新派武侠小说泰斗之誉，与金庸、梁羽生、温瑞安并称为中国武侠小说四大宗师。代表作有《多情剑客无情剑》《绝代双骄》《英雄无泪》等。评论说，古龙把武侠小说引入了经典文学的殿堂，将戏剧、推理、诗歌等元素带入传统武侠，又将自己独特的人生哲学融入其中，使中外经典镕铸一炉，开创了近代武侠小说新纪元，将武侠文学推上了一个新的高峰。在其一部《七武器之霸王枪》里就写了五个镖局，各个镖局都有其掌门的武林高手，如长青镖局的"辽东大侠"百里长青，镇远镖局的"神拳小诸葛"邓定侯，振威镖局的"福星高照"归东景，威群镖局的"玉豹"姜新，中原镖局"乾坤笔"西门胜，甚至合而成为以旗帜是开花五犬旗作标志的"联营镖局"，镖途一路威风。

武侠小说之所以选择镖师作为小说主要人物，显然，主要在于以镖行武士在受雇护卫人财物的过程中，多有不畏凶险、忠于职守、惩恶扬善事迹，是构织引人入胜的神秘、曲折的惊险故事的优选素材。

3. 关于"镇远镖局"

武侠小说中的"镇远镖局"，主要有三个。

一是出自金庸小说《书剑恩仇录》，据说总部位于北京城地安门附近，由总镖头王维扬一手开创。王维扬在江湖中素有"威震河朔"之称，江湖上更有句话叫"宁碰阎王，莫碰老王"，此老王即指他。手创的"镇远镖局"在北方三十多年历经风浪，始终屹立不倒。62 岁这一年仍奉兆惠将军之命护送回部圣物《可兰经》，遭逢乱劫，不但圣物被劫，还死伤多名得力镖头。后又奉命护送玉瓶前往杭州，中了徐天宏所设"卞庄刺虎"之计，与张召重比武，张召重因前一天受挫于陈家洛、文泰来二人，比武失手，败后用计重伤王维扬，欲将之活埋。陈家洛率众豪杰赶至，将张召重活捉，王维扬因此逃过一难。

再即出自梁羽生小说《联剑风云录》和《冰河洗剑录》的两个。其一，《联剑风云录》中的镇远镖局总镖头是殷牧野，总部也设在北京。第一次到关外走镖，便给关东黑道人物"铁岭三神君"劫去价值百万的红货，于是镖局破产关门。总镖头殷牧野受了内伤，回来之后，一气成病，不久便死。殷牧野好友邙山派掌门"神拳无敌"韩铁樵以为友复仇为己任，在崂山大会上为好友击败了"铁岭三神君"。

其二，《冰河洗剑录》中的镇远镖局总镖头是韩璇和韩二娘夫妇，镖局有次替鄂尔沁旗的土王护送一批药材到青海去，途中遇劫，镖师全部遭了毒手。凶手是天魔教香主穆九娘，镇远镖局因此只得关了大门。韩氏夫妇率领手下寻找凶手，在凉州附近被马萨儿国王子叶冲霄偷袭而受重伤，只能到附近的水云庄求救于北武林盟主云召。后韩氏夫妇为了报仇联同云召为首的武林群雄上终南山欧阳家算账，终南山上双方不合从而比试武艺，韩氏夫妇对上了西北高手"青海三马"兄弟，韩氏夫妇凭着独门武学打败了"青海三马"，但其后被金日磾击退。最后叶冲霄出面认错和解释了误会，而穆九娘自杀并且叶冲霄赔偿损失，韩氏夫妇方就始作罢。

中国历史上，有十几个以"镇远"为名的地方。黔东南古镇镇远历史上曾有镖局或即名"镇远镖局"，古代曾以"镇远"为名的山海关如今仍存在名为"镇远镖局"的旧址。据认为，北京近郊古北水镇司马台长城脚下清末曾有一个"震远镖局"，但非"镇远镖局"，现已辟为旅游景观。"震"与"镇"虽有一字之别，均潜涵了威震四方的意蕴。

据介绍，山海关现今有个"镇远镖局"遗址[1]。

　　山海关镇远镖局护镖地域和镖路主要是山海关至奉天、山海关至热河、山海关至赤峰、山海关至山西和山海关至口外等几条商道。

　　山海关古城西大街有一四合院落，门前立有一杆"镖"字大旗随风摆动，灰砖翘脊的屋檐下悬挂着一块"镇远镖局"的匾额，这里曾是威震关城名扬长城内外的山海关镇远镖局旧址。

　　山海关自古即为出关入关的必经之路，到满清时期，随着社会经济的发展和自由贸易的往来，各地区之间交易更趋频繁，为将各类物资安全送至目的地，甚至朝廷及官府运送饷银和家眷，也要委托地方的镖局护送。因而，山海关镇远镖局也就应运而生了。据说山海关镇远镖局为山东镇远总镖局的分号，镖局主人是王姓家族，人们都称他为王当家的，其家人在明末做过中军官，整个家族习文好武。镖局的基本构成为镖局

①王宝文《山海关镇远镖局考》，《满族文学》2012.2。又见于王宝文《回忆山海关镇远镖局》，《侨园》2012.5。

主人、总镖头、从事保镖工作的镖头和镖师、大掌柜、管理杂务的伙计和杂役等，其职责分工明确。外出走镖是镖局的主要业务，这项业务不仅风险大，而且对镖师的要求也很高。没有点真功夫，是别想吃镖局这碗饭的，没有"眼观六路，耳听八方，身怀绝技"的本事，就出去走镖，那等于去送死，所以镖师走镖那可是实打实的活儿。镖师有真功夫还不够，走镖还要有镖路，按照现代的说法就是"承揽业务的范围"。

此外，沈阳还有个当代武术家刘宝瑞开办的"振远镖局"，相传他曾是营口"镇远镖局"的镖师。"振远镖局"之"振远"，同样潜涵了威震四方的意蕴。

查拳名师刘宝瑞（1896—1969），字玉亭，回族，原籍河北省临榆县，出生于山海关。刘宝瑞幼时父母双亡，尚未成人即进入山海关的一家镖局内打杂，师从王镖师练武，学习查拳，成为镖局镖师。1920年，刘宝瑞初进沈阳，因打抱不平拳打了保安队，不得已避祸去了大连，1923年刘宝瑞来到沈阳，在北市场的皇寺路附近开办了"振远堂膏药店"替人正骨，医治跌打损伤。后来，在其"膏药店"的后院，开办了"刘记振远堂镖局"招收门徒传授武功。1931年，南京要举办全国武术擂台赛，为选拔武术高手，张学良在小河沿举办打擂比赛，刘宝瑞和徒弟张贵元也参加了打擂。这次打擂，刘宝瑞力压群雄，独占鳌头被誉为"沈阳霍元甲"。至今，沈阳地区仍流传有《"振远镖局"和刘宝瑞》的民间传说①。

————————

①《"振远镖局"和刘宝瑞》，见于孟杰《沈阳掌故》第420页，沈阳出版社1989年。

　　保镖行业在封建割据、交通阻隔、贫富悬殊、盗贼蜂起的旧社会，十分盛行。那时，一些商号运输货物，要有保镖；大量银钱提存，要有保镖；富豪人家害怕绑票，也要有保镖。担任保镖任务的，有镖局和个人保镖两种。一般镖局，都有合法的营业执照，受人聘用，负责财物保镖或人身保镖。他们保镖时，多在运输货车上插上XX镖局的小红旗，十分醒目，途经外地时，外地镖局见到同行的旗号，要协助监护，使之安全过境；至于那些吃江湖饭的英雄好汉，只要不是冤家对头，也讲究江湖义气，不动分毫。

　　在二十世纪初，沈阳北市场皇寺街也有个镖局，叫"振远镖局"。牵头的是一位拳师，叫刘宝瑞，号玉亭，河北人，武林出身，从小练就一身好武功，属行医八卦派。初到沈阳时，在大西关撂地摆摊，唱卖膏药。不久便在那里设个门脸，挂上了"振远堂膏药店""振远镖局"两个招牌，前店买卖膏药，后院传授武艺，不但招收门徒，还亲自替人治跌打损伤，穷人治病概不收费，渐渐地有了名气。那时从事练武这一行，要会说一套江湖黑话。刘宝瑞不谙此道，也不善辞令，便常常和在西门脸拉洋片的常锡康搭伙营生。不久，日本人在沈阳成立了"武道振兴会"，软磨硬泡，要拉他入会，为避开日本人的纠缠，他便从大西门脸搬到北市场皇寺街去了。

　　刘宝瑞的弹腿擦拳功夫，颇为人称道，有"美钩王""拳回回"的绰号。1932年他在新京（今长春市）与日本高手交锋，大胜而归，名气大振。当时沈阳的一些大照相馆，都高挂着他比武时的雄姿。日伪当局见他威望日高，千方百计笼络他，并以"公选"手段替他戴上了"北市中心区区长"的桂冠，他郁郁寡欢，从此很少出场献技。解放后，他因"历史问题"不清，过了几年囚禁生涯。回家后，便一直在团结路卫生院当骨科大夫，重操旧业。1969年病逝。

刘宝瑞的徒弟申金如的武艺也很高强，解放后一直担任武术教练工作，并担任过东北三省民族体育运动会的武术裁判员。现年逾古稀，但宝刀不老，常在家练拳习武，偶尔还义务为群众医治些被医院诊断为"不治之症"的疑难病症。

北京、山海关、营口、沈阳，山海关内外镖局皆以其布局"镇远"或"振远"也。

4. 侠与盗

依一般的观念，盗、匪、贼、寇，均属窃取、劫掠他人财物或图财害命的不法之徒，都是些令人不齿的歹人。

然而，世上的事情往往又并非是绝对化了的。盗、匪、贼、寇，亦不例外。它们在通指歹人的另一方面，则被用来贬称反叛时政者。例如：

盗，既指偷窃、劫掠的行为和人，又是对反叛时政者的贬称。所谓"盗跖"，即因其"从卒九千人，横行天下，侵暴诸侯"（《庄子·盗跖》），在名字前面冠以"盗"字，进而又成了盗贼或盗魁的代称，如《汉书·游侠传·郭解》所说，"至若北道姚氏，西道诸杜，南道仇景，东道佗羽公子，南阳赵调之徒，盗跖而居民间者耳"，便是诸多"盗跖"。

敦煌壁画莫高窟盛唐第45窟中的《商人遇盗图》

匪，既指盗贼，亦指犯上作乱的反叛者。如《易·否》云："否之匪人。"对此，李鼎祚集解引虞翻语云："以臣弑其君，子弑其父，故曰匪人。"

贼，《墨子·非乐上》云："寇乱盗贼并兴。"《后汉书·百官志一》载："贼曹主盗贼事。"均以贼为歹徒。然而，"胜者王侯败则贼"，许多王侯竟是做"贼"起家。

寇，《诗·大雅·桑柔》："民之未戾，职盗为寇。"郑玄笺注云："为政者，主作盗贼为寇害，令民心动摇不安定也。"系指为害社会。《左传·襄公三十一年》："敝邑以政刑之不修，寇盗充斥，无若诸侯之属辱在寡君者何？"寇盗，亦即盗贼。不过，一当时政黑暗有人揭竿而起为"寇"，也就成了对反叛者的贬称。这一点，史书中往往难以避讳。如《后汉书·宦者传序》即称："败国蠹政之事，不可单书。所以海内嗟毒，志士穷栖，寇剧缘间，摇乱区夏。"其"寇剧"，即是乘机揭竿而起的反叛者流。

凡此种种，均说明历代盗、贼、寇具有为害社会、侵犯人财和反抗社会不公正的双重内涵，即如宋刘敞《患盗论》所析，

"衣食不足，盗之源也；政赋不均，盗之源也；教化不修，盗之源也。"虽未必确切、严密，倒也点破了个中的复杂交错关系。

盗、匪、贼、寇作为反抗社会不平的一面，正是"以武犯禁"的"侠"的行为表现。也就是说，"盗"与"侠"的概念往往是混淆着的，但又不是不可分别的。东汉时荀悦的《汉纪》分析说："游侠之本，生于武毅不挠，久要不忘平生之言，见危授命，以救时难而济同类，以正行之者谓之武毅，其失之甚者互为盗贼也。"就是说，侠与盗本来同源，是同一事物的两个互为交叉而又可逆变的不同方面。借此，有人指出："侠与流氓、盗匪相互交往、转化的两重性，确实是中国历史上一个十分耐人思索的社会现象。侠与盗都轻生死，一意孤行，为达目的不惜干犯法令，他们都注重江湖义气，喜欢结纳英雄，结拜兄弟，看重诺言；侠、盗的社会都是隐藏在公开社会之下的秘密社会，两者在各自聚集结合成为一个秘密组织时，江湖义气都成为他们各自组织内的凝聚力。侠与盗的差别仅在其各自的价值准则不同，两者各按自己的信仰行事。"① 侠与盗质的分别，是要就具体的人与事来确定的，因为侠、盗的转化都将表现在其人其事之中。

明陈子龙《平内盗议》中说道："间谍见获，率多吐实，以祈缓僇，或重赏结之，反为我用。今所获者，每闭目请死，卒不得其纤毫之情，是亦盗侠也。"不惟说明盗往往亦讲侠义，谓之"盗侠"，亦说盗中亦不乏义侠，盗的群体大都把侠的江湖义气奉为信条，以江湖侠客自诩，即或劫掠，亦多打着"杀富济贫""替天行道"的旗帜。因而，孰侠孰盗，实难概言简断，即或侠

---

①罗立群《中国武侠小说史》第12—13页，辽宁人民出版社1990年。

亦当就其人言行性质对社会进步的利弊而论。历史上，成则为王、败则为寇者，事例颇多。举凡历代聚众举义的江湖英雄、绿林豪杰，命运无不如此。例如，春秋末的柳下跖，秦末的陈胜、吴广，西汉的绿林、赤眉，东汉的黄巾，隋唐的李密、窦建德、刘黑闼、王仙芝、黄巢，宋代的王小波、李顺、宋江、方腊、钟相、杨么，元代的刘福通、徐寿辉、朱元璋，明代的李自成、张献忠，清代的太平天国、捻军、义和团等，成王者甚少，多未能得免被视为盗匪贼寇的命运。尽管如此，其促进社会进步的作用仍旧铭于史册。

有人说，从历史上看，侠与盗不仅同源，而且相互结纳、交往频繁，并会相互转化。特别是游侠，无恒产，无固定职业，浪迹江湖，依靠双拳单剑和一腔热血，扶危济困，打抱不平，其行为完全超越封建社会的政治制度和法律制度之上。这种超越使侠在本质上不可避免地具有两重性。当他们遵守侠义精神，恪守侠义准则，替天行道，急人之难，不顾身家时，他们是当之无愧的侠；当他们不遵守这一精神准则，为自己和他人的私利，豪暴无耻，侵凌孤弱，恣欲自快时，他们就是盗了。侠与盗，都是主流政治下的黑社会中的人物，都是随心所欲地行事，不受主流社会制度的约束，他们的行为方式、性格气质相仿，差别在于其行为的价值准则。① 就一般而论，不失其道理。但是，若具体考察历史某一人物、某一群体，实在是十分复杂的事。

司马迁在《史记·游侠列传》中说到，"窃钩者诛，窃国者侯，侯之门仁义存"。就是说，窃物者依律当杀，而窃国大盗则

---

① 罗立群《中国武侠小说史》第10—11页，辽宁人民出版社1990年。

可堂皇执掌刑律。所以时有人私下议论，即或为贼亦务做大贼，倒霉的终是鼠辈。事实上，这也是社会生存竞争的严酷性所在。法律与道德规范，都是有阶级性的，都是为现实社会的稳定与发展服务的。著名历史学家白寿彝指出："我以为（司马迁）这几句话在客观上揭露了法律和道德的本质，但他并没有认识到这一点。司马迁写这几句话，无疑有自己的想法。作为一个历史家，他的确看到了许多不合理的事情：穷人偷一点东西就要被杀头，有钱人偷得越多，权势却越大，有钱有势也就有道德，没钱没势就是不道德。司马迁把这些客观事实当作一种社会历史现象揭露出来，这也是难能可贵的。可是我们并不能就此说他已经认识到法律、道德的阶级性了。他作为一个历史家，至多不过认为这种现象是不公道的，看着不舒服就是了，还不能说他已经懂得阶级分析了。"① 法律、道德作为社会的一种规范准则，一种制约人际关系与行为秩序的形式，终是必要的。家有家规，国有国法；行有行规，店有店章，厂有厂纪。否则，即不能构成社会和群体。尽管其难以完善，却不可没有。尽管历代法律、道德所体现的阶级性、价值观念不一，娼、赌、乞、盗都被视为丑恶的社会现象，反映着一种基本的是非观念和传统价值取向。

对于侠与盗的关系，亦须因人因事因时而进行辩证地客观分析。

汉代著名游侠郭解，"少时阴贼，慨不快意，身所杀甚众"，"藏命作奸，剽攻不休，及铸钱掘冢"，"亡命者多归"其家，"夜半过门常十余车，请得解客舍养之"，堪谓无恶不作之盗。及至中

①白寿彝《〈史记〉新论》第48页，求实出版社1981年。

年，则"更折节为俭，以德报怨，厚施而薄望"，"自喜为侠益甚"，最后以一代名侠而终，青史留名，载入《史记·游侠列传》。南北朝时晋人周处，少年时虽"凶强侠气"却"为乡里所患"，连同水中之蛟、山中之虎被当时义兴人视为"三横"。甚至，当其以侠勇之气除掉蛟、虎而一时未归之际，乡人尚庆幸三害并除而"更相庆"。可见，其早年所谓"侠气"实侠盗参半。后来，当他"竟杀蛟而出，闻里人相庆，始知为人情所患，有自改意"，最后为国捐躯沙场，彰名于世，成为刘义庆等《世说新语》中的一段浪子回头佳话。周处以侠勇为患乡里与盗无异，转而报效国家则以义侠载誉。凡此，孰侠孰盗，毁誉皆因具体行为而论。

宋人罗大经《鹤林玉露》卷二载："豫章旅邸，有题十二字云：'愿天常生好人，愿人常做好事。'邹景孟表而出之，以为奇语。吾乡前辈彭执中云：'住世一日，则做一日好人；居官一日，则做一日好事。'亦名言也。"依世俗，"好人"亦即品行端正、善良，侠为好人在其以侠义助人和与不平抗争，盗为坏人则因其为患。这样，显然忽略了侠盗往往同源、混杂和相互转化这一方面。就是说，侠中多有好人好事，亦不乏为盗之举，乃至转而为盗；盗中多有坏人坏事，却也有侠义行为，或可转化为侠。匪盗结为群体，多以江湖侠义为帜，作为维护其内部关系、规范内部秩序的准则，甚至把行劫行窃行为亦自诩为"行侠"。唐代，以"侠"自居的匪贼，即奉古代名侠柳下跖为行业祖师。据唐段成式《酉阳杂俎》前集卷九"盗侠"条说："高堂县南有鲜卑城，旧传鲜卑聘燕，停与此矣。城傍有盗跖冢，冢极高大，贼盗尝私祈焉。齐天保初，土鼓县令丁永兴，有群贼劫其部内，兴乃密令人家傍伺之。果有祈祀者，乃执诸县案杀之，自后祀者颇绝。"后世所谓"草鞋三郎"，即柳下跖①，盗行置庙供奉。明凌蒙初《二刻拍案惊奇》卷三十九《神偷寄兴一枝梅，侠盗惯行三昧戏》，甚至说当时苏州名盗懒龙即其母因避雨于盗之祖师庙与之交感而孕。书中说："其母村居，偶然走路遇着天雨，走到一所枯庙中避着，却是草鞋三郎庙。其母坐久，雨尚不住。昏昏睡去，梦见神道与他交感，归来有妊。满了十月，生下这个懒龙来。"

宋以降，水泊梁山一百零八条绿林英雄侠名大振。于是，其中著名的盗侠"鼓上蚤"时迁亦被盗行奉为祖师。据考，"蚤"本"鼜"字，是古代夜间防盗巡戒时击的鼓；上鼜亦即起更戒严，而此际恰为时迁施展身手之时，故反其义而绰称"鼓上蚤"。盗行奉祀时迁的心态，既是慕其侠誉，更在于羡其侠勇技艺。即如清人丁立诚《武林杂事诗·时迁楼偷祭》所咏："卅六人谁善偷，时迁庙食城东楼，后世偷者奉为祖，月黑深宵具酒脯。但愿人家不闭门，黄金取尽青毡存，岁岁报祭官不提，天上追踪东方朔。"清梁绍壬《两般秋雨庵随笔》卷一《世俗诞妄》篇亦载此事："吾杭清泰门外，有时迁庙，凡行窃者多祭之。"时迁何以被公然建祠供奉，显然不在其窃技而在于他身系梁山一名侠。然而，时迁"侠勇""侠绩"，全凭其一身超人的行盗绝技，是集侠、盗于一身的"盗侠"。

俗语常说，不以一时一事论英雄。然而，却要凭一时一事辨侠、盗。明末清初，青红帮以反清复明为旨，深显民族大义；清

---

①明钱希言《狯园》卷十二：（杭州）"草鞋三郎庙，颇有灵响，公门伍伯巡逻游徼之属，家祭户享，稍不敬，便罹官灾。相传草鞋三郎即古盗跖也。"

末，其参与灭清建立中华民国，涌现许多仁人志士，壮怀激烈，事载青史；后来，却堕落为黑社会流氓群体，为非作歹，则令人深恶痛绝。

作为一向同主流社会相对抗的江湖社会，其复杂就在于侠与盗的混杂难辨。世俗崇尚侠义，亦憎恶其为患；憎恶匪盗，却又赞叹其有时的侠义之举。"劫富济贫，替天行道"的号召一向广得认同，而许多罪恶也往往借此祸及四方。对于社会整体而言，这往往是除主流政治而外的又一社会悲剧所在。悲剧的症结，即在于"他们的共产主义并不想改变生产形式，只想劫掠富人的货财，把各种消费品另行分配。这种'劫富济贫'的观念，不但流氓阶级视为最高道德，就是普通人民也视为合于天理。一当侠、盗横行江湖，'绅士怕他们捣乱，农民怕他们鱼肉'，在经济上只有破坏作用，没有建设作用"。① 这样一来，对于社会经济的繁荣和发展，无疑是一种破坏，侠与盗更为混杂难辨了。

镖行的应运而生，即在于藉其侠力维护社会经济活动的安全秩序，同江湖侠、盗的侵扰相抗衡。

5. 镖行与盗

在冷兵器时代，江湖社会有两大法宝，一是江湖义气，再即传统武术。前者是其精神支柱、聚结的纽带、行为与道德的规范，后者乃是自卫、安内与制外的工具。相对而言，后者往往更为重要，是立身于江湖的本钱。

---

①萨孟武《水浒与中国社会》第5、7、9页，岳麓书社1987年。

一代武术大师万籁声的《武术汇宗》专有一段详述《镖师与江湖》①，且迻录如次：

> 人生在世，虽只数十寒暑，然此数十寒暑，亦大不易过去，衣食奔走，今暂不论，即作客旅行，在皆宵小，劫人越货，今兹更甚，如不稍谙江湖规律，枉遭几许痛苦，虽近来江湖稍衰，但在此下流社会中，无一不讲朋友者，无一不尚义气者，所谓："天下回回是亲戚，天下八式是一家，只须说出朋友话，走尽还有没有决没差"者也！且习武功者，多喜遨游山川，到时候不可不知，如访他几处武功家，入其室，于其器械架前拜师兄，然后始谈行话，弄枪时，不可用力下顿，此均犯忌讳之事，亦陈迹之一，故附及之。惟江湖一道，殊不易谈，"十年可中一秀才，十年难学一江湖"，从知江湖之难！其规条较法律为尤严厉，故有谓："未入江湖想江湖，入了江湖怕江湖"，可知江湖非同儿戏，亦有特殊组织者，追溯江湖起因。

> 何以走镖护院者，与强盗一说行话，而盗即不劫之？是盖伊等三人，皆一师所传，故不相残害！说者谓原有师兄弟三人，武功练成，无处托足其一欲作盗贼，其二则反对之，谓汝作贼，当劫行人与居民，我两人一则护送行商，一则为人护院，视汝其若之何，但均系同门，又不忍互相残害，于是作一口语，如有能如是讲朋友者，则系一家人，不可冲突！而伊三人所传子孙，均接此规律，虽事实确否不可征，

---

①万籁声《武术汇宗》第252—260页，商务印书馆1929年。

然三者情形，却系如此，其亦即斯渊源也！不过年湮日久，互相更变，以致派别难出，混淆不清，但其总义，不外乎此！江湖原南北一家，惟口音上之变动，稍有不同，如见面讲朋友，仍系一般看待，江湖语音，亦有特别秘本，名为《海底》，即解释何物为何音也！派别亦甚多，在南方概分青红两帮哥弟会帮之行话略同，惟规条与特别名词有异，其规款皆脱胎于哥北会，内以青帮稍高尚，江南一带，入者最多，红帮势力亦甚大，在昔日多贩私盐劫人越货者，青帮为清乾隆时陈园所创，分三堂六部二十四字辈十大帮规，与其特别《海底》，三堂为翁佑堂，钱保堂，潘安堂；六部为引见部，传道部，掌布部，用印部，司礼部，监察部；二十四字辈为圆明心理，大通悟觉，普门开放，万象依归，罗祖真传，仙法玄妙；十大帮规为一不欺师灭祖，二不搅乱帮规，三不藐视前人，四不江湖乱道，五不扒灰放笼，六不引水带线，七不奸盗邪淫，八须有福同享，九须有难同当，十须仁义礼智信！

在帮者犹有一票布与《海底》一本，内载帮中隐语，师称老头子，师子为小老头子，师叔师伯为前人，徒弟亦称徒辈，入帮者为在坎的，未入帮者为空子，其他每物每语，皆有专名，不遑备述。红帮在青帮之后，为林钧所创，此帮起于洪钧老祖庙内，原系此"洪"字，后以赤心相待之义，改为此"红"字，有帮规十则，誓约四条，职司五等，与其特别票布，后为盛春山加以修改，其职司于是分内八堂与外八堂老大爷，又有赏罚十六条，戒约十条，并称始祖为殷洪盛，乃至以讹传讹矣！其帮规等等，与青帮不相上下，其等级则分仁义礼智信五等，仁字派亦名希字派，为最尊高，其内八堂老大爷为：正龙头，副龙头，坐堂，盟堂，陪堂，理堂，刑党，执堂，香长；久八堂老大爷为：心腹，圣贤，法家，红旗，光口，巡风大满，么满是也！又于行李上，扣带作花纹或结头，视花纹结头可知其等级，或于茶肆饮茶，将茶壶茶碗，摆成各种阵形，在帮者一看其是何形式，即可悉其是何意思，亦非一日所可了解者！扣带为蔡标所造，碗阵为孙琪所创，此其大凡也！伊等盟誓或入帮，有于大胯或手臂穿三刀六眼以充好汉者，其愚笨亦中新中嘻！即饮食起居，言谈举动，亦无往而不有绳墨，如到一码头，拜任何大爷，先须说一大套江湖成语，手持某大爷名片，用海底捞月式，对方亦以词还答，右拳置左臂上，视各人等级而异其上下！均须平日练熟，临时应用，亦殊不易，如在路遇有强人，又有一套话安抚之，有不讲交结须一试射手者，仍当与之一较，故镖师失镖，多出于此，又忌放快（即乱语），如黑上（乃偷摸小贼，非在帮者）忌四大快即："虎，猫，账，罩"也！帮上早起忌八大快，即："龙虎鸟蛇，鬼梦缺拿"也！又有所谓十二道巧快者，如至饭馆吃饭，菜碗置何处，即于何入，动移都犯快，起林时，不让蹬着，犯者名蹬台子，皆罚之，此均巧快之例也！又有讳语，如见塔呼筍子，饭碗不可提饭字，须名莲花子之例也！其在外卖艺者，先须于当地五大爷处投到，开场时亦有一大套江湖话，关照清楚，始可动手，不然，一话未到，即出麻烦，如在外行旅之人，焉能多学江湖口语，最好系少说话，与不识之人对面，伊虽对我说行话，可以"磕头"二字报之，恭敬招待，以朋友待之，则渠无计可施，而以为里手人，即不陷窃矣！纵见其盗他人之物，亦不可揭破，因非盗汝者，不然，伊必怀恨于汝，设计复仇也；所谓："张口眼子闭口相！"即张口系傻子，闭口系高人也！盖江湖系"推通捞点，骇诈哄丢"八字，如上七字皆不能用，即用丢字走开矣！是即学春点，闯江湖，不吐不空也！其逼挤太甚者，可谓："我们朋友，踩宽着点"等语解之！

　　总之，无论居家旅行，对于江湖朋友，不可得罪，不可迫之过甚，可以好语安抚之，"宁可得罪君子，不可得罪小人"，是为最要耳！而最高之江湖，并不在乎能说行话，乃能待人恩义，到处捧人，礼贤下士，此则非普通江湖所可知矣！前述之内外八堂老大爷，原分头排（即斗排）二排三排大阶级，头排凡十，内无四七两排，有所讳也！其所订规条，犯者或刖手足，或剁成数块，席裹而抛之江中，或挖坑，内排尖刀，自行跳下，极为严酷，其大开龙会时，亦早纪律，传各种命令，俨如一小社会，其令亦有足述者！由令云："一支大令如雷吼，众家哥弟听从头，休怪我弟出言陡，大令在身不自由，身家不清早些走，几世不明莫回头，少时吊在转门口，鸳鸯刀背打两头，打了之时要改口，喊伯喊爷羞不羞，这支大令我传完，只有黑令不敢传，非怪黑令不敢传，留在堂中配圣贤，大令已毕，命归原堂，禀交大令。"（按凡出黑令，即当斩人，乃赵匡胤醉中误杀郑子明之典故也！）

旧时"挂子行"（即"瓜行"，隐语行话称武术一行）根据利用武功谋生方式的不同，分为明、暗两种。所谓"明挂子"，是指凭武功保镖、授徒为业或从军者；"暗挂子"，即仗武功为盗者。事实上，一如侠、盗混杂，明挂子与暗挂子也往往难辨。"鼓上蚤"时迁，就是一位明挂子兼暗挂子的梁山好汉。

清文康《儿女英雄传》第三十二回道："因为走镖的这一行，虽说仗艺业吃饭，是桩和小人作对头的勾当，不是条平衡路。"那"小人"，即江湖武林中的"暗挂子"，亦即匪盗。换言之，镖行同匪盗的关系，可谓"明挂子"与"暗挂子"的抗衡。从一定意义上说，这也是江湖社会在外部社会作用下产生的内部抗衡，以江湖社会内部抗衡来维护社会秩序。"夺镖"与"保镖"是这种抗衡的直接表现形式。

有时，镖局也会受到盗贼袭击，成为一种较量。例如《点石斋画报·镖局失窃》所载：

《点石斋画报·镖局失窃》图

北人有镖局焉，其命名不知所自始。《尔雅·释器》注："镳，马勒旁铁。"《释名》云："镳，苞也，所以苞敛其口也。"总不离乎双马所用者近是。北人好飞武，命名取义或由此。轮船口岸未通，南北贵重货物往还，皆借该局之人为行运，盗不相侵，贼不相犯，商旅咸称便。迄于今，稍衰替矣，然粗足自立，未至一败涂地。苏城王枢密巷中犹有存焉者。端午之夕，有黠贼穴入而肆窃，约失贼银五六百金。请官履勘，尚未缉获。议者颇非之，谓制贼之人，乃为贼所乘，以为名不副实。然此非该局之耻也。货未登途，与居家无异，居家之人，何尝不防贼，要不能朝朝暮暮守候以待贼。事生于所忽，智能有时而不免。唯该贼之敢于肆窃于该局者，似乎其智其勇出该局之上。人即不议其后，而可耻者已无可解免，投鼠忌器有如此夫。

镖行与匪盗的抗衡较量，主要是通过"软""硬"两种方式进行的。

所谓"软"方式，即"软镖"手段，即以向匪盗纳贿买路的手段保证镖途安全，或以江湖义气为纽带广交江湖朋友，凭江湖情面请匪盗行方便。实际上，这是官匪相通的翻版，只不过镖行借其镖师的江湖中人这个特殊身份更为体面些、方便些，官府对此默许也就是了。镖行与匪盗的"软"抗衡，事实上是互相关照、互为利用的江湖朋友关系。因而，有匪盗进城往往受到当地镖行的款待、照应。即如李尧臣《保镖生活》所说，"贼到北京来买东西时，我们镖局子就有保护的责任"。

　　贼到了北京，来到我们柜上，他和谁熟识，就由谁陪着。白天陪他出去买东西，晚上回局子里睡觉。在外头吃饭的时候，都由镖局子会账。一日三餐，好酒好饭。做贼的进城，都打扮成买卖人的样子。进京的时候，身边带着不少钱。他买东西，自己付钱，这倒用不着镖局子破钞。

贼在北京住了几天，连买东西，带看热闹，住够了，就由镖局子送他出城。临走时，起五更，由镖局派轿车，还有镖局的人骑马护送，贼坐在轿车里面。送出城后，镖局子人就回来了。赶车的人早由镖局子交代过，反正坐车的叫你把车赶到那儿，就送他到那儿，什么话也不用问。送他到了地方以后，他一定多给赏钱，决不少给。

贼进北京这几天，镖局子必须特别小心，决不能让他出事。要是贼住在镖局里出了事，让官面上给逮去，这一来，镖局了就算栽了。你再保镖，路上遇见贼人的同伙，他必和你作对，镖就不能走了。所以贼人来到以后，一定要小心保护，把他送走以后，柜上才能放心。

镖行和贼，就是这样互相利用。正因为有贼，而且贼讲江湖义气，镖局才能站得住，吃得开。可是镖局和贼究竟是两码事。贼做的是没有本钱的生意，多半是些走投无路铤而走险的光棍；而镖局子的人多是有身家的人。会武艺的人，要进镖局，并不是那么简单，必须确实可靠，有人知底担保。所以做贼的人，尽管镖号称他做朋友，可是贼决不能进镖局。镖局的人，忽然不干了，去做贼，这种事，当然也不是没有的。可是镖局子决不能容他。因为这种人离开镖局子去做贼，必然和镖局子作对。

偌大京师重地，匪盗来往竟如此这般安全坦然，享以上宾之遇，着实令人惊叹。然而，其代价却是镖行生意的太平、兴盛。在此江湖朋友义气的后面，隐藏的仍是金钱交换关系。在这种交换中，法律已成为一纸空文了。不是么，即或来人被"官面儿"上发现，亦奈何不得，因为镖行大都有官府要员作靠山。而且，要员的人财安全以及官府运送资财，也往往需借重镖行的护卫。从这种转换关系来讲，镖行保护上门的匪盗客人，无疑也是保护着官府要员们的利益。这种情况下，伤害了匪盗朋友，也等于损害镖行同官府的共同利益。

在走镖途中或护院保镖时，每逢遭遇匪盗，也是不能贸然兵戈相见的，首先仍然要以礼相待，甚至恳求对方看在江湖义气情份高抬贵手。这时，"吃的英雄饭，穿的豪杰衣""走遍天下称英豪"的镖师先要放下"英雄架式"，施礼而称"吃的朋友饭，穿的朋友衣"，大讲"我乃线上朋友，你是绿林兄弟，你在林里，我在林外，都是一家"，"朋友做事要义气，总是和气把财生"种种江湖道理，笼络江湖感情，以求平安通行。对贼首，要像称呼镖行掌柜似的尊称为"当家的"，还要使用早就学会了的江湖黑话与之交谈，既证明镖师确实也是江湖朋友、不是"空子"，同时亦在于缩短相互感情的距离。"两下里对着一把簧儿，彼此升点儿，一问一答对难为。大伙计把问答的话说完了，必须问他们：'祖师爷留下了饭，朋友你能吃遍？兄弟我才吃一线，请朋友留下这一线儿兄弟走吧！'等到了这样话说出来，他还不闪出，讲不了就得动手啦。若是久干江湖绿林的人，无论如何亦不能翻脸动手的。可是将出茅庐才进芦苇的人，他可不听这套，非得镖师尖挂子把他赢了才能算完。"① 常言所谓"抓贼莫如惊走贼"，正应了镖行面对匪盗的心态。尽可能不与匪盗结仇，以免复仇纠缠之患，是镖行重要的生意之道。

事实上，"明挂子"与"暗挂子"并非截然分明，镖行不许"暗挂子""弃暗投明"充当镖师也不是绝对的。据悉，清季北京万盛镖局接受过一个少年时就为盗燕赵的王遂从业。此即《清稗类钞·技勇类》所载"王遂拳铁块陷土"中揭示的一例：

> 山东王遂者，客京师，佣为人仆，力能擎大栅栏关帝庙前石狮，跃垣，高丈许，土人相传石狮重五六百斤，无不伏遂之神勇。
>
> 遂少时，为盗燕、赵，系铃于矢，去其镞，韬镫跃马郊外，伺行道者车载资过，向空发，作锵鸣声，意止车毋行也。道行者遇之，无不倾囊献其资。
>
> 后以事与同辈龉，弃去不为，投京师万盛镖局。其主人年六十余矣，见遂，请艺，遂曰："若何而可。"引视后院，有铁块一，纵横广三尺，高如之，主人曰："拳之。"拳之，铁下陷土者寸许，颇自矜负。主人乃颔首曰："可。"意似不甚隆异也。遂心惵，还请主人试之，铁没地，视遂三倍之又有奇，遂不觉气折。
>
> 主人语之曰："若新来，无任大事，兹有某宦者装资八千金归济南，若其不嫌小试乎？"遂诺。主人乃酌酒饯别，与小旗，曰："以此树车上，行无虞也。"遂行，自思己亦曾

---

① 云游客《江湖丛谈》，时言报社 1938 年。

为响马，响马不必皆材武，大率虚声相訾，骇以威客，倾其资耳，今当觇之以尽其技也。怀小旗，不树，危坐车辕。

中途，响马十余骑飙驰自后来，发响箭如例。遂佯为不知，车依旧行，觇所为。响马莫测，不敢逼，抽矢傅镞，彀弓射遂。遂闻矢来，锵鸣有声，以为仍响箭也，无镞，不之备，猝为所中，创肩，痛莫任，急探怀出小旗扬之。响马见，下骑曰："误矣。何不树帜也?"乃为傅药裹创，护送至济南。

归见主人，主人慰问创愈未，乃大惭，不敢出声。主人则语之曰："吾辈走镖无偾事，岂诚勇绝人人哉? 所恃者平昔与若辈有交谊耳。惟遇顽梗无可与语交者，不可不一儆之以震其余，是则匪材且武者莫任也。然若辈之材且武者，诚以何限，何可徒恃其勇? 若休矣。"却去不复用。

假如镖局主人不是以试行走镖方式婉转拒王遂于镖行门外而不伤和气的话，那么，尽管让他走了一趟镖就辞掉了，仍是让有匪盗前科者充当了一回镖师，使之一度从暗挂子转为明挂子。不过，万盛镖局主人末了训戒王遂的一段自白，"所恃者平昔与若辈有交谊耳"，倒也道破了镖行同匪盗的生意关系，"遇顽梗无可与语交者，不可不一儆之以震其余"，则是万般无奈情况下的对策，上策当然在于求得互相关照。走镖时喊镖号、树镖旗，遭际时讲匪话，无异于暗送秋波。当然，对于零散贼人亦无疑有威慑警告的作用。诚如旧谓"官匪一家"，在一定意义上说，也是"镖匪一家"的，镖行乃是以"江湖自身明暗制衡"来防御匪盗侵扰的社会现象。

前面谈到，清末光绪年间北京源顺镖局著名镖师大刀王五，

"能手定法律，约束河北省、山东群盗，其所劫，必赃吏猾胥之财"，并于数起劫案事发之后仗义代群盗受过。这一事例本身，无疑就是"镖匪一家"的写照。若非如此，镖行的生意也的确难以维持，遭殃者仍是商旅。官府认可镖行与盗匪暗中交往、相互关照，既是出于维护自身利益和无奈于政治腐败，亦在于迫于经济流通的需要。相反，对于镖行而外的平民贿盗祈安之举，官府就往往以"通匪"之名加罪，乃至弄到官逼民反境地。据《清稗类钞·战事类》载：

> 广西女寇王九姑，某乡总董妻也。光绪朝，有游匪大股入乡，董自揣力不敌，则馈以银米，使安然自返。其后有人诬指董通匪，某令率兵赴乡，捕董及其子。严押久，严讯无实据，欲释之，勒令捐银三千两取保回乡。九姑闻之，告其姑曰："良民无辜幽囚，王法何在?"即日负姑赴省上控，半途，乃闻其夫及子均已枉杀，则又负姑归里，变产集资，招亡命，至上海购毛瑟枪三百枝，纠众倡乱，所向无敌。平日不戮一人，亦不掳掠百姓财物。凡遇官兵，奋勇直前，率众冲陷，势不可遏。女党魏五嫂、曹三娘，其部将也。五嫂、三娘皆悍猛无比，每战必胜。提督患之，使人劝之投诚，九姑对使曰："无所谓投诚，但使我夫及子生，即顺从矣。"大吏屡招降，每对皆如是。时右江道王某屡与王九姑战，皆北。

实可谓只许官匪勾结，不许民贿盗保家；苛政猛于虎，民不聊生，岂能不被逼反！王九姑本良民之妻，终被逼成寇，而镖行公然交结江湖匪盗以维护官府及商贾利益而被认可，所持完全是两种截然不同的政策。

然而，匪盗总归是匪盗，镖行仍不失拒匪的一种力量。叶仲钧《上海鳞爪竹枝词·绑票》有道"绑匪到处竟横行，肉票为他生意经。害的富翁心胆怯，纷纷雇佣保镖人。"据载：旧时沪上，绑案迭出，南市郁氏，以富赡著称。郁葆青、郁元英父子外出时，则特聘两名镖师同车护卫。而且，郁氏父子还打扮得同镖师一样装束以遮人耳目。① 也就是说，镖行尽管与江湖匪盗有着诸般复杂关系，其毕竟是以受雇防御匪盗劫扰为职事的行当，拒匪、抗匪乃其立业之本。

①郑逸梅《艺林散叶续编》第138页，中华书局1987年。

四、镖师的侠骨与武德

若以文字记载为据，中国镖行仅历经明清两代，前后存在大约 500 多年。

尽管镖行同江湖匪盗的关系一如侠与盗那么错综复杂、纠葛不清，也毋庸讳言其于官、匪之间客观上充当的是何种微妙角色，但就其总体的社会作用而言，仍不能不说是适应并有利于明清两代经济发展的要求。镖行就是因这种特殊需求应运而生的。

虽然镖行从业人员的成分、背景参差不齐，甚至或有一些鸡鸣狗盗之辈，但镖行毕竟是武林高手和名侠荟萃之所。几百年里，数代镖师以其侠骨与武德弘扬了中华武术文化传统，有力地净化和规范着非主流文化中的侠文化意识，为之增添了许多富有积极意义的光彩。凡此，均充实、丰富了中华传统文化宝库。在考察中国镖行历史轨迹过程中，很有必要通过有限的材料探寻一番镖师们的侠骨与武德风采。

1. 弘扬国术

国术者，中华传统武术也。

远在商周时代，中国武术业已成为一种有意识、有目的及有组织的社会性活动。先秦，《庄子·说剑篇》载："昔赵文王喜剑，剑士夹门而客三千余人，日夜相击于前，死伤者岁百余人，好之不厌。"《韩非子·五蠹》所谓"侠以武犯禁"，"其带剑者，聚徒属，立节操，以显其名，而犯五官之禁"，说明了武侠精神的形成。从此，武侠精神不仅作为一种情操与意志的自然流露，获得广泛的社会共鸣，而且成为本民族理想人格的象征，更被视为中华武术的优秀传统，在武林中世代传承。

"侠以武犯禁"，往往持有超群的武功。镖师以其超人的武功作为保镖的基本条件，被视为"尖挂子"（具有真本事的武艺人）。任何一家生意盈门的著名镖局，无不拥有一批武林高手充任镖师。新镖局开张的"亮镖"，实质是江湖社会对该局镖师武术实力的一次考察。亮镖的成败，决定着这家镖局生意场上的命运，成则兴，败则只有关张大吉。因而，能否顺利走成头趟镖，无论对镖师还是镖局的前途，都是一次严峻的考验。个中，镖师，尤其是镖头（大伙计）的武术功底，至关紧要。

蜚声中国武术史的著名秘宗拳第六世传人霍恩第（1836—1917）（霍元甲之父），当年曾以保镖为业，为富商充当镖师。霍恩第，祖籍河北省东光安乐屯（属沧州地区），世居天津静海小南河村（今属天津市西青区南河镇）。霍恩第武艺超群，出神入化，是燕青拳（又称秘宗拳）第六代传人、掌门人。他经常走镖关东道上，从未失过手，亦因此与不少强人结下"梁子"（结仇）。因此，四十多岁后他便退出镖行，回乡务农并教子侄们习文练武。

当然，对于已在武林、江湖声名显赫的镖师来说，由于先声夺人的威慑效应和江湖朋友的关照，亮镖这一关似乎还好过一些。但是，对于那些初出茅庐、乍闯江湖的镖师而言，无疑关系重大。因而，既有亮镖受挫从此一蹶不振者，也不乏借亮镖成功而声震江湖、名扬武林的英雄。

著名武术家吴斌楼（1898—1977），就是以一趟镖鹊名武林并为弘扬国术奋斗了一生的高手。吴斌楼出生于河北蠡县齐庄农村，自幼拜师曾获清朝皇室"御翻子"封号的铁腿魏赞魁学武十余年，未出师即已声噪乡里。1915年，十几岁的吴斌楼带着师傅的一纸荐书，只身离乡闯荡江湖，最后落脚北京谋生。当时的京城，武林高手汇集，一个乍闯江湖的乡下后生也想跻身此地，谈何容易。他很幸运，遇到了一次一显身手的机会。那是直皖战争期间的1920年，北京某镖局于惨淡经营中好不容易地揽到一笔保镖生意，却不料接镖的镖师突然患病，非常着急。这时，先农坛附近的一位道士以同乡身份向镖局保荐了吴斌楼。吴斌楼以初生之犊不畏虎的气概，一口应承下来。对于镖局，虽非初次亮镖，却也是镖行业不景气之际难得的一笔生意。对吴斌楼说来，则是与亮镖一样的出山考验。结果，走镖顺利成功，还凭其抡动如飞的九节鞭和娴熟的鞭里加刀招法，在"以武会友"中一举荣获"花鞭吴斌楼"美誉，名扬京城武林。此后，吴斌楼创办了艺林国术研究社，授徒习武，独树一帜。1935年，在中山公园五色土演武会上，吴斌楼同当时的恒寿山、赵鑫渊、刘德胜、刘月亭、王荣标、尚云祥等老武术家一起，被授予了"十老武术家"

的荣誉称号。吴斌楼以长拳著称，刘月亭说："不知道吴斌楼，
就等于不懂长拳。"1939年，他被当局指定参加了武术代表团赴
日比赛，并点名要他迎击日本武术名将嘉廷真雄的挑战。吴斌楼
果然不负众望，三招两式即大败嘉廷。成为中国武术史上的一段
振奋国威的佳话。当年，吴斌楼住在白塔寺宫门口时，鲁迅住在
附近的阜城门内西三条胡同。鲁迅欣赏吴斌楼的武功，送他两柄
亲笔题字的折扇作为纪念。在一次全国运动会后，吴斌楼结识了
著名爱国将领冯玉祥，冯将军亦亲笔手书条幅相赠。这些，无疑
都是对吴斌楼弘扬国术、振奋国威业绩的褒勉。①

在中国武术史上，有些著名武术家或著名拳术即出自镖师世
家。著名的拳术"连手短打"，即为一例。

连手短打，俗名"勾拐子"，属长拳短打类型。这种拳术大
手套小手，小手穿插手，抬手带打手，一手接一手，含有挨、
帮、贴、靠、勾、挂、捆、冲、劈、砸、截、崩等徒手搏打动
作；手法严密，迅速敏捷，劲健有力。其特点是：披身小架，手
脚肘膝不敲大门，开小门，不出远门，守家门；技击时，招快，
进快，退快，是一种具有较强的实用性的拳术。这种拳术，为沧
县人刘占山家传。刘占山的祖父曾是沧州镖局的镖师，其父刘洪
奎（绰号刘膘子）在天津附近护过院。作为这套家传拳术的传
人，刘占山曾从军担任武术教官，从而将"连手短打"贡献给了
社会。② 镖师以武术为保镖资本，借鉴各路武术技艺创造出独有
的实用性套路，无疑在于增强了自身的职业适应能力。在以谋生

---

①详见张家瑞编《北京武林轶事》第246—254页，北京燕山出版社1987年。
②刁云太《中国武术史》262页，人民体育出版社1985年。

立世为直接功利的同时，实实在在地丰富了传统武术宝库，为弘扬中华民族文化建功立业。

除名昭青史者外，一个民族的文化主要是由那些无名的普通人的创造、传承积淀而成。无论是主流文化还是所谓精英文化，无不来源于历代非主流的民间文化这一广博而坚实的基奠。因而，提倡弘扬传统文化，不仅在于鼓励有选择的继承，亦在于激励人们脚踏实地的积极创造，将之供给社会和历史去汰选、评说，力求能汇入文化积累之中成为共同的财富。

著名的形意拳师、"李氏三杰"之一的李文亭，不仅本身是一代著名镖师，其父李钧、祖父"花刀李"李鉴也都是清末以来的著名镖师。当年，李鉴因击败当时号称打遍天下无敌手的旗人武术家李恭而誉满武林，民谣说："南京到北京，把式数李恭，一遇花刀李，狡兔如见鹰。"

形意拳，即心意六合拳，相传为宋代著名爱国将领岳飞所创，但无确切根据，或系后世伪托。据考证，形意拳当由明末清初姬隆风（1642—1697?）所传。据清代河南府李失名、新安王自成等所撰《六合拳谱》序称："拳之类不一，其端不知创自何人？惟六合出于山西姬隆风先生。先生明末人也，精枪法，人呼为神。先生谓：'吾处乱世，执枪卫身则可。若处平世，兵刃消灭，倘遇不测，何以御之。'于是变枪为拳，理会一本，形散万殊，拳名

万通镖局创始人李存义（1847—1921）

六合，前后各有六势。一本者何？心之灵也。万殊者何？形之变也。六合者，心与意合，气与力合，筋与骨合，手与足合，肘与膝合，肩与胯合，是谓六合。前后各六势，一势变为十二势，十二势仍归一势。余从学郑氏，得姬氏传，虽未臻佳境，而稍得其详，分为十则，以诲弟子，不敢云能接姬氏传也。"据评价，形意拳的总体特点是：动作简单，结构严密，攻防清楚，用力充实，姿势稳固，急速起动，节奏格外分明。[1]

《李存义武学辑注》（全三册《岳氏意拳十二形精义》《岳氏意拳五行精义》《三十六剑谱》）书影

万通镖局创始人李存义（1847—1921），字星阶，原名存毅，又名存义，字肃堂，河北定兴县人，姬氏形意拳的第八代传人。曾在保定开办万通镖局兼收徒授艺。参加义和团，奋勇杀敌，每战必先。八国联军侵华时，53岁的李存义毅然投身义和团抗击外虏，无惧洋枪洋炮，手持单刀上阵，奋勇当先。1900年，他曾率众夜袭沙俄侵占的天津老龙头火车站，痛杀守站俄兵，他一个人便手刃沙俄洋兵十几人，"单刀李"威名不胫而走。晚年弃镖行，

---

[1]刁云太《中国武术史》230—231页，人民体育出版社1985年。

专事授徒传艺。宣统三年（1911），与弟子叶云表一起在津门创办了中华武士会，并由弟子出任会长。著有《岳氏意拳十二形精义》《岳氏意拳五行精义》《三十六剑谱》等武术专著。

李文亭在名师李存义的精心传授之下，加上他刻苦研习、持之以恒，终获形意内功精髓，成为中国武术史上一代著名形意拳师，名扬武林。李文亭的形意内功技法，尤以"五花炮""劈拳""扑掌"等见长。他的"虎扑子"击胸之术，出掌快、下力猛，势所难当。民初，李文亭在天津辅佐师傅李存义兴办了"天津中华武士会"，专事授徒传授形意拳。1918年，李存义以70高龄离津返乡，李文亭便

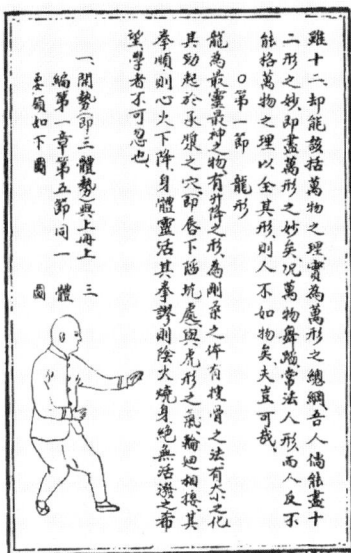

李存义《岳氏意拳十二形精义》
第一节"龙形"书影

主持该会继续授徒传艺。1928年，在南京举行的首届全国国术比赛中，李文亭被聘为裁判委员会委员，其高徒唐凤台也荣获比赛第三名。

李文亭出身于世代镖师的武林世家，其家传绝技尤其是20岁以后练就的形意内功拳术，自然成为其保镖生涯的有力资本。至今，北京武林仍流传着李文亭走镖出入虎穴、化险为夷的轶闻佳话。

一次，他保镖乘船沿水路去山东，途经一个岸口，当镖

船靠岸约八尺多远，就听哨音一响，岸边树丛中蹿出一群土匪，妄图扣船劫镖。有个匪徒见李星阶站立船头，举枪就射。就听"叭"地一声，李星阶身子一闪，跟着一个趔趄，好似被枪弹击中，可当他快要栽倒在船板上的瞬间，突然足尖一点，纵身跃起，一下子从船头跃到岸上，以迅雷不及掩耳之势，伸手抓住那匪徒的枪管，用力一拧，挥臂一抡，枪托正中对方脑袋，匪徒应声倒地。这一连串闪电般的动作，把周围十几个匪徒都惊呆了，一个个木鸡般地站在原地，谁也不敢妄动。这时，外号叫"小阎王"的匪首认出了李星阶，赶忙上前作揖道："哎呀，原来是李镖爷，小的有眼不识泰山，请您多多包涵。""小阎王"一边赔礼一边将李星阶请上山寨，并设酒宴款待。席间，"小阎王"说："久闻李镖爷身手非凡，今日一见，果然名不虚传。"李星阶笑道："明枪易躲暗箭难防，要不是我闪得快，这条命就送给你们了。"说罢，伸手撩起衣褂，只见衣褂上被枪弹射穿了一个洞，而皮肉分毫无损，匪徒们个个惊叹不止。

还有一回，李星阶护送几辆满载珠宝绸缎的镖车到关外。那时正值日俄战争期间，东北三省均被日寇侵占，在关外走镖是非常危险的。李星阶护着镖车一连数日兼程，生怕遇上日军。这天刚走出山林，他发现路上有车辙马迹，便令镖车停下，转身对同行的徒弟说："你们暂且在这儿隐蔽一下，待我前去探探路，如果我一个时辰之后还不回来，你们速绕道而行。"说完，他独自向前走去。李星阶刚走去四五百米远，就被两个埋伏在山石后的日本兵捉住。原来，他误入日军阵地，日本兵以为他是俄国奸细，便押送他去司令部受审。李星阶自知落入虎口，凶多吉少。可身后有两个荷枪实弹的日本兵用刺刀顶着他的脊背，一时又难以脱身。当他被日本兵押到一座小山下，他突然身子往下一蹲，跟着转身就是一记崩拳，将一个日本兵击下山坡。另一个日本兵"哇"地大叫一声，端着刺刀向他扎来，李星阶身子一闪，伸手一拨枪筒，飞起一脚将这个日本兵也踢下山坡。接着，他举起一块约有二百多斤重的巨石，对准山坡下的两个日本兵狠狠砸去。眼看着那两个日本兵脑袋开了花，他才回去追赶镖车。[1][2]

保镖与夺镖，是"明挂子"同"暗挂子"智与勇的较量，最终则是以武艺论胜负成败。所以，走镖非"尘挂子"则寸步难行。镖行以武功为资本，武林高手汇集。除外出走镖、护院外，镖事即以习武、授徒为事。学人士子讲究"以文会友"，武林豪客则习惯"以武会友"。于是，镖行就不时有访友比武的江湖客人造访。来人往往直言相告，不为告帮，专来领教。"行家伸伸手，便知有没有"。三招两式，即知彼此功夫高低了。不打不相识，由此成为江湖朋友，置酒款待，叙叙友谊，切磋技艺；临走，镖局还会送点钱物。如逢武术功底好的，镖行往往邀其留下帮忙或从业，扩充实力。清代北京会友镖局的镖师李天成、张立本、张化三等，就是通过这种"以武会友"而留在镖行从业的。至于镖师们长年走镖、护院在外，通过"以武会友"结交多少武林豪杰、江湖朋友，就更多了。艺高胆壮朋友多，是镖师从业"立万儿"（站住脚，有声誉）之本。

---

[1] 张宝瑞编《北京武林轶事》第 268—269 页，北京燕山出版社 1987 年。
[2] 刁云太《中国武术史》262 页，人民体育出版社 1985 年。

在冷兵器时代，镖行以武术为立业之本，不仅使民间武术群英得以组成一种直接跻身于社会经济活动之中的特殊行业，同时也以其必须进行的练武、用武活动繁荣了中华传统武术，有力地促进了这一国术的发展。继唐宋之后，明清两代是中华传统武术集大成的繁荣时期，此间镖行的兴立也以其特定的行业组织形成突破了统治者禁止民间习武的政令，合法地推动了武术的发展，成为荟萃诸路武林高手、传承武艺的大武馆。

2. 行侠尚义

江湖武林向以行侠尚义为美德，对于以堂堂正正的"明挂子"自居的镖行武士来说，当然更注重这种品格。它既关系镖师的声誉，也直接与当行生计密切相关。著名镖局宁可生意冷落亦不肯受雇为下流娱乐去处保镖，即反映着镖师崇尚侠节的心态。若以行业道德而论，至少可谓自尊自爱。在一向有以货币作为馈赠物习惯的文化环境里，能如此自律实属不易。

历代镖师的行侠尚义不仅为镖行树立了良好的职业道德和行业形象，也为武林增添了美妙神奇的光环，被人们视为一种勇战邪恶的行业群体力量。如果说"侠以武犯禁"，那么镖师这一特殊的武侠职事群体，则又兼具以武制御"犯禁"的一面。也就是说，镖行的从业武士所体现的武侠性格具有复杂的两重性。

然而，在民间广为流传、深受赞赏的，仍然是镖师们行侠尚义的主体精神。甚至，即或以侠勇著称的镖师一时受挫，亦不失其侠义光彩。《虞初新志》所辑明徐士俊《汪十四传》所载汪十四走镖送美人归故事①，即反映了世人的这一心态。

汪十四者，新安人也，不详其名字。性慷慨激烈，善骑射，有燕赵之风。时游西蜀，蜀中山川险阻，多相聚为盗。凡经商往来于兹者，辄被劫掠。闻汪十四名，咸罗拜马前，愿作"护身符"。汪许之，遂与数百人俱，拥骑而行。闻山上嚆矢声，汪即弯弓相向，与箭锋相触，空中堕折。以故绿林甚畏之，秋毫不敢犯，商贾尽得数倍利。而白梃之徒日益贫困，心忮之，而莫可谁何也。

无几时，汪慨然曰："吾老矣！不思归计，徒挟一弓一矢之勇，跋履山川，向猿猱豺虎之地以博名高，非丈夫之所贵也！"因决计归。归则以田园自娱，绝不问户外事。而曩时往来川中者，尽被剽掠，山径不通。乃跟跄走新安，罗拜于门外曰："愿乞壮士重过西川，使我辈弱者可强，贫者可富，俾啸聚之徒大不得志于我旅人也。壮士其许之乎？"是时汪十四雄心不死，遂许之曰"诺！"大笑出门，挟弓矢连骑而去。于是重山叠岭之间，复有汪之马迹焉。

绿林闻之咸惊悸，谋所以胜汪者；告诸山川雷雨之神，当以汪十四之头陈列鼎俎。乃以骁骑数人，如商客装，杂于诸商之队而行。近贼巢，箭声飒沓来。汪正弯弓发矢，而后有一人，持利刃向弦际一挥，弦断矢落。汪忙迫无计，遂就擒。擒入山寨中，见贼党咸持金称贺，然犹意在往劫汪之护行者。暂置汪于空室，絷其手足，不得动。俟日晡，取汪十

---

① 清初张潮（张山来）《虞初新志》卷二徐士俊《汪十四传》。

四头，陈之鼎俎，酬山川雷雨之神。

汪忽瞠目，见一美人向汪笑曰："汝诚豪杰，何就缚至此？"汪且愤且怜曰："毋多言！汝能救我，则救之，娘子军不足为也！"美人曰："我意如斯。但恐救汝之后，汝则如饥鹰怒龙，夭矫天外，而我凄然一身，徒婉转娇啼，作帐下之鬼，为之奈何？"汪曰："不然。救其一，失其一，亦无策甚矣。吾行百万军中，空空如下天状，况区区贼奴，何足当吾前锋哉！"因相对慷慨激烈。美人即以佩刀断其缚而出之。汪不遑起谢，见舍旁有刀剑弓矢，悉挟以行。左挈美人，右持器械，间行数百步，遇一骑甚骏，遂并坐其上。贼人闻之，疾驱而前。汪厉声曰："来，来！吾射汝！"应弦而倒。连发数十矢，应弦倒者凡数十人。贼人终已无可奈何，纵之去。

汪从马上问美人姓名。美人泣曰："吾宦女也。父为兰省给事中，现居京国。今年携眷属至京，被劫，妾之老母及诸婢子尽杀，独留妾一人，凌逼蹂践，不堪言状。妾之所以不死者，必欲一见严君，可以无恨；又私念世间或有大豪杰能拔入虎穴者，故踌躇至今。今遇明公，得一拜严君，妾乃知死所矣！"汪曰："某之重生，皆卿所赐，京华虽辽远，当担簦杖策卫汝以行。"于是陆行从车，水行从舟，奔走数千里，同起居饮食者非一日，略无相狎之意，竟以女归其尊人，即从京国返新安终老焉。老且死，里人壮其生平奇节，立庙以祀，称为"汪十四相公庙"。有祷辄应，春秋歌舞以乐之，血食至今不衰。

[张山来曰：吾乡有此异人，大足为新安生色。而文之夭矫奇恣，尤堪与汪十四相副也。]

篇中，对镖师失手丢镖这一失职之过毫无责怨之意，却于记述其豪侠技精的同时着力渲染仗义报恩的侠节，可见世人对镖师侠勇总体印象之一斑。

不过，也有江湖义士仗义出手帮助失手镖师的事例。例如《清稗类钞·眇僧用五毒功》所载眇僧为少年镖师向恶鱼牙复仇故事。

　　嘉庆时，湖州练市镇有拳师濮焕章，名甚著，尝应聘四方，后年老倦游，乃家居。邻有鱼牙沈大，孔武有力，能以一手断奔牛脊骨，亦粗通拳脚。性横，好斗。所居近塘为南北孔道，一日，有商载巨资泊舟河下，二少年保镖，登岸市鱼，偶与沈忤而相竞，为沈击败，天明解维去。

　　越岁余，镇忽来一眇僧，折臂跛足，若不胜衰迈者。日乞于市，经沈门，沈呵叱不去，不与，强索。或劝之行，僧曰："余索钱，以时之久暂论数之多寡，此间居士当厚我偿。久立，庸何伤？"沈闻，大怒，骂曰："秃贼将诈我耶？"直前批其颊。僧闪过，骈二指捺沈臂，曳之。沈被曳，遽出槛外，复腾一足起，未及中僧，反颠仆数尺外。僧乃疾趋而去。濮时适倚门闲眺，睹状大疑，追及僧，揖而问曰："老和尚何来，与沈何仇？"僧笑谢无他。濮曰："是必有故，愿无深讳。"僧始自言从少林寺来。因转诘姓氏，濮告之。僧拱手致敬曰："慕盛名久矣，既承下问，焉敢固秘？烦代寄声沈某，曩年遭击之二镖师，小徒也，彼如欲活，须于明日往龙翔寺方丈觅余，过午，则行矣。"濮骇问何功，曰："此名五毒功，异人传授，不在寻常武艺之中。学此术者，平日搜罗虺蝮等最毒之物和药啖之，使毒气深入肌里，功行既足，凡以一指着人肤者，其人七昼夜后皮肉悉化脓血，无药可治。然余有秘方，可愈也。"濮巫为沈详述之。沈初不信，既而渐觉僧所捺处微痒，搔之，觉甚适。而创痕渐阔，皮肉应指腐落，血流衣袖，作深黑色，始大怖。乘夜奔至龙翔寺，果得僧，即长跪乞命。僧诮让良久，然后徐徐出药一丸，如龙眼大，令调水服之，笑曰："愈矣。"沈拜谢而返，臂创果愈，但痒处黑毛丛生，剪去复茁。

甚至，还有"义贼"亦出手助阵镖师的离奇故事。例如《清稗类钞·贼以翦绺术慑盗》所载贼以翦绺术协助护镖故事。

贯城李者，京师镖局之一，《施公案》所云神弹李五后是也。有某甲者，居与邻，其人向为翦绺贼，辄身怀二钱，磨治其半边，至锋锐，骈夹两指间，垂手行闹市，锋交，割人衣囊，盗银物，无觉者。心艳走镖者之丰于获也，一日，请于主人曰："君家客之间关无阻者，徒恃君家帜耳，谁则不能者！我试为之，可乎？"主人审其素行，揶揄之。甲固请。适有雇人护资往南方者，主人以客尽出佣，无以应。甲在旁自陈愿往，主人不得已，许之。临行，嘱曰："君虽猝任事，不审盗情，然盗睹吾家帜，必无害。惟或以新相识邀君过饮者，宜急却勿往。"语半，且戏语之曰："诚知君雅善探人囊，然慎无探盗窟也。"甲闻之，亦自哂。

中途，甲遇盗，睹贯城李帜，疑甲为李氏素所识客，乃邀甲过家宿，甲坦然承之，盗固疑其有恃矣。已，抵盗家，盛供张，肃之首坐，群盗左右环坐侍饮。酒酣，盗引一觞进，曰："君李氏客，必有异能。"甲固逊，一盗又曰："君今无过谦，非得式瞻君威者，吾侪不与君行矣。"语渐侵迫，甲乃谢曰："幸有薄技，应得供诸君一噱。"语毕，起便旋，绕座右下，归，自座左上。酒数行，盗又请曰："君妙技可得瞻乎？"甲哂曰："盍各视君辫。"群盗知有异，亟反手引辫，不获，大惊相索视，发种种尽为人截取，不知何往矣。甲乃徐出之袖，累累陈案上，盖甲素所习鬋缔技然也。群盗不测所为，罗拜曰："君诚神人也。"自是，甲名大著，为人护财货，所至无敢犯者。

世人对镖师的好感是出于对其武德的敬仰与信赖，是将其视为武侠之辈。因而，一当现实中遇有不合这种武德规范的镖师行为，其形象就会径被另位武侠取代。这种现象，事实上也是一种移情武侠于镖师的体现。客观而论，镖行不可能个个是英雄豪杰，镖师亦难得都行侠尚义。有时，人们对一种事物的挑剔，也是一处爱惜。

试以清吴炽昌《客窗闲话·难女》所记一段轶事为例：

> 余舅金氏，以大海之洋行为业，自置洋船五，在东西洋贸易。每船必有标客，以御盗贼。甲子春，船将开行，大宴标客，招优演剧，甚盛设也。标客自然首坐，傲睨一切。余舅命其子侄陪宴，皆少年好事之辈，见客倨甚，窃窃私议，欲试其能。半酣小歇，肃客入园散步，坚请试其技。客左右顾，见道旁有卧柳，曰："此碍步，请为公子去之。"迅以掌

劈柳，木截然中断，如斧劈者，众皆咋舌。

当其时，有淮阴难民过境，沿肆乞钱。内有处女，矫矫不群，亦随众募化。至洋行，轻薄之伙，以一钱投之。女怒，叱曰："视汝姑为何如人，而以一钱戏之耶？今日罚汝千钱，不然，吾不行矣。"随坐大门槛，以阻人出入。时脚夫运糖包至，每包约重百七八十斤，皆壮而多力者。肩之疾趋，至大门，见女碍路，喝之起。女故张其肱阻之。脚夫怒，作失手势，以糖包压之，女无惧色，左抵右抛，如弄丸然，纷纷飞出市头，反将群夫击退。女大怒曰："汝曹欺压孤女，使之内伤，罪在不赦，非多给钱养伤，事不能已矣。"时吆喝声达于内，主人止戏，客亦出现。少年共议曰："可观客之长矣。"随激客曰："我等观此女之力，恐无敌于世，客能退之否？"客视女弱甚，曰："吾以二指提之出矣。"攘臂而前，女以一掌拍客胸，跌去数丈，入柜内，如菩萨座。内外哗然。老主人出，命仆扶客人，以千钱赠女，好言慰之去，方叱少年滋事。入视标客，已从后户遁矣。

显然，这是对某些心高气傲的镖客的一种讽刺。孰知山外有山，天外有天，居能自傲自古就不是武侠传统，走镖闯江湖者尤忌自以为走遍四海无敌手。此间，那女丐俨若侠女。在男尊女卑的文化传统中，这无疑是对那些有失侠勇风范的镖师的儆戒。同时，那"标客"可以掌劈柳，论说武功亦谓不浅，然欲借强技以对"弱女"，则有失武侠英雄本色。

在留传至今的众多有关镖师的轶闻、传说中，更多的仍是镖师们仗义行侠的英雄美谈。

例如，在今河北省武安、涉县一带，至今仍流传一句歇后语——赵老亮进县城，闹到台上了——其民俗语源，即出自一则关于当地著名镖师赵老亮仗义行侠、打抱不平的民间传说。

传说，赵老亮生于清同治年间武安县南端庄里村（今属邯郸市峰峰矿区），因自幼丧失双亲，由伯父赵穆抚养成人。武贡生出身的赵穆有一身好武功，曾任太行五路镖师，因膝下无子，就把一身本事悉数传给了侄子赵老亮。老亮十五六岁时，已是身轻如燕、能击掌断木了。赵穆谢世后，老亮即凭这一身家传武功到山西当了镖师，并投在人称"铁胳膊"的著名镖师张老烈门下学习许多新功夫。赵老亮走镖几十年后，离开江湖回乡耕田度日，也把那多年养成的镖师侠勇带了回来。

这个春天，听说武安县城来了一班大戏，主要是名扬漳河南北的"黑锤"，一时轰动了全县。正好田里活儿不紧，老亮就会同好友苏岳去城里看戏。谁知，二人赶到搭在城中心斜塔下的戏台前却见一片冷清，好生奇怪。一打听，可气坏了老亮。原来，城里万盛当的三掌柜聂吊眼看上了"黑锤"的女儿，要讨去做偏房。"黑锤"不依，当即被人称"三阎王"的三掌柜依仗一只手能举起马石台的功夫给暴打了一顿，砸了戏，把戏班押进了当铺。在江湖上当了多半生镖师的赵老亮，岂能眼见如此仗武欺人而不理呢！第二天上午，赵老亮同苏岳来到万盛当，声称"黑锤"的女儿前年已同老亮儿子定婚，如今听说这父女都押在这里，特来领人，免得发生误会。三阎王哪里肯依，三说两说，决定到戏台上当众比武决胜负。一时间，戏台被围个水泄不通，很多人都在为老亮这小老头担心，又都期望他是个能杀三阎王威风的高手。只听老亮站在戏台上拱手说道："我叫赵老亮，城南庄里村人。只为万盛当明火执仗欺负'黑锤'，我路见不平，要与聂吊眼比试。赢了不说，若是我叫打死了，求父老们把我的尸首掩埋掉，我在这千恩万谢了。"说罢就迎战起三阎王来。几个回合下来，三阎王已知不是老亮对手，冷不防使出"白蛇缠兔"绝招拦腰抱住老亮，试图置其于死地，却被老亮一招"紫竹撑节"反倒撑断了三阎王的肘关节。就在事先埋伏的一群恶棍叫喊着欲捉赵老亮之际，只见他一脚跺折一块台板，把三阎王从板缝中扔下戏台，然后纵身跳下台去跑出南门，走了。那边关押的"黑锤"父女，早被苏岳趁虚砸了当铺救了出去。老镖师仗义行侠救难镇邪，县衙无奈，人心称快。于是，便化入口碑成了一句远近人们喜闻乐道的歇后语："赵老亮进城——闹到台上了。"①

清光绪末年，河北冀县开德胜镖局的梁振普，也是一位仗义行侠誉噪武林的著名镖师。当年，他在京城仗义勇救宁夏回族汤瓶拳高手于纪闻女儿于云娘的侠举，至今仍在北京武林传作佳话。

梁振普是当时直隶冀州（今河北冀县）城北后冢村人，7岁即拜秦凤仪为师练弹腿，14岁到京城跟在东大市开估衣庄的父亲学生意，又借做生意之机投师肃王府护卫总管、八卦掌宗师董海川门下习武，功成，江湖人称"估衣梁"。

光绪二十五年（1899）春，西城西四附近的恶霸赵六宅院，夜里常有女子惨叫声传出，邻居们议论纷纷。宅主赵六原是九爷府里当差，后投靠八大胡同赚了钱。赵六打得一手好镖，人称"金镖赵六"，还在手下养了五名会形意拳的狗腿子赵龙、赵虎、赵豹、赵蛇、赵鹤。赵六仗着这些横行霸道，无恶不作，成为当

---

① 农民苏立新67岁时口述，庄礼教收集整理，见曹广志编《河北武林故事》第141—148页，中国民间文艺出版社1985年。

地一霸。平时即对赵六恶行非常愤恨的梁振普，听到人们的议论，仗义勇为、好抱打不平的侠义性格促使他决心探个究竟。这天夜里，他换身夜行衣摸进赵家大院，刚潜听到赵六、赵龙议论着要加害永定门外马家堡脚行头王长林，以便把脚行夺为己有；又见赵虎回报说已同八大胡同天香楼掌柜谈妥价钱备车正欲干什么事。于是，他尾随赵虎进入赵家私设的水牢，只见里面关押着一位奄奄一息的姑娘。梁振普上前逼住赵虎一问，方知这姑娘是汤瓶拳高手于纪闻之女于云娘。于云娘在寻找来京城武林访友的父亲时被赵鹤骗进赵宅，赵六是个好色之徒，欲纳云娘为妾。云娘不从，扬手打了赵六，于是每天夜里便传出拷打云娘的惨叫声。今夜，就是要把她卖到妓院去的。梁振普闻罢义愤填膺，于是朝赵虎嘴里塞上破布锁进牢笼，把于云娘救出了火坑。

　　天亮后，梁振普又想起赵家欲杀人夺脚行的阴谋，顾不上同弟子招呼一声就只身朝永定门外的马家堡奔去。一到那里，只见脚行工人已同赵六带去的 20 多名恶奴混战成一团，有的被赵六飞镖袭倒在地仍被殴打不止，眼看工人们不敌恶棍，梁振普上前大声喝止："你们想霸占脚行是不义之举，又毒打不会武功的工人是罪上加罪。"于是，赵六率恶奴们围上他交起手来。厮杀中，梁振普以其侠勇和武功一气打死了赵六及其手下的龙、虎、豹、蛇、鹤等恶奴，为京城除了一霸。结果，他自己却被关进了刑部死牢，多亏弟子李国泰奔走打点才保住性命。次年，八国联军入侵北京，他和其他狱囚借官吏大都出逃之机越狱逃回老家隐居。事过重出之后，除开镖局走镖，即以传授八卦掌为事，卒于乡里。然而，"估衣梁"当年的侠勇至今仍是老北京们津津乐道的一段武林轶事。[1]

3. 御辱扬威

相对对内仗义行侠、扶弱抗暴而言，对外御辱扬威则是武侠性格所显示的固有民族气节。

镖行英杰持守民族气节御辱扬威，是其侠节的又一重要层面。

在封建制度下，封建意识是社会正统文化的核心意识，皇帝及宫廷府衙是民族与国家的象征。由于主流文化对非主流文化的制导作用，便产生了以进入或事从居主导文化的社会阶层为荣的正统价值观念。身处文化社会阶层下层的镖行及其武士在这种观念的作用下，当然要把能为帝王官宦和官府银货保镖视为当行的荣耀，既显示了自身的社会地位，又是当行生意发达的标志。就当行切实利益而言，获得上层社会的青睐，便会在有相当保障的条件下赢得更多、更稳定的经济效益。因而，镖行往往都乐于为官方提供各种保安服务，就在于文化观念与经济利益双重因素的主导作用。

清光绪二十八年（1902），慈禧太后等从西安避乱还京，京城兴办皇会表示庆贺。"镖局子里头有头有脸的都加入表演拳术和各种武艺。慈禧在颐和园里看会，园子外面，搭着大棚，一共有二百来起玩艺。玩艺多，慈禧看不过来，就由主事人开上单子，交给六部堂官让慈禧过目。她要看什么玩艺儿，就按着单子

---

[1]详见张家瑞编《北京武林轶事》第118—123页，北京燕山出版社1987年。

传进去，当着她的面表演一回。"① 会友镖局不久前刚刚率徒征剿夺皇杠镖银的盗首宋锡朋凯旋的著名镖师李尧臣，也被慈禧点名当场舞了一回八仙庆寿剑，并当场赐其一柄长穗镶金宝剑作为奖赏。② 这无疑增加了这位镖师及会友镖局的声望地位。

然而，也有些镖师宁肯弃武种田也不愿再护卫商贾们投机钻营所获钱财，甚至皇帝亲请充当保镖亦坚持不就。这，显示了武侠性格与主流文化相冲突的又一侧面。据传说，清乾隆皇帝一次出巡经邯郸时，听说武安县龙泉村有位赫赫有名的拳师武泉仁。此人当镖师的时候，上至京城，下至黄河沿岸，各路盗贼均不敢劫他的镖车。乾隆想召武泉仁充当出巡的随行保镖。但是，武泉仁虽经皇帝三次微服访请仍坚持不从。皇帝无奈，只好作罢，赐黄马褂一件，以师傅相称。③

镖行武侠虽兼有愿为朝廷服务而又不乏反主流的对抗意识，他们有时可以漠视皇帝或与官府抗争，但在事关民族、国家荣辱利益面前，却充满了御辱扬威的坚贞气节，显示着可贵的民族侠节。

著名形意拳大师李星阶，在袁世凯称帝后终日忧国忧民，毅然结束了在沈阳开设的常胜镖局到北京武林访友习武。有一天，他经过东单体育场，这里已被外国侵略军占作练兵场院，看到人们正在围观几个日本兵练剑。他上前看了，不禁一阵哈哈大笑。笑声触怒了练剑的日本兵，递过一把剑要同他比试高低。李星阶正想为中国人扬威出气，当即欣然应允。那日本兵一剑迎面劈

---

①李尧臣《保镖生活》，《文史资料选辑第75辑》，文史资料出版社1981年版。
②据张家瑞编《北京武林轶事》第260页，北京燕山出版社1987年。
③详见《河北武林故事》第198—201页，中国民间文艺出版社1985年。

来，李星阶从容横剑挡过，随即一抖腕子就来个"海底捞月"，剑锋点中对方手腕，那日本兵惊叫一声就把剑丢在了地上。当其他日本兵赶来时，李星阶早已无影无踪了。不过，这场扬我武威大快人心的侠举，很快传遍京城。当时被软禁在京的蔡锷将军听后十分赞赏，并因此与李星阶结成好友。后来，李星阶随蔡锷兴兵讨袁，官至营长。抗日战争时，李星阶回故乡担任抗日自卫队副队长，率众出生入死转战定兴一带抵御日寇侵略。这些，均显示了一代形意拳宗师、著名镖头的民族气节。①

关于奉天镖局，民间有多种说法。有人说，形意拳大师李星阶曾在奉天"常胜镖局"（沈阳）当过镖师。

作为武林高手的镖师，不仅言传身教了无数高徒，也往往造就了富有御辱扬威品格的侠勇家风。有时，连其子女也濡染了这种品格。清末镖师邓魁之女邓剑娥，就是这样一位镖门女侠。据《清稗类钞·技勇类》所载：

> 光绪初，张家口有镖师邓魁者，能传其始祖鸣谦之业，善剑术枪法。有女曰剑娥，年十四，魁以逐马贼中伏枪死，乃代其业，有年矣，矢志不嫁；能立马上击空中雕鹗，枪无虚发，皆贯其目，其他无伤也。一日，忽告母曰："火器盛行，武技渐绌矣。盗之器械皆视我为精，今惟以情谊名誉羁之耳。父果以何而殒命乎？生活之资今已粗具，不如改业之为愈也。"母诺。乃买田奉天西关外，闭门以居。

> 庚子，娥年二十余矣。俄军南下，奉母避田野。母旋

---

①据张家瑞编《北京武林轶事》，北京燕山出版社1987年。

卒，未及葬，一日，俄将入其家，见娥，将拥之以行。娥微
笑曰："能抱起我，当从汝。"俄将竭其力，迄不能撼。须
臾，娥稍振其衣，俄将顿颠出十步外，大怒，叱之，从卒争
趋而前，娥直立如故，卒皆仆。俄将出小枪将发，娥亟夺
之，握之于右手，而左手挟俄将，力掷之于地，使跪，复蹈
其背，俄将方哀免之。从卒已回营，告其伍，须臾，众至，
俄将伏地呼曰："若曹今惟乞和耳，否则吾先不免。"俄将之
妻方为看护妇，亦在军，因随众而至，为之再三乞哀，娥令
立誓，旋释之。

蛮横俄将试图恃强施暴弱女，岂知竟遭一位侠勇女镖师持节
御辱，技穷威尽，丑态毕露，大快人心！

凡此，弘扬国术，行侠尚义，御辱扬威，尽显五百年中华镖
行武士的侠骨与武德。

4. 女镖师不让须眉

通常，武术是男士的天地，但也不尽然。有清一代镖师之
中，不乏女镖师的身影英姿。且看《清稗类钞》中的记述。

如《清稗类钞·某妇以针刺毙人》所载女镖师绝技击退武林
贼故事。

丹徒武举文某善拳术，力举数百斤，气不喘，面不赪，
道光时人也。一日，过广陵，口渴，欲得杯水，苦无茶肆。
逡巡入破寺，则见一老僧趺坐蒲团，文乞饮，不答，击之，

拳着其胸如棉，而手大痛，亟长跪求恕。僧始张目曰：何卤莽乃尔？吾，峨眉十八郎也。尝事一师，吾与同学凡十八人，皆擅绝技，余次十八。一日，次十二、次十三者告于师，谓有夫妇二人南下，保镖银数百万，南下欲劫之，虑勿胜。诸人争欲助之，跪于师前，求下山，师许之，余亦与焉。余既行，止潼关外某山以俟之。旋知镖抵关内一逆旅，众议即夜劫之，漏初下，命余先往探。既至，跃登其卧室之屋顶，窥知其夫醉卧，妇方倚灯制履，银车列榻后。余惴惴，方恨诸人不至。惟见妇时以针抹头上油，或就窗上刺之，既而妇忽仰首曰："十八郎可下。"余心知不可逃，揭瓦而下。妇启窗，指庭中曰："速移之返，否则余夫醒，汝亦危矣。"盖庭中有十七人之尸也。余乃肩十七尸越关出，检视各尸，仅眉心有一刺痕，盖妇以针刺窗时，即十七人中针而殒矣。葬事毕，余披剃为僧，今七十矣。子其猛省乎！"文汗流浃背，即辞归。

再如《清稗类钞·李云娘拒汪公子以全贞》所载李云娘行侠仗义成镖师事迹。

李云娘，密云人，父卖酒自给。年十八，嫁密云参将汪某之仆工忠。康熙时，汪解任将归，行李累累，惧盗掠，谋于忠。忠归，与云娘言。云曰："余请效武士装，卫主以归。"汪因以云娘为卫，途屡遇盗，常以一身却敌。汪得归故乡，德云娘，留之于家。其子欲逼之，云娘绐之曰："妾有夫在，于公子不利。若善遣忠，而以礼纳妾，幸也。"公子遂厚赐忠，遣赴远役。择日治筵，宾客满堂，将行合卺礼。云娘忽易戎装，操白刃出，立堂上，以刃拟公子，数曰："尔家建高牙大纛，顾不能为国家卫百姓，靖寇氛，至以囊橐累予。予一妇人，奋身为尔卫辎重，千里跋涉，主臣之义，为报者至矣。今乃欲行不义，污我清白身，其速受予刃！"奋起欲斫。公子长跪自投，客相率不敢动。云娘因向门外大呼云："汝曹速入！"即有贫民数百人踵门进，云娘以刃指公子曰："予为尔家卫财，为庸既多，然予不愿受报，今宜出三之一，惠此贫民。违者血此刃！"因举刃作势。公子唯唯，即发箧，以财帛赠贫民。云娘遂出门，门外立二长须客以待，相将乘马去。忠自是亦不复反。后二十年，有人见之京师，忠设镖局，云娘为客保镖，往来关西，积赀致富，所至群盗咸畏慑不敢近。

又如《点石斋画报·姑嫂保镖》所载：

绍兴某大家自言其先世某方伯曾在滇南开藩，当引疾将归时，心虑道远金多，或遭不测，闻该处镖师张某名，聘之护送。张适远出，其家中子妇及少女利其重聘，应招而至，约酬金若干。各跨一健骡，悬铁胎弓鞍旁，行万里若涉坦途。既抵绍，方伯心谓女子有何武艺，徒以大言欺人，中悔，欲减半酬之。两女变色言曰："我张氏铁胎弓累代驰名。前在某山某隘，皆盗薮也。所以帖然者，以我两人从耳。"遂策骡至教场，张弓取铁丸对弹，但见两弹相触，铮然迸落，连发二十余丸，无一参差者。观者骇绝，方伯无言，付金如数而去。

《点石斋画报·姑嫂保镖》图

再如《点石斋画报·妇女保标》所载：

《点石斋画报·妇女保标》图

北路素多马贼，杂以游匪光棍，沿途抢劫为患，行旅出其途者，咸有戒心。设遇行囊充裕、辎重繁多，必雇著名镖师为之保护，方可平安无事。此北地所以有镖局之设也。然亦有身手高强，不入镖局，非得重聘，不肯轻出者，初不在男女老少，形迹年岁之间也。其有以妇女而能挺身以出者，皆由其父兄手法相传，独得衣钵，决非漫无本领者。故强梁见之，每不敢轻于尝试。谁谓巾帼中无英雄哉。去腊某日，天津浮桥一带有某姓镖车四五辆，中载贵重货物，一妇人年逾四旬，身绺火枪踞坐车前，大呼而过。观者粲然曰："此保镖能手也。不图钗环中见之，不甘雌伏而效雄飞，亦足为若曹生色矣。"

甚至被视为"盗尼"的佛门侠尼反倒竟也训诫镖师莫"多杀人"。如《清稗类钞·盗尼戒多杀人》所载镖客失手义尼故事。

徽州汪某以勇称，有大贾延之为镖客，卫之入陕，道逢显宦挟重资，约同行止。抵旅舍，甫解装，有童子来投宿，系骑于门外，趋至汪前，曰："若囊中物，皆攫取而来，予当攫取而去。明旦君若缓发，恐见骇也。"汪讶而不敢言。夜过半，呼起行，诿为倦，请后，约去远，乃就道。十里入山径，见车驮狼藉，童子坐岩上，指溪以示汪，皆死人也。汪大骇，童子曰："此去山路恶，可速行。"汪叱众急趋，以贪程，失住处，彷徨谷中。见山堰有草庵，求栖宿，一比邱尼年四十余，引至堂东小室曰："栖此，夜间多虎狼，勿乱窥，骡马置苑后，无妨也。"一更许，闻扣门，徐闻尼曰：

"取不义物也，馘其魁，何得多杀人，忘我戒。"即闻以杖击物声。汪众悚惧，未及晓，束装，谢尼而行。

5. 慈禧率"两宫西狩"出逃获得光裕镖局
接待、保护逸闻公案考

公元1900年发生八国联军入侵中国的庚子事变之后，慈禧太后挟光绪皇帝于当年北京沦陷次日仓皇逃往西安，美其名曰"两宫西狩"的一路多有种种故事，特别是途经贯市村受到村民和光裕镖局东家接待、保护的故事，迄今仍为世人津津乐道。近年来，一些书籍和报刊等媒体，时或打开这个百余年前的话题。例如下面数例。

[日] 中川忠英主编
《清俗纪闻》中的骡轿图

其一，金易、沈义羚著《宫女谈往录》的记述。

清光绪二十六年、庚子年七月二十日（公元1900年8月14日），八国联军攻破北京城。翌晨，慈禧太后和光绪皇帝以及后妃、王公大臣等共一千多人，匆忙而狼狈地出德胜门逃出了北京，经贯市、怀来、宣化、太原等地，于九月初四日（10月26日）逃至西安，史称"两宫西狩"。根据慈禧太后贴身宫女何荣儿的回忆①，七月二十一日这天：

---

① 金易、沈义羚著《宫女谈往录》第38—46页，故宫出版社2010年。

太阳落山的时候，我们来到一个大的庄子，后来知道叫西贯市。

西贯市是个较大的村子，往街里一看，青砖房子不少。在这兵荒马乱的年景，可谁家也不愿收留我们。再说这村里住的全是回民，风俗习惯全不一样。他们在生活上不愿和汉民掺杂。李莲英等商议的结果，是村头上有个旧的清真寺，年久失修，已经废了，变成了场院，有几间房闲着，我们就住在这里。老太后也很愿意。已经累了一天，都愿找一个地方歇一歇。

清末民初的骡驮轿

夏天的天空灰沉沉的，下弦月已经落到西南角下。这个镇甸很安谧，因为都是回民，有专一的信仰，信奉其他道门的事是很少的，所以骚动也不大。从我们到来，这地方的男人、妇女、孩子看热闹的人极少，跟我们闲谈时，追根问底的人根本没有，可见这村子的人很懂规矩。

　　合眼眯糊一小会儿，天就亮了。我赶紧爬起来伺候老太后，生怕老太后病倒就麻烦了。还好，老太后和皇上全都很好，我们才放下心来，堵心的事又发生了，夜里不知什么人弄水，把汲水的瓦罐子摔碎了。越忙越添差错，赶忙托人到街里用银子买个旧的。这已经是天大亮了，不知是什么风声漏了出去，街里的大户人家知道这批住的人是太后和皇上，送来了几屉刀切馒首。不是一般的圆馒头，是四方的，用板刀切成块的馒首。还有骰子似的、小方块的咸菜，两桶小米粥。这真是雪里送炭。他们不敢说是贡献给老太后和皇上，因为知道宫里头礼仪森严，只说是给下人们的。另外，知道要行山路，特意奉献三顶骡驮轿。

《慈禧西逃时曾坐骡驮轿》一文骡驮轿插图

　　我无论如何也忘不掉这些新鲜事儿。这都是我没经过和没见过的。所谓骡驮轿并不是骆驼拉着的轿车，与骆驼一点关系也没有。说确实一点儿，是骡子背上驮着的一种轿。只是不用人抬，是由两匹骡子一前一后、在两个骡子中间的背上搭成一种轿。前面的骡子等于辕骡，是管掌握方向、择选道路的，后面的一个叫跟骡，紧跟辕骡后面，不许脱节、保持稳定的。这两个骡子都是老搭档，训练有素的。平常没有驯练的骡子是不行的。这种驮轿，没有畜拉轿车那种颠簸之苦，又比人力抬轿走的速度快，能上坡下坡走窄路，最巧妙的是，当头骡拐弯的时候，轿下面有个圆盘，能随着旋转，叫转盘，使驮轿保持平稳。骡驮轿在西北地方是大户人家的主要交通工具。西贯市街里的大户人家一气奉献给三乘骡轿，是很可观的了：这要有六匹骡子，三个脚夫，当这兵马荒乱的年景，总算是很豪气的了。

慈禧西逃时受过"恩宠"的百姓

我还要顺蔓说下去，据说西贯市的这个大户姓李，是个开镖局子的，习武出身，很有点侠义味，在这一带很有点名气。最值得佩服的，他派了个向导，姓杨，40上下岁，极精明。我认识这姓杨的，因为后来他一直送我们到张家口北，路途时间长了，所以有所了解。据说镖车一到城镇时，要大声呼喊，叫亮字号，行话叫喊趟子，喊的人叫趟子手，姓杨的就是个趟子手。这些事都是沿途增长的新知识。

骡驮轿很高，在轿尾带有个脚踏凳，我们把脚踏凳拿下来，搀扶着老太后登着凳上了轿。老太后第一乘，皇上第二乘，皇后第三乘。就这样离开了西贯市。又重新雇了辆轿车，给我们侍女坐。从此告别了蒲笼车，因为它走得慢，赶不上轿车的速度，所以不要它了。

要记住，这是老太后第一件最宽心的事，自离开宫以后，居然有人给奉献东西了，怎能不让她老人家欣慰呢！

古书上说"穷猿奔林，岂暇择木"。慈禧的夜宿西贯市，大有点这种意思吧！

又据祖籍西贯市村的李佩伦《骡驮轿·西贯市》一文称①，慈禧逃出北京后的第一站是落脚在位于出西直门经海淀、温泉，北上居庸关的道上南来北往要冲之一、以李姓为大族的回民村西贯市村。该村为官、经商、习武者极多。李家开有东、西光裕两个镖局，慈禧仓皇逃到西贯市村时，正值光裕镖局东家李子恒在家，便把家里的骡驮轿献出，并派同村人的镖师杨巨川作向导，护驾西行。"两宫回銮"后，慈禧还朝不忘旧事，封杨巨川为引路侯，授李子恒为新疆伊犁县令。

其二，古彧《镖局春秋》的记述②。

历史上人人皆知的"两宫西狩"就是一个例证。清朝末年，北京贯市著名的家族式镖局李家，就曾经走过一趟官民不分的特殊的"护驾"镖。当时八国联军攻入北京，慈禧太后和光绪皇帝仓皇出逃，身边连护卫的军队都没有，李家镖局的名声慈禧太后在入宫前就已有耳闻，并知道李家的骡轿乘坐起来十分舒适，两宫途经贯市时，便向李家求援。李家慌忙用黄布围制了两乘骡轿献给慈禧太后，并为老佛爷保驾

---

① 转引自金易、沈义羚著《宫女谈往录》第45—46页，故宫出版社2010年。原系篇末原注：1986年6月7日《北京晚报》载有祖籍西贯市村李佩伦先生的《骡驮轿·西贯市》一文，称：慈禧逃出北京，第一站是在西贯市村落脚。……西贯市是以李姓为大族的回民村，因它位于出西直门经海淀、温泉，北上居庸关的道上，是南来北往要冲之一，故村里为官、经商、习武者极多。光裕行本为李家开的镖局，有东、西光裕两个字号，慈禧仓皇逃到西贯，正值光裕东家李子恒在家，便把家里的骡驮轿献出。同村人杨巨川作向导，护驾西行。慈禧还朝不忘旧事，封杨巨川为引路侯，授李子恒为新疆伊犁县令。此文可作参考。

② 古彧《镖局春秋》第5页，朝华出版社2007年。

护航，直赴太原。后来两宫由西安返京之后，慈禧太后念他们献轿护驾有功，不但使李家受了皇封，而且获得了殷实的赏赐。之后每当新春，李家便赶上大车，扯起黄旗，进宫进贡或领赏，一路上招摇过市，声威大振！并因此落得了个"御前镖户"的美称。虽然李家暂时行使了御林军的职责，但是"御前镖户"这种家族式的镖局毕竟是民间组织，而不是由统治阶级组建的官方御林军。

其三，春云《慈禧西逃时曾坐骡驮轿》的记述①。

慈禧西逃时路过昌平西贯市村，夜宿村头的旧清真寺，村里的大户人家知道这批人是太后和皇后，送来不少吃的，另外还特意奉献了三顶骡驮轿，为的是走山路方便。这三乘骡驮轿是慈禧自离宫后第一次收到别人向她奉献的东西，因此对她来说可算得上是西逃路上最宽心的一件事。

这三乘驮轿，一乘慈禧用，一乘给皇上，还有一乘供皇后使用。骡驮很高，在轿尾带有两个脚踏凳，每次慈禧上轿，都要宫女搀扶着她登着凳子上轿。

慈禧就是坐着这种轿子走出居庸关的。

其四，陆杨《驮起了一个迷茫的时代送走了一个王朝的背影西贯市村及西贯市清真寺》的记述②。

庚子前夕，京城里外义和团运动，如火如荼。八国联军

---

①春云《慈禧西逃时曾坐骡驮轿》，《文史月刊》，2014.4。
②陆杨《驮起了一个迷茫的时代，送走了一个王朝的背影：西贯市村及西贯市清真寺》，《时尚北京》2014.1。

驮起了一个迷茫的时代
送走了一个王朝的背影
西贯市村及西贯市清真寺

玉米是如今人们最常见不过的粮食了，其实玉米很早就成为美洲人的主要粮食作物，直到1492年哥伦布发现新大陆以后，玉米才传到旧大陆各国的。大约在明朝，玉米传入中国，而玉米在一开始就叫"玉米"吗？它的名字又是怎么来的呢？这要从慈禧太后"西狩"说起，而说到"西狩"又不得不提到西贯市村和西贯市清真寺那"贯市一夜"。

栏目主持　图片提供：助铺

《驮起了一个迷茫的时代，送走了一个王朝的背影：
西贯市村及西贯市清真寺》一文篇首书影

攻进北京，慈禧太后带着光绪皇帝出逃，名曰"西狩"。光绪二十六年七月二十一日（1900年8月14日），慈禧一行出德胜门经海淀，小憩于颐和园，穿过崎岖难行的红山口，从望儿山下北上过温泉，晚7时抵西贯市村。

慈禧所以选定西贯市村有四个原因。其一，她少时待选入宫，曾途经这里，是她进入京师，走进皇宫的最后一站。离开西贯市村之后，才开始了天地悬殊两种社会角色的转换。其二，西贯市村拒绝义和团，不与之为伍。对义和团又恨又怕的慈禧把选定西贯市村作为"西狩"第一站，当在情理之中。其三，慈禧一行，仓皇出逃，几无近卫，而闻名京畿，名震武林，且有六大镖行的西贯市村，在此危亡时刻足可护驾卫国。其四，从皇宫出逃已十几个小时，大家饥渴难挨，寻个较大村落安顿，较富足的西贯市村当是首选。

西贯市村的村民得知圣驾临幸，由村中族长李锡伦率村民迎驾于村南马家坟。进入村中，慈禧梳一汉头，身着蓝布衣裳，俨然乡间村妇，却是威仪不减，令人生畏。进村之时，各家门户紧闭，屏息无声，唯恐惊驾。

　　慈禧等住进了西贯市清真寺，因为这里不与村民杂处，最是清静安全。据金易著《宫女谈往录》记载："西贯市是个较大的村子，往街里一看，青砖房子不少，可谁家也不愿收留我们。再说这里住的都是回民，他们在生活上不愿和汉民掺杂。"这也是慈禧住进寺内的原因之一。

　　慈禧进入清真寺大殿，见到殿上悬挂康熙御旨，纳头叩拜，而后在大殿里召开了御前会议。慈禧坐在靠椅上用满语斥骂光绪及诸亲王，众人无不垂手恭听。这把靠椅，后来被村民视为御座，予以保存，"文革"中不知所终。

　　慈禧一行突然来到西贯市村，急忙备膳，煮鲜玉米吃最为便捷，稍后，村民蒸熟了玉米面窝头。慈禧何尝如此饥饿过，捧吃着热腾腾的大窝头，甚觉可口。便问这是什么做的？李莲英答："这是棒子做的。"太后听罢说道："这么好吃的东西为什么叫'棒子'，改叫'御米'吧。"从此棒子有了御封的新名，久而便写作了"玉米"。

　　当晚，慈禧住在西贯市清真寺的大殿里，光绪及后妃睡在配殿，其余人等住进民宅，士兵随从露宿街头。

　　明清以来，西贯市村多出武人，千人左右村落竟开了六大镖局，名声赫赫长城内外。其中东光裕镖行、西光裕镖行，名列京师八大镖局之中。因李姓家族镖业兴隆，名闻遐迩，长城里外，皆知侠义回回"贯市李"。

　　当年慈禧起驾继续北行，当时西光裕镖行东家李锡均为慈禧和光绪准备了数乘骡驮轿，为减少颠簸之苦，在轿中放置银锭若干。真正用意是路上以备急需，因不敢公然向天下至尊施舍，便托词以银锭压轿。

村民杨巨川自告奋勇为慈禧一行引路，他只是个普通农民，从未远行。走后，村人都为他本不识路捏一把汗。其实，他只需把圣驾从乡间小路引到昌平县城即可，此时武官员已从京城赶来护驾，之后走上官道，线路分明，已无需再引路。而真正以镖师身份护驾者正是西光裕镖行东家李锡均。由此慈禧圣驾一行路经南口，出居庸关，经宣化、大同直奔西安，终化险为夷。

两年之后，圣驾回銮，慈禧念杨巨川忠勇可嘉，因其非文非武，便封个虚衔"引路侯"，在村中盖个府邸，月月赴京领些俸禄。赏赐李锡均二品花翎顶戴，封为浙江补用道。

慈禧回銮北京，想起了那顿玉米面窝头。便传旨御膳房做出西贯市村的窝头。御厨们深知此时的太后吃不出被饿煞时的口味，又不敢违旨，便以栗子面为主，精心配制，做成了不足寸高的小窝头，颇得太后赞赏。清朝灭亡，御厨们便将这小窝头做法带出宫外，流传开来，成为京城名点。

慈禧回宫后一直难忘西贯市村的那一夜。她让人在颐和园的谐趣园西边，按照西贯市村农舍样式建造了坐西面东房舍五楹，并亲题"乐农轩"匾额。皇家殿堂都是坐北面南，乐农轩却以西为上。这和她的西贯市"清真寺情结"不无关系，因为西贯市清真寺大殿就是坐西朝东。慈禧还在房前空地上辟出菜畦、麦地，周遭围以竹篱，不时率领近侍在此学农，并让御膳房用自己种的玉米做窝头。

慈禧回京之后，立即兑现离村时的许诺，为重修西贯市清真寺赏银二十四万两。可惜，取银人将银票存于志诚银号，未及取用，银号关门，全部银两被坑。此外，慈禧又亲赐金字匾额"灵感昭著",以为表彰。追随其后,光绪赐匾"忠谕亲上",庆亲王匾"奥妙无穷",肃亲王匾"涵虚味道"及另两个重臣的匾"造化精微"和"主宰万有",只容百余人的大殿,却有朝廷六块大匾,实为国内罕见。不过这些文物,早已是灰飞烟灭。

其五,《镖局:旧事新提》的记述[1]。

要说北京贯市著名的李家镖局,那就是被天上掉下来的皇差给砸着了。

1900年8月16日八国联军进北京屠城前,西太后逃得比百姓快、太监逃得比太后快、御林军在洋人攻到东华门之前早已溃不成军。15日清晨6点,慈禧带着光绪及储君大阿哥溥俊一行发不及簪地仓皇出逃。

太后和光绪一行落荒之时忽然想起了这个名声在外的昌平贯市李家镖局,李家的声名西太后在娘家做玉兰姑娘时就有耳闻,而且还知道李家的骡轿比别家的宽敞,于是命李家来走这趟皇差。

李家哪有过如此奢侈的想象,马上用黄布把骡轿裹起来,以配两宫的身份。这次李家镖局一路尽忠保驾在侧,直到把两宫送至太原。

一年后太后从西安回銮并没有忘记李家镖局的护驾之功,给了李家皇封,还赐了殷实厚赏。这一具有政治和经济意味的厚赏被李家很好地使用起来——此后的每个新春,李

①杨东晓《镖局:旧事新提》,《新世纪周刊》2008.8.30。

家这一家族式的镖局就赶大车、扯黄旗，从昌平进京、进宫，又是进贡又是领赏，一路招摇广而告之。于是在坊间，李家镖局就有了"御前镖户"的名号。

镖解皇杠是最令镖局欢欣的业务，押过皇杠的镖师还会被封个八九品的武官虚衔，有了这个护身符在路遇匪盗之时，就可以持"路引"去调动周边官府或驻军解围。

李家镖局当然就不只是八九品了。有些镖头年纪大了有了些积蓄，还可以买到个二三品的虚职，养老、给镖局拿去当路引都可以更好地办事。但无论如何，纵然是李家那样真正地受了皇封的镖局，还是民间组织的性质。

其六，北京民间传说《"两宫西狩"与西贯市》的记述[①]。

昌平区阳坊镇的西贯市是北京较大的回族聚集区，前几天，我和友人开车路经这里，看到沿途楼房林立，路上车水马龙，让我思绪万千。不由得联想起清朝末年"两宫西狩"的历史往事。

公元 1900 年庚子之乱，八国联军入侵我国，北京沦陷。慈禧太后挟光绪皇帝于当年七月二十一日清晨，只带了几个贴身太监，宫女和护卫、乘着两个驮轿、几辆骡车仓皇逃往西安。昌平州西贯市雄踞京北交通要道，地处南口与温泉之间，是帝后二人前往西安的必经之地。当日一行人走到这里，天色渐晚，再往前走就要进山了，所以决定当晚就在西贯市过夜。当地回民麻兆庆（字毓斋）是位鼎鼎有名的秀

---

①李金龙《北京民间故事传说》，北京邮电大学出版社 2018 年。

才，也是《昌平外志》的作者，平日见多识广，博才多学。他见帝后二人幸临，不敢有丝毫怠慢，急忙找来了清真寺里年青的"海里凡"（阿訇的继任者）白锡荣和众乡老商议，为他们一行人在寺里精心安排了食宿。还特意为慈禧和光绪预备了具有地方特色的回民茶点和沐浴的汤水，侍奉的十分小心周到，使惊魂未定的慈禧和光绪颇受慰藉。白锡荣见帝后二人由于动身仓促，他们所乘的骡轿空间狭小，一路颠簸坐着不大舒服。就把因制作骡轿而享誉京城的"西贯市李"家的李恩涛叫了来，吩咐他们连夜为帝后各做了一乘新的骡轿，还特意用黄缎子布围了一圈。"老佛爷"次日一早，看见门前停放的两乘宽大的新骡轿，高兴得喜出望外，赞不绝口。在她看来，蒙难之中，有大清子民敬献黄轿子，这是大吉大利的先兆，意味着大清朝国运尚存。在帝后二人起驾时，西贯市的众多回族百姓纷纷前来送行，贯市李家还从家里挑了几个身手不凡的伙计，其中有镖师杨巨川，让他们沿途护驾，一直把帝后护送到了太原。这西贯市李家是习武世家，李恩涛又是北京前门外西河沿"西光裕"镖局总镖头，远在雍正时期，就出过一名人称"神弹子"李五的老镖师，曾声名大振。所以，慈禧在逃往西安的途中，夜宿西贯市给这位大清朝的老佛爷留下了很深的印象。

光绪二十八年（1902）一月慈禧回銮北京后，首先召见了西贯市清真寺的海里凡白锡荣，要赐予他官职，但白锡荣借口身任教职坚辞不受。慈禧太后念他忠心耿介，改赐白锡荣红翎官帽及黄马褂一套。并亲笔题写了"灵感昭著"，由光绪帝御题了"忠谕亲上"，制作成金字大匾，赠予给了贯市清真寺。随后又下旨，让当地官府为贯市清真寺修建了两座井亭。还派专人赶赴门头沟三家店御窑厂，命他们制作了三套殿脊宝瓶和黄色琉璃兽，分别赏赐给了贯市清真寺、牛街礼拜寺和白锡荣"海里凡"的家乡河北高头清真寺。另外，为了感念贯市李家献轿护驾之功，特下了皇封褒奖，赏四品顶戴，给予实惠的恩惠。连给老佛爷牵骡子赶车的镖师杨巨川也被受封为"引路侯"。

白锡荣海里凡最终成了民国时期的著名阿訇，至于慈禧太后当年赏赐给牛街礼拜寺的几件礼物至今也仅存一二。我最后想说的是，这段百余年的往事，不应被淹没在历史的尘埃中。

其七，《爱国爱教，彪炳千秋——北京昌平区西贯市清真寺解读》的记述①。

北京市昌平区西贯市清真寺是一座有 500 多年历史的古寺。据碑文记载，该寺始建于明弘治七年（公元 1494 年），此后，明嘉庆、万历年间都有扩建重修的记录。清朝入关后，从康熙四十八年（公元 1709 年），雍正、乾隆、道光，直到光绪、宣统历代也都有扩建、修葺的碑文记载。现存的寺门就是雍正年间建的。但它的光辉历史却是因为 1900 年"义和团"运动失败，八国联军攻占北京后的"贯市一夜"，穆斯林爱国爱教的壮举而载入史册，彪炳千秋的。光绪二十

---

① 文刀《爱国爱教，彪炳千秋——北京昌平区西贯市清真寺解读》，《中国穆斯林》2009.7。

六年七月二十一日（公元 1900 年 8 月 14 日），在八国联军
攻占北京的腥风血雨中，慈禧太后、光绪皇帝为了避免被俘
的噩运，于清晨五时偕王公大臣出德胜门，仓皇逃出京城，
经海淀、颐和园过百望山，晚七时左右辗转到达贯市。贯市
村当时约有上千人口，大都是李、张、麻、杨等姓氏回族村
民。贯市村坐落在西山脚下，是京城通往长城古道上的一个
重要隘口。回族群众经商尚武，远近有名。千人小村竟有六
个镖局，威震京师的八大镖局中，贯市村的东、西裕镖局占
了两席。清朝政府，对外丧权辱国，对内残酷镇压西北、西
南回民起义的暴行，早就激起了各族人民特别是回族群众的
极大仇恨，尤其著名的回族镖师、反清义士大刀王五为救谭
嗣同而惨遭杀害，更使他们义愤填膺、誓与腐败的清政府不
共戴天。面对惶惶然如丧家之犬的清廷王室，是乘火打劫？
还是尽臣民之义隆重接待？村民们深明国家之命运悬于一
发，在民族危亡之际，外敌当前，他们选择了后者，以国家
利益为重，以中华民族的整体利益为重，遂由老族长李锡伦
为首率众于村南马家坟迎驾。"清真寺是真主的房子"，在穆
斯林的心目中是最神圣、最洁净的地方。除了念经礼拜外，
是不能随意出入，更不许外人居住的地方。然而清真寺院子
大，房子多，平时比较干净卫生，又有沐浴室（水房）。什
么是爱国爱教？"爱国是伊玛尼的一部分"又如何体现？面
对实际的严峻考验，清真寺阿訇、乡老与全村穆斯林毫不犹
豫地腾出清真寺，让慈禧、光绪帝驻跸。当晚，清廷就在清
真寺内召开了御前会议。慈禧在大殿内就宿（这在伊斯兰教
的历史上也是破例的），光绪皇帝与瑾妃在配殿安歇，其他

大臣随扈或住民宅或在牛棚、车房住下。村民拿出了自己舍不得吃的羊肉、鸡蛋、菜蔬供朝廷享用。出逃已达十四五个小时，艰苦跋涉七十余华里的慈禧、光绪一行口干舌燥，饥不择食，"吃嘛嘛香"。《庚子国变记》真实地写下了当时的情形："日暮，抵昌平贯市，上及太后不食已一日矣。民或献蜀黍、以手掬之。太后泣，上亦泣。"据传，宫廷御膳栗子面窝头就是慈禧在这里吃了棒子面窝头后才做出来的，棒子是慈禧御用后改称御米，御、玉同音才有了今天的玉米这个词。第二天，即七月二十二日（公元1900年8月15日），御驾西行。贯市村民拿出粮食400石，银两数千，骡车二十辆帮助朝廷解决一路银、粮之不足。村民杨巨川为御驾引路，镖师李锡均护驾，大队人马经大同到达西安。慈禧太后、光绪皇帝、瑾妃坐的是镖行献的骡驮轿。这种轿不用人抬，将前后轿杆固定在前后两匹骡子身上，载人载物，速度快，稳当不颠簸，骡子耐力强适于长途运输，比人抬轿要好得多，没想到给太后、皇帝派上了用场。亲历庚子之变的翰林院编修吴鲁（1845—1912年）在他的《百哀诗》中写道："清真古寺驻銮舆，野老欢欣献旨蔬，报效千金供御用，转输百石发仓储，艰难惩怂开言路，涕泪纵横读诏书。太息疆臣受恩重，养尊衙署各深居。"客观记录了"贯市一夜"的真实情况，深切讴歌了贯市"野老"在国难当头的关键时刻，义无反顾地献出了自己的一切，无情鞭笞了那些养尊处优的高官大吏"深居"自保的丑行。两年后，慈禧、光绪乘火车从西安经保定回銮北京后，首先对贯市接驾、护驾等有功人员论功。

凡此种种，多属关于慈禧庚子出逃北京途径贯市村受到村民和光裕镖局东家接待、保护的逸闻，其实，也是一桩历史公案，特别是中国镖行史应予关注的一桩公案。

中央民族大学回族学者李佩伦教授有感于"慈禧西狩第一夜，又是唯一的一次住在民间，贯市村从此进入文人笔下。道听途说，胡编乱造，充斥坊间，并延伸到银屏舞台"，因而，"作为出生于贯市的一个回族学者，我的种种述说，或能正视听，祛妄言"，发表了《贯市李及贯市清真寺考略》① 专文。文中写道：

> 北京昌平区西贯市村是我的故乡，从颐和园，向西北行，经青龙桥、温泉，便可到达，全程 30 余华里。村东二里有东贯市村，为汉民村。两村交谊往来，数百年间，从无龃龉。西贯市村回族人口占 95%，另有汉民多居于村西。回汉村民之间，从无芥蒂。以诚以敬，如同一家。
>
> 村中，回族有李、康、黄、麻、张诸姓，而"李"则为村中大姓。明清以来，西贯市村多出武人，因李姓家族镖业兴隆，名闻遐迩。长城里外，皆知侠义回回"贯市李"。
>
> 我的曾祖父李玉成，字正轩，出身寒微，受雇于前门外西河沿一家镖局，义和团火烧大栅栏，而后大肆抢掠，曾祖李玉成凭着武功打退几个强人，使东家未有毫发损失。
>
> 在民国之前，贯市人多经商者，读经者，以武谋生者。千人左右村落竟开了六大镖局，名声赫赫长城内外。其中东光裕镖行、西光裕镖行，名列京师八大镖局之中。

---

① 李佩伦《贯市李及贯市清真寺考略》，《回族研究》2006.3。

到庚子前夕，京城里外"义和团运动"如火如荼。八国联军攻进北京，慈禧偕光绪皇帝出逃，名曰"西狩"。贯市人才走上了这场演绎国难的舞台。

光绪二十六年七月二十一日（1900 年 8 月 14 日）晨 5 时许，慈禧一行出德胜门经海淀，小憩于颐和园，穿过崎岖难行的红山口，从望儿山下北上过温泉，晚 7 时抵西贯市村。慈禧所以选定西贯市有四个原因。其一，她少时待选入宫，曾途经贯市，是她进入京师、走进皇宫的最后一站。离开贯市之后，才开始了天地悬殊的两种社会角色的转换。她对贯市怀有旧情。其二，贯市村拒绝义和团，不与之为伍作"乱"。对义和团又恨又怕的慈禧把选定贯市作为西狩第一站，当在情理之中。其三，慈禧一行，实乃中华帝国国命所系。她仓皇出逃，几无近卫。而闻名京畿，名震武林，且有六大镖行的贯市李，在此危亡时刻足可护驾卫国。其四，从皇宫出逃已十几个小时，70 里的颠簸，大家饥渴难挨。寻个较大村落安顿，较富足的贯市村当是首选。

贯市人得知圣驾临幸，由村中族长李锡伦（1885—1911），字恩涛，率村民迎驾于村南马家坟。进入村民眼中的慈禧梳一汉头，身着蓝布衣裳，俨然乡间村妇，却是威仪不减，令人生畏。进村之时，各家门户紧闭，屏息无声，唯恐惊驾。我祖母李晋英时年 14 岁，从大门门缝里看到了这群特殊"难民"的狼狈。慈禧等住进了贯市清真寺，因为这里不与村民杂处，最是清静安全。

村民杨巨川自告奋勇为慈禧一行引路，据老人们回忆，他只是个普通农民，从未远行。走后，村人都为他本不识路捏一把汗。其实，只须他把圣驾从乡间小路引到昌平县城即可。因为，不少文武官员已从京城赶来护驾，此后走上官道，线路分明，已无须杨氏引路。而真正以镖师身份护驾者正是西光裕镖行东家李锡均。两年之后，圣驾回銮，慈禧念杨巨川忠勇可嘉，因其非文非武，便封个虚衔"引路侯"，在村中盖个"府邸"，月月赴京领些俸禄。赏赐李锡均二品花翎顶戴，封为浙江补用道，后随一位将军督抚新疆。

贯市人的骡驮轿驮起了整个一个王朝，驮起了一个迷茫的时代，驮起了中国人在近乎绝望中最是无奈的唯一的希望！

慈禧回京之后，立即兑现离村时的许诺，为重修贯市寺赏银廿四万两。可惜，取银人将银票存于志诚银号，未及取用，银号关门，全部银两被坑。

慈禧又降旨御窑烧制琉璃宝瓶二，琉璃狮子四十，分赐给西贯市寺和河北无极县高头清真寺。原来驻跸贯市寺时，阿洪蔡万春是无极县高头村人。因其接驾有功获得七品顶戴，并为故乡高头清真寺赢得了这一宝瓶赏赐。至今寺内碑文和村民口碑皆盛赞蔡氏。贯市、高头两寺相距千里，殿顶形制相同。

此外，慈禧又亲赐金字匾额"灵感昭著"，以为表彰。追随其后，光绪赐匾"忠谕亲上"，庆亲王匾"奥妙无穷"，肃亲王匾"涵虚味道"及另两个重臣的匾"造化精微"和"主宰万有"，只容百余人的大殿，却有朝廷六块大匾，实为国内罕见。这些文物，已是灰飞烟散，只留下了重重的拆毁的噪声。

慈禧一直难忘贯市村。她让人在颐和园内谐趣园之西，按照贯市村农舍样式建造了坐西面东房舍五楹，并亲题"乐农轩"匾额。墙基为虎皮石，房顶为青石板瓦，门窗朴拙，绝无彩画雕饰。皇家殿堂无不坐北面南，乐农轩却以西为上。这和她不忘贯市寺大殿不无关系。如今贯市村旧的瓦舍已荡然无存，在这世界瞩目公园里，让世人在历史的回眸中，望见了古老的贯市的一角。

其八，《慈禧太后与高头清真寺宝顶》的记述①。

京郊西贯市清真寺宝顶，与河北无极高头清真寺宝顶形制相同。

凡在回族聚居区域，清真寺并不鲜见；而无极高头清真寺，则有与众不同之处——该寺正殿木楼上安放的琉璃宝顶，堪称稀世珍宝。

高头清真寺，位于高头回族乡高头村，坐西朝东，整个殿堂雕梁画栋，富丽堂皇，结构独特。该寺建于明朝嘉靖十九年（1541年），占地3933平方米，是一座中国宫殿式和阿拉伯式建筑风格相结合的伊斯兰教清真寺。木楼上造型精美的琉璃宝顶，系清朝慈禧太后和光绪皇帝所赐。那么，无极高头清真寺凭借什么缘分，蒙受如此浩荡皇恩呢？故事说来话长。

清光绪二十六年七月二十一日（1900年8月14日），八国联军进攻北京。是日黎明，慈禧挟光绪帝以及王公大臣一

---

①张国庆《慈禧太后与高头清真寺宝顶》，《燕赵晚报》2010.1.30。另外还有刘宗城《慈禧太后与高头清真寺琉璃宝瓶》，《乡音》1994.3。

干人等仓皇出逃。慈禧一行出德胜门经海淀，小憩于颐和园，穿过崎岖难行的红山口，从望儿山下北上过温泉，是日傍晚，抵达西贯市村，慈禧选定这里作为"西狩"第一站。从皇宫出逃已经十几个小时，70里的颠簸，一干人等饥渴难挨。西贯市属于回民聚居区，回民在生活上不愿和汉民掺杂；慈禧等人住进了西贯市清真寺，因为这里不与村民杂处，最是清静安全。

西贯市清真寺阿訇蔡万春、杨得青、李有泉组织穆斯林迎驾，急忙备膳。最为便捷的，是给饥肠辘辘的慈禧、光绪及臣工人等煮鲜玉米吃。稍后，又奉上素油炒白菜、小米粥及玉米面窝头，村民野老也送来食物。慈禧何尝如此饥饿过，便也顾不得皇家威仪，涎水滴落，狼吞虎咽，甚觉可口。

餐后，太监禀报昌平州官早已望风而逃，慈禧怒火中生，却又无可奈何，只得长吁短叹："这些朝廷命官，食禄之辈，反不如百姓有良心啊！"

次日晨，两宫将要起驾。蔡、杨、李等阿訇将所筹集白银千两，骡马大车30驾，以及熟鸡蛋等食品，一并奉上。国将不国之日，腥风血雨之中，臣民救驾于危难之际，平日里铁石心肠的慈禧，此时竟潸然泪下，连声夸奖回民效忠皇上，并唤太监取来文房四宝，许诺日后赏赐村人，并重修清真寺，众百姓齐声谢恩。在众百姓夹道跪送礼中，慈禧人等上轿启程，率众而去。蔡万春又送了皇上和太后一程，因后来京城护驾者纷纷赶来，他才奉旨回到寺里。

光绪二十八年（1902）慈禧还朝，念西贯市清真寺于大难之中款留之盛情，立即兑现离村时的许诺；又降旨御窑，烧制五彩琉璃宝顶一对，琉璃跑兽四十，分别赐给西贯市清真寺、河北无极县高头清真寺。因为当时西贯市清真寺阿訇蔡万春，是无极县高头村人；因其接驾、护驾有功，获得七品顶戴，并为故乡高头清真寺赢得了这一宝顶赏赐。这就是高头清真寺宝顶的由来。至今，京郊西贯市清真寺，以及无极高头清真寺，寺内碑文和村民口碑，皆盛赞蔡氏。两寺受此恩宠，相继进行了扩建和修葺，油饰彩绘，焕然一新；西贯市、高头两寺相距千里，殿顶形制相同。

这套琉璃宝顶和琉璃跑兽，是由西贯市清真寺乡老掌教杨得青（钦赐三品花翎并赏龙旗）、李有泉（钦赐六品顶戴）等专程用四峰骆驼驮来的。除了琉璃宝顶、20只琉璃跑兽之外，还有两套黄马褂。杨、李抵达高头后，参加了庄严、隆重的交接典礼。如今，那张刻有"钦工"大字、盖有"监工"红印的送货凭证，依然完好无缺，藏于石家庄市文保所。

然而，有关这桩历史公案的文献史料堪谓凤毛麟角。不过，就本人钩沉抉微查考和爬梳，获得了一些有限的散佚星散文献。这些散见的史料主要是：

其一，清光绪年间《各镖局枪支清册》所见，佐证了"光裕镖局"当时的存在。

据光绪三十二年五月二十二日《巡警部稽查处为将外城巡警总厅等移送核办事致警保司移文》[1] 所附录的《各镖局枪支清册》得见，当时京城的东光裕、西光裕、东三义、同和、永兴、得

---

[1]中国第一历史档案馆藏，哈恩忠编选《光绪三十二年京城管理镖局枪支史料》，《历史档案》2005.3。

荣、隆泰、东元成、北元成、义顺、自成、义友、福元十三家镖局，共持有马拐子枪、步拐枪、直五匣枪等多种火器"共计一百三十四杆"，皆经"巡警部为自置火印烙印镖局枪支事致外城巡警总厅批文"。其中东、西光裕镖局的枪支清册记录是：

> 东光裕镖局：马拐子枪六杆、十三出枪二杆、十七出枪二杆、直五匣枪一杆、后门炮枪一杆。共十二杆。

> 西光裕镖局：马拐子枪三杆、步拐枪一杆、七籽梅枪一杆、十三出枪二杆、天门炮枪一杆、直五匣枪一杆。共九杆。

其二，近人齐如山《镖局》[①] 的记述，佐证了"光裕镖局"当时的存在。

> 东光裕镖局在西河沿，走起北口外之。趟子系"喝唔"字。西光裕局在四西河沿，一切情形与东光裕无异。

其三，清人吴永《庚子西狩丛谈》卷四的记载，佐证了"两宫西狩"曾途经贯市村。

> ……问了骡夫，知道是载澜的车子。我带着皇帝急急上车，赶叫向前快走。他们都是沿途找雇；到了德胜门外，大伙儿才到，稍稍聚集。又怕洋兵追赶，不便屯留，便一气直前上道，昼夜趱行。你由贯市赶到岔道，都宿在破店中，要求一碗粗米饭，一杯绿豆汤，总不得找处。比较逃荒的老百姓，更为苦恼。

---

① 齐如山《镖局》，见《文史资料选编》第 34 辑，北京出版社 1988 年。

其四，清人李希圣《庚子国变记》的记载，亦佐证了"两宫西狩"曾途经贯市村。

> 是日（二十一日），驾出西直门，日末抵昌平贯市，上及太后不食已一日矣。民或献蜀黍，以手掬食之。太后泣，上亦泣。时天寒，求卧具不得，村妇以布被进，濯犹未干。夜燃豆萁，人相枕藉而卧。甘肃布政使岑春煊自昌平来见，太后对之痛哭。春煊故以勤王兵住察哈尔防俄，未至而国破。贯市李氏者，富商也，从取千金，易轿。昌平令斐敏中已先遁，其后太后至西安。

其五，清末民初著名学者夏仁虎（1874—1963）的《旧京琐记》卷七的记载，既佐证"光裕镖局"与"贯市村"的关系，亦简述了"两宫西狩"途径贯市村并受到村民和光裕镖局东家接待、保护这个基本事情。

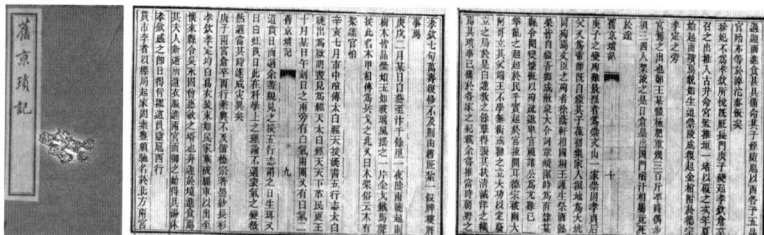

夏仁虎《旧京琐记》卷七"贯市李者以标局起家"书影

> 贯市李者以标局起家，固素丰，颇驰名于北方。两宫过，迎而进食，甚具备。命其子侄随扈以西，各予五品官。殆亦等子濡沱麦饭矣。夏氏曾在清末和民国初期两代官府为

官，自然对在当时举足轻重的镖局是非常熟悉和了解的。

其六，清人吴鲁《百哀诗》"贯市一夜"的记述，可证"两宫西狩"途中驻跸贯市之事。

当年亲历庚子之变的翰林院编修吴鲁在其《百哀诗》的《穷途》中写道：

> 清真古寺驻銮舆，野老欢欣献旨蔬；
> 报效千金供御用，转输百石发仓储。
> 艰难懅悐开言路，涕泪纵横读诏书。
> 太息疆臣受恩重，养尊衙署各深居。

诗中，盛赞贯市村民在国难当头之际，无求回报的倾其所有接待"国君"的忠肝义胆。鞭挞那些国家危难之际平时深受国恩的臣宰，却养尊深居唯求自保的丑恶，乃至帝、后们面对社稷残破的自责。诗有自注云："西兵凶暴，日日劫掠，不堪其苦，有老仆素与东月墙东光裕车厂相识，请到贯市凭舆赴西安。乃与璞生中翰出城，行二十余里，被武卫军截途抢掠，并衣履亦将脱去，仆人饵以甘言乃止……长途困顿，至贯市，囊空如洗，住数日，又复入城。"爱国诗人吴鲁（1845—1912），泉州人，光绪十六年状元及第，授翰林编修，亲历庚子变乱，沉痛地撰写《百哀诗》二卷以记其事。注中所言系闻"东光裕车厂相识"的"老仆"所述，或与诸说未合，但可证慈禧率"两宫西狩"途中驻跸贯市以及得获光裕镖局东家接待之事。

至于，个别书里所说，"到太阳快要落山的工夫，抵达昌平的贯市，慈禧、光绪一天没有吃上东西，肚子里饿得直叫唤。她叫太监去找吃的。可是村里的人都躲出去了，村中又屡次遭受溃逃官兵的抢劫，哪里找得到吃的东西呢？好不容易找到一个老头儿，他拿出半碗高粱米来。慈禧、光绪如获至宝，也顾不得问生熟，两个人用手捧起来就吃。吃完，光绪发现掉到地上几粒，瞧了慈禧一眼，又捡起来放到嘴里"① 云云，不知作者所据何在。基于如上所述，似可忽略之。凡此种种，这些散见的史料，似足可以构建出一个基本属于"闭环"式的史料证据链，可以用来佐证"光裕镖局"当时的存在及其与"贯市村"的关系，以及"两宫西狩"途径贯市村并受到村民和光裕镖局东家接待、保护这个基本史实。

　　或言之，出逃北京途径贯市村受到村民和光裕镖局东家的接待、保护所展现的，在国难当头之际，无求回报而倾其所有接待"国君"的忠肝义胆，其实质在于对国家江山社稷的忠诚，是爱国爱家之举。

①穆书法《慈禧西逃》第 33 页，山东人民出版社 1979 年。

五、清代镖林轶事

从三皇五帝至今，皇皇约 5000 年中华历史。从明到清，中国镖行经历了 500 多载的兴衰。同 5000 年相比，500 年仅为十分之一。

然而，这区区十分之一的 500 年镖行史，却历尽了中国最末两个封建王朝的兴衰更迭。这两个王朝的政治、经济浮沉着镖行，镖行也以其自身历史作用于当世，透示着种种社会生活的轨迹。有人谈到[①]：

王宝文《山海关镇远镖局考》文章篇首书影

> 到了明末清初时期，随着我国金融业的兴起，票号的相继开设，逐渐出现了以押送银号、银票为主业的镖

———

①王宝文《山海关镇远镖局考》，《满族文学》2012.2。

局。至清朝中叶，银镖、票镖两大镖系便赫然形成于南北商埠要地了。到了清朝末期，随着票号的逐渐衰败，镖局的主要业务对象就转化为一些有钱的客人押送一些衣、物、手饰和人身安全，这也就是镖局走的六大镖系，即：信镖、票镖、银镖、粮镖、物镖、人身镖六种镖。在信镖、票镖、银镖、粮镖、物镖等五类镖中有明暗之分：明镖，货主要把所保财物交镖局过目，根据价值，议定镖银，然后将所保之物装车或上驮，镖局派出镖师，一路喊号前行；暗镖则不然，大多是奇珍异宝之类，体积小而价值高，所保何物，镖局不知，事先由货主封好，交于镖局，由镖局负责送到指定地点。镖银由货主定，一般是货价的十分之一。明镖失镖，照价赔偿；暗镖失镖，须按货主所出镖银，以一赔十，所以镖局把暗镖看得更重。

镖行500年，世事沧桑，风风雨雨，几多侠勇豪杰，亦不乏丑类与邪恶；亦如芸芸众生，有沉有浮，有喜有悲，诸世相中无尽人生戏剧。这些，都为近代武侠小说提供了丰富的生活素材和情趣。在清末文康的《儿女英雄传》中，演尽了镖林武侠的儿女情长。在以《十二金钱镖》等系列武侠小说饮誉江湖的白羽笔下，镖林武侠的侠隐、侠义、侠勇、侠武、侠烈、侠节、侠情、侠智，尽被演述得栩栩如生、情真义切、淋漓尽致。试看宫白羽《武林争雄记》第一回描写镖师俞剑平打镖的精彩段落：

　　……只见俞振纲（剑平）脚下一停，右脚趋前，向左一抢步，侧身斜转，"叶底偷桃"，左掌横于胸前，右手运用阳把，将拇指捻动钱镖；拧指力，攒腕力，往外作劲。铮的一声微啸，一枚铜钱脱手出去。就原式不动，铮、铮、铮连发三镖；当、当、当，镖挡粉圈中，钱唇横嵌，连中三下。发镖自有先后，中的却在同时。阖座突然的喝起了一片采声道："好！"余音未歇，俞振纲身形陡转，左脚尖趋左向后一划地，"鹞子翻身"，左掌随身势一翻，唰、唰、唰，又是三镖。这三镖却不打镖挡最末的三个粉圈；打的是竖锋，钱唇直立，嵌入本板中。指力腕力暗暗加重，镖挡被震得札札有声。阖座群雄不觉得又喝采一声！俞振纲又一换式"跨虎登山"，右手甩腕发镖；这一次却是一发双钱。跟着往右一个败势，反手捻镖，左手下穿右腕底，唰地又连打出两镖。这时候左右掌心尚还各扣着一枚钱镖。却从右往左一换，换成太极拳"野马分鬃""玉女穿梭"两式，把双掌的镖一攒力，唰的齐打出去。镖挡上当当的连响了最后的两响，俞振纲早已收招还式，又回为太极拳"揽雀尾"的原样。

镖、拳交融，相映生辉，细腻、生动、跌宕、传神，一位技艺不凡的镖师形象跃然纸上。

然而，小说终究是小说而不是史书。可是，不要说向被奉为经典的"正史"，就是"野史"笔记文字中，有关中国镖行的直接记载也是稀疏可数的。历史是人创造的，镖行的历史舞台的主角是镖师。一部镖行史专著，理应有一卷或数卷充实的镖师传记。苦于史料文献不足，权且略去明代一段暂付阙如而代之以这辑《清代镖林轶事》充卷，略补缺憾。期望这卷轶事能对世人了解极盛时期的中国清代镖行诸生相，有所裨益。

每篇轶事末署"雅俗轩语"者，则系本书作者就是篇一人一时一事感发的简明评议，为雅俗轩主一家之言，聊供读者参考是了。

1. 镖盗联手 绝境逢生[①]

有个大盗名叫王二，经常来往于山东、河南之间行劫。他的活动特点，是不结伴、不杀人、不入店或入室劫掠，只劫路人钱财。

有淮人李善，本为农家子弟，因少年力大，曾从一位僧人学习拳术，便改叫李武。当时，江淮多有匪盗扰患，商贾便邀李武护卫人财出行，群盗竟一时回避不出来了。于是，李武干脆就以护商保镖为业，十余年竟无一次出事。有次他护卫一位商人往直隶（河北）运送资财，途中遇到数名匪盗，抢抢胳膊，颇不在意。

这一次，李武又接受某商人委托，单独从京城往河南运送数百两黄金，走了四五天。这天傍午走到一个山坡时，忽见有人对他拱手说道："请把黄金留下再走，否则前面的路很危险。"李武笑了笑说："你不知道我是李武吗？我李武还骇怕什么强盗吗！"那位说："如果是这样的话，就别怪我了。"说罢便伸手打来。李武方欲抵挡，却被对方左脚踹到肚子上，扑倒在近一丈之外。那人趁机夺过金子就跑，转瞬间踪影皆无。李武自然念念不忘这次失金损名，决心要寻机会报复一下。后来打听到劫金人是王二，又听其他镖师说这个人惹不得，便失去了信心，回乡家居。

过了几年，江淮的商人来信邀李武重出走镖。他自念自己对

---

①《清稗类钞·盗贼类·王二李善以盗除盗》。

江淮一带比较熟悉，又没有王二在那里，于是便重新吃起保镖这碗饭来。有一天，他护送某商从镇江到汉口之后，带着百两酬金独自返回。走至浔阳地方的一个村落时，已隐约可见山凹间的茅屋。薄暮中投宿一家村店，取银子买酒。店主告诫说："不要被人发现你有银子，小心有强盗呵！"他笑着说："我李武往来江淮已有数十年了，这你还不知道吗？"店主却告诉他："你有三年不从这儿走了，最近有个强盗可是不比一般。"李武问那强盗叫什么，店主说叫王二。"王二？"李武惊讶一声便不再多言。

　　黎明时，李武启程上路。刚走出十多里路，就远远望着前面山岗上站立的一个人好像是王二，于是李武便转身向旁边斜着走下去。那人果然正是王二，王二见他斜走过去便随即追了下来。一直追下去20多里路，只见山角露出一座佛寺。李武慌张叩门进寺，仓皇中隐藏到铁佛后面，不大一会儿，王二追进寺里，发现寺门已经紧闭，一块约有数千斤重的大铁正垂堵着寺门，颇令人生疑；用力猛举，铁板毫无所动，好像有什么其他机关似的。环视四壁，都是巨石，坚而滑，高有三丈多。寺空无人，神龛铁佛高达二丈，头如簸箕那么大。王二知道这是个险恶之地，便大喊："藏起来的那位赶快出来，我和你都身陷死地，不会再劫你了！"李武闻声从佛像后面走出来，王二问："你不是某年在某地被我踢倒的那位吗？"李武答："正是。"王二说："你也未必就一点也没用，我们两人合力或许能逃出这险境。"这时阳光正照在铁佛上面，只见铁佛左右两臂好像有阶梯可以攀上去。李武逐级登上去，用手一按佛头，忽然那佛头竟活动了，便拿掉佛头，只见里面空洞似的，下面宽若厅室。两个人便从佛头沿铁梯经佛腹而下。下面，一个和尚正卧在胡床上面，看到他二人便立起身问道："两位来这里做什么呀？"王二说："就是找你来的。"那和尚说声"很好"，便一拳朝王二迎面击来。王二闪过一边，举刀迎战。那和僧一下子跃立于数丈之外，笑道："这有什么用？"突然，和尚如疾鹰一般扑来，以手直抉王二双眼。王二赶忙低头躲过，旋以两手去抓和尚腰部，李武也乘机从左侧加上一脚，那和尚大叫着扑倒在地。这时遥听人声嘈杂，李武立即抬刀砍下僧头。不大会儿，即赶来十多个手持长枪短刀的和尚，两人拼力抵挡，杀了六七个。再往寺内各处一看，竟藏有许多钱财和妇女，原来这是一伙狡猾的僧盗。于是，拿出半数钱财遣散那些妇女和未死的降僧，另一半李、王两人平分了。

李武和王二共同历经了这次险遇，从此结为好友，并改行以经商为业。

雅俗轩语云：李尧臣《保镖生活》中说："在旧社会，社会挺不安宁……所以行路的人，就得找会武术的人保护。起先，有些会武术的人，住在客店里，等候客人雇用。他们只推着一个小车子，客人雇妥了，就推着小车子上路，一天要走八十里地，这是保镖的源起。后来买卖一天比一天发达，就自己立个字号、开一家车店，备有轿车，听候客商雇用，这就是镖局子了。到了后来，又在各地设了分号。"镖行的形成，大体即如此轨迹。但是，一如社会经济成分往往多种形式并存，镖行亦分别有集体合作的镖局，和散在的个体开业的镖师单干户。显然，李武即属个体镖师单干户。两者各有利弊。李武虽然武艺不凡，多年走镖也很少失手，但毕竟只能受雇于一般商贾，决难承揽运送官府饷银之类大宗生意，在大镖局所不能顾及的一隅僻壤经营小宗生意。对他来说，所获酬金自然比镖局的从业者丰厚许多。但是，个体走镖毕竟势孤力单，武功再强亦难以应付某些强手，何况"暗挂子"当中亦藏龙卧虎不乏高人，这就降低了他走镖的安全值。当他被王二劫走巨额镖金之后，只有以隐匿了事。即或重出，也只好避开王二这样有实力的强盗出没地区，到别处去走镖。镖行的个体生意虽灵活而利厚，但其风险显然大于镖局，信誉及承担风险的能力远不能同集合有众武士精诚合作的镖局相比。

有趣的是，个体镖师偏巧两遇单身大盗，命运又将李武、王二这一双对手引入恶僧的巢穴，使之都身陷绝境。于是，这对敌手只有言和而通力对付共同的厄运。绝处逢生之后，两人皆弃旧从新，另谋生计，告别江湖生涯。可知江湖生活随处多有风险，而其江湖客亦芜杂、多变。虽道欲安分为生亦并不容易，亦难得实在安生，然而终为正道。

2. 单身镖客巧遇侠尼得免难[①]

徽州汪某以勇闻名，被一位巨商请去作镖客，护卫他赴陕。路上，适逢一位携带重资的大官，便相约为伴一起走。至旅店，刚解行装，即见一个童子也来投宿。他把马拴在门外，就上前对汪镖客说："如果囊中物均系攫取来的，我当攫取而去。明晨你如果上路迟，将有令人骇怕事发生。"汪某一时惊讶而不敢说什么。一过半夜，他就招呼众人启程，并推说疲倦而要迟走一步；估计众人走远了，他才上路。只见十里进山路上，车驮狼藉，那童子坐在石头上指着山沟要他看，尽是死人，汪某只觉又惊又

---

① 《清稗类钞·义侠类·盗尼戒多杀人》。

怕。童子告诉他："此去山路险恶，要快走。"镖客立即吆喝众人疾行，但却因匆忙赶路而失去投宿之所，彷徨于山谷之中。忽见山坳处有座草庵，于是前去投宿，一位年约40多岁的尼姑把他们引至堂东一间小室说："住在这，夜里虎狼很多，不要乱看，骡马放在苑后没关系。"约一更时，听有扣门声，渐而听见尼姑说："取不义之物，割下其为首的一只耳朵便是了，何以多杀人，忘了我的戒规！"随即又闻有杖打之声传来。汪镖客一行很是惊恐，未等天亮就打点行装，谢过尼姑，上路了。

雅俗轩语云：看来，这深山草庵是个盗巢，那老尼正是盗魁。听幸者，这是一伙盗侠，只劫取"不义之物"，而戒多伤害人命。尽管老尼立有戒规，但属下干起来则往往不顾许多，于是进山途中尸横沟谷。汪镖客一行幸免于难，不外巧遇侠尼及其童子关照。盗之为盗，总以劫掠破坏为事，还是以无盗为妙。倘遇盗，当然则以逢盗侠为幸，或可免难。就堂堂镖客而言，虽有盗存在方有其生计，但镖客亦不希望与盗遭遇。宁无镖行，但望无盗。

3. 镖师女倪惠姑[1]

同治朝己巳、庚午（1869—1870）年间，山东饥荒甚重，寇盗横行，一时胶州以东地方无一处安康乐土。

胶东有位镖客姓倪，工于武术技击，以此为事孝奉母亲，因而叫作倪孝。倪孝有个美丽的女儿倪惠姑，芳年17岁，随其练习拳勇，得父秘传。由于当地盗患多，道路艰难多阻，倪孝居家

---

[1]《清稗类钞·义侠类·倪惠姑护主杀盗》。

授徒达数十辈，因而胶州富户争相以重金聘作保镖，以防备非常情况。倪孝要徒弟各自带队巡逻警戒，盗贼不能得逞，自然对他不满。胶牧（胶州地方军政长官）李某偶然捕获一伙惯盗，竟诬称倪孝是盗魁。于是捉来倪孝，严刑逼讯。倪孝极口喊冤说："我本来是捉强盗的，并不是盗，胶州富绅某某可以作保证。"于是被具保释放。倪孝感戴州牧的恩德，愿献女儿惠姑给他作侍妾。州牧推辞道："不必如此。除暴安良，是地方长官职所应当的事，现在释放你是为公而非为私。若依法而论，也不可纳部属民之女为妾。你就不要这样了。"倪孝被感动得哭着回来，亦因此更加感激州牧，每逢年节都上门叩谢。

次年，州牧因公事被劾黜官。他的产业在吴地，就准备举家南归，因久于在外为官，行装较多。倪孝闻讯，对他说："饥荒过后，盗贼四起，我年纪老了，不能随护你南行。我女儿虽然粗俗，但有勇有谋，如果在你左右服侍，任凭水陆交通多有险阻亦无可忧虑。"州牧鉴其一番诚意，便接受下来。这年，倪惠姑 18 岁，随之一同南行，行李、仆从都很多，小股盗贼不敢轻举。盗贼一般的规律是，举凡探得有行李辎重可图的，若是感到寡不敌众，便与远处盗贼勾结起来合伙劫掠。因而，其动作晚则盗贼越多，总是想方设法谋到手。

这时，州牧一行已离开胶州数日，走了 300 多里路，抵达山东边界了。觅店投宿时，遇有一家旅店后室横通三院，墙高丈余，只有一个门可供出入，州牧要在此住下。惠姑告诉州牧夫妇："据我观察，这种房院很像用来谋害住店行旅的，店家一定不是善良之辈。夜间如果有什么异常，请主人静为观看，别大叫，妾自有制服的办法，不会使匪类得逞的。"州牧为之大大惊骇。惠姑即预作一番安排，让州牧住在东偏室内，派两个婢女伏于西间屋，并交代说："叫你时再出来，出来就把玻璃灯放到窗下以照亮全院子。"她自己则身着箭袖青绸短袄，脚穿钢尖锐头皮鞋，腰带利刃，而后吹灭灯烛跃身登上门额，屏息以待。

夜深了，寂静无声。店主人人称"小燕青"，果然是个盗魁。他探知州牧行李、仆从很多，就事先邀集了群盗中的高手，各操利器，跳在后墙上伺机而入，其余盗贼均潜伏在四周。只见首先跳进来的一个许久不见出来。"怎么这样慢？"于是接二连三又跳下人来，仍不见出来，相互对视愕然不解。小燕青道："你们这些人总无长进，这么一点事还得劳我亲自动手！"说罢跳进院子，刚要拨栓开门，头上先已挨了一刀，却不知从哪来的，跌出数步之外。忽然，只觉从天上下来个人坐到他胸上，他举起佩刀就要砍，但两肩受制而臂软不得用力。仔细看时，只听有娇声唤婢举灯，来了一位少妇。惠姑说："我刚一到就观察形势，知道遇上了对手，果然是个大盗。你身为旅店主人，不知已害了多少人。杀了你吧，又可惜污了我的刀。"于是割其耳，截其足，并迅速用药给他止了血。这时天已亮了，惠姑放他走时说："留你个残生，作为对诸盗的警告！"说罢便同州牧夫妇、仆从整顿行李启程上路。这是倪惠姑第一次南下之行。

雅俗轩语云：镖师女果然身手不凡，不愧为老镖师秘授真传。宋罗大经《鹤林玉露》甲编卷二载："前辈彭执中云：'住世一日，则做一日好人；居官一日，则做一日好事。'"州牧李某身为地方父母官，虽一度误以贼诬刑讯镖师，但终能明察而未致冤狱，旨在除暴安良以尽职守，公心可鉴。民感其德献女为妾，拒不枉法纳受，清廉可鉴。凡此，均堪谓"居官一日，则做一日好事"的为官本分之道。被劾去官归里，险途自身难保，多承镖师女侠勇护卫，虽已充侍妾，倒也不掩民爱良官之情的真诚。"善有善报，恶有恶报"，不免含有因果报应意韵，倒也是警世恒言，显示着世人朴素的善恶观念。镖师抗盗遭盗诬害，在情在理；世人明察洗冤，则为善之报。盗贼图财害命遭戕，是为恶之报。凡此，均自食其果。《鹤林玉鹤》亦载"豫章旅邸有题"语云："愿天常生好人，愿人常做好事。"当为世人共同心愿。然而，"好人好事"总是相对"恶人恶事"而论。事实上，世事纷纭，良莠混杂，"好人好事"格外难做。镖行武侠们，不也是在做"好人好事"中谋生么！君不见，走镖路上几多凶险、几多风雨。

4. 智海与镖客①

在无锡北关的蓉湖尖处，有一座环秀庵，司掌那里香火的是智海和尚。智海本是清世宗雍正时心腹重臣年羹尧（？—1726）部下的材官，是一种可供差遣的低级武职。在年羹尧败落后，部下的材官们四散而去，大都以走镖江湖护卫商旅为生计。惟有智海落发为僧，不去当镖客，以自别于同辈。同辈们走镖护送财货，无论水路陆路，或舟或车，照例都要插镖旗，只是知道智海出家在环秀庵为僧，每次经过这里都不敢不取下旗以示敬意。

一天傍晚，有位镖客的镖船经过此地，因为他并非智海之徒，故不知下旗。智海登小楼后见状，即用一枚铜钱掷灭了镖船上的灯。那镖客大吃一惊，立即停船上岸谢罪。智海笑道："老

①《清稗类钞·技勇类·智海掷铜钱》。

僧我同你开个玩笑是了。"镖客说:"师傅开的这个玩笑,可把小子我给吓坏了。"智海安慰一番,让他走了。

智海既是应无锡邹翁之招留居环秀庵的,于是翁氏子弟们便多要求成为他的入门弟子。

当初,邹氏子弟住在蓉湖尖,世代以卖窑器为业,鳞次相连的房舍都是些窑器店,因而当地人称这里为缸尖。缸尖滨临运河,每年出入此地的漕运船只数以千计,纷纷争购窑器贩往别处,年赢利不下万金,邹氏家庭因此致富者无数。只是漕卒往往蛮横滋事,得到智海传艺的邹氏子弟,有的就用以制服漕卒。

曾经有个漕卒登岸购货时,用双手把一只重数百斤、要五六个壮汉才举得起的大缸,像拿小盂似的轻松放到柜上,然后问伙计价钱。漕卒听罢大怒说:"这缸有疵病还这么贵,我不买。"愤然离去不管了。然而,大缸压得柜台隆然作响,几乎给压碎了。这时,从里面出来个人,也像漕卒那样轻松地擎起大缸说:"请客人过来把疵处指给我!"漕卒猝然不知如何应对。那人说:"客人说不出疵病在哪里,还嫌价高,我还不卖给你呢!"说罢,擎着大缸跃过柜台放回原处,漕卒慑于对方如此力气而未敢放肆。那个人即智海的弟子。

雅俗轩语云:智海恃武功而清高,宁出家为僧,亦不愿当镖客。孰知他同有些镖客一样,当年都不过是显宦府中的下层武差而已。以掷铜钱警告并非其待的过路镖船失敬于他,亦不过一种自我标榜,仍系清高心态作怪。出家为僧的代价,还是要授人以武艺的,人以其所授武艺抵御漕卒滋事,实质也是智海间接为之充当镖客,终难脱出以武功为生计。既有一技之长,且又以此为自得,则应径以此立世,故意扭捏作态全无实际意义,倒显乏趣。

5. 镖师双刀张传奇①

少林武术宗法，以洪家为刚，孔家为柔，介于两者之间的是俞家，但其法甚秘。乾隆初年、颍、凤之间时见流传，宿州的侠士张兴德即号称俞法专家，因尤其善用双刀，故有"双刀张"之称。在一次乡里遭火灾时，有位朋友困在了火中，张兴德一跃而入，直上危楼，挟起朋友从窗子腾出，火烧光了他的须发，卧床一个多月才痊愈。天马山狼多，屡次为患行人，张即带着刀守候在那里，三天捉了九只。乡里子弟羡慕他的技艺，大都跟他学，张虽说是传授指教，但未曾传授全部武艺。

张的徒弟中有位邓某，因事去邻邑，路上结识了一位姓汤的少年，谈得很融洽。归途中，两人再次相遇，说话时谈到了张兴德，那姓汤的少年表示想跟张学拳，于是邓某就给他引见了。少年学拳很是勤奋，但觉得师傅对他不很热情，便不时献以酒食，并送给同学者，张兴德只是偶或接受。为此，邓某甚感不平，曾借由探询师傅疏远汤某的原因，师傅一直未讲。那姓汤的少年学习长进特别快，超过了同辈，多次进一步向师傅请教，均遭到了很大的难为。汤某待邓某特别好，邓有时未来学艺，就不时地给予指点。张有匹健骡，可日行500里。一天晚上，少年同邓某谈论技击时，少年说："听说俞派武术以罗汉拳为最精，是不是这样？"邓说："是啊，师傅最精于此道。"少年进而又问："此拳术的第八解第十一手是什么形式？我有疑问，请你给问问。"邓说：

①《清稗类钞·技勇类·张兴德用双刀》。

"这事好办。"少年却说:"并不那么简单,师傅多疑,无缘无故地去问,必然引起怀疑而追问因故,会不告诉的,最合适的还是等他饮酒微醺时再问。而且,要说是听外面议论此解失真已久,今天已无传者,问其这个传说对不对。若见师傅解答,一定仔细听,不能多问,以免让他犯疑。"邓某就按汤某说的做了,张果然在醉中信口解答了这个问题,并把结果告诉了汤某,汤某再三道谢。第二天早晨起来,姓汤的少年忽然失踪了。张兴德闻讯后顿足道:"果然如此,我猜测的没有错。"忽忙派人去马厩一看,那匹健骡也没有了。张召来邓某叱责道:"昨天你为什么为盗贼充当探子?"邓某说实在不知是怎么回事。张说:"我因为有所疑心,想逐渐观察他的变化,不料被这鼠辈察觉。这人一定曾被张家手法所困,又探得只有俞家拳术能破此技,因为学的不全就辗转窃取,此情尚可理解,最可恨是偷了我的骡子走则是有意诬陷。"立即命邓某迅速去州追赶。诸弟子顾虑那骡子跑得快怕赶不上,张敦促道:"快去快去,不然就会有祸了!"邓遵命去追了。过了一天了无消息,张又请人去报官,请官府追捕。众人听说此事,都笑张兴德身为镖师被盗还不知自重倒四处张扬。

一个多月后,张兴德等回来的是一纸缉捕公文,说是某贵官南归途中被强盗杀死在野外,贵重物品尽被劫走,只留下一匹骡子,骡身上有烙印,有认识者说是张某的东西。州官把张当初报官请求追捕的状子转给他,才得免无事。张兴德出金取回骡子,邀集邻里话别:"我走江湖20年不曾失手,如今败在这小子手里,发誓捉到他,否则我就不回来了!"说罢跨骡而去。因为张一向喜好交游,同许多江湖豪杰都有来往。经过一年多,察知那少年本叫毕五,是嵩山大盗。找不到其巢穴,山里人告诉说:"他过去本来有巢的，只是春天时已自毁其巢而去。"张更加愤然，每经过一处都变换姓名混于屠夫酒贩之中，即或亲友亦无察觉。

张兴德有个儿子，极其仁义孝顺。张离家时，张子尚年幼，哭着要去寻父，被母亲阻止住了。14 岁那年，他私自从塾馆逃去，留下信说找不到父亲誓不回家。其母大惊，有人安慰说："那孩子尽管年纪小，但很学了一些父亲的技艺，而且路上多有认识他父亲的，只要一提父名，都会有所关照。"母亲稍放了些心，父子一去又是十年杳无音讯。

这天，忽然有数名军官进村，逐户叩门打听哪是张家，出示张子亲笔书信，原来已出任海州参将，派人前来迎接其母。

当年，张子寻父数年，每天以卖艺糊口。时间长了，有认识张兴德的说在南阳。张子追踪而去，再往西便辗转来到宁夏。有一天，他正在市上卖艺，适逢被总兵在马上看见，即召到面前说："不要疑虑，我爱你年纪不大却武艺不凡，但功夫还有未到家处，我给你指点指点。"张子便随他去了。过了数日之后，张子请求离开，并说明寻父情由。总兵笑道："这有什么难的？你只需在这住上十天，我就让你见到父亲，并教你父亲获得那个强盗，怎么样？"于是，张子留了下来。

过了几天，总兵派标下守备某人对张子说，总兵愿把女儿嫁他为妻。张子说不行，那得请命方可。那守备笑他说："如果真是个堂堂男子汉，何必这般迂腐。总兵的意思是，尊父就在这里，但你必须先娶了他女儿，然后才能让你见到父亲。"张子答应了。总兵之女很是敦厚温顺，对武术也略知一二，说是总兵亲自教的。第二天，总兵要大阅兵，漏尽时叫来张子，拿出兜鍪铠甲要他穿戴上，另交他一只锦囊让佩在胸前，交代说："今天我不能出场，如果有人来劫的话，一见是你，必然惊走。这时，你就立即出示囊中书信，切不要忘了误了，若误了你就见不到父亲了。"同时又另外安排了四名心腹，跟随在前后。张子身材同总兵相似。

当时刚刚拂晓，驱马走在路上，晨雾迷蒙，难辨人面孔。快到校场了，突然风声飒起，迷雾中冲出巨雕似的一个黑影，径向马上的人扑去。仆从大惊，张子已掉下马来，眼看来人揪住自己又立即松开转身欲走，他忙喊："不要走，我是为总兵送信的。"来者取过囊中书信看罢，稍一踌躇，仆从忽然叫道："张公子不认识你父亲了？"张子顿悟，即抱住张兴德痛哭。总兵见状，已从侍从骑队中抢上前为伏地请罪。事情到了这种地步，张兴德已无可怎样了，就拉起总兵来："你真可谓足智多谋，我这老匹夫不想竟失在你手里，事已至此还有什么别的好说！"于是，父子并辔而归，总兵以大礼相待，张公子被委以百夫长之职。戊寅年（1758），回部叛乱，即派张氏父子前往平乱。事成，总兵将功劳都归于张公子，使之擢升海州参将。总兵认为当年所学还不够，急迫叩请张兴德指教，张掀髯笑道："老夫十几年来再次败给你，你的智谋已经到家了。区区之勇，尚欲得之，是由所擅长的双绝么？如今老夫当然不需要再吝惜它了。"于是把全部武艺传授给总兵。

雅俗轩语云：老镖师身怀俞家拳绝技不轻传授，是要传给好人派以正用，堪称武德高尚。大盗毕五窃艺后终于幡然自新，终成为戍边良将，可谓浪子回头金不换。侠义、侠情尽在跌宕曲折之中，好一篇奇妙的镖师传奇！

6. 镖客逞强幸遇高人①

楚二胡子，无锡北乡人，师从江南某镖客习武。三年学成后，一直往来于齐、楚、燕、赵之间，为客商辎重保镖。走镖时按规矩要插镖旗，绿林豪客见了，尽管垂涎欲劫也不出来较量。楚二胡子却自以为有本事，携有镖旗不插出去。

这天，他为某商人从北京往苏州护送二万两黄金。经山东时，投宿旅店。店主人告诉他已经客满。只有一间小厢能容一位客人，如可以联床，就带行李来。楚颔首同意，便下车入店，拐了许多弯才到那间客房。小小斗室放着两张床榻，一位约有70岁的老者盘腿坐在一张床上。寒暄之中，知道那老人是个贩枣子的。这时天已渐黑，店主人进来请客人用晚饭。饭后，送来一支蜡烛、一只茶壶，放到床前的小桌上，就关上门出去了。楚镖客同贩枣老者谈得很高兴，几乎忘了睡觉。天冷，楚已着棉衣，忽觉温暖，则以为是室小无风而且离烛火近，未以为怪。约三更时，屋子越发暖了，用手摸墙像开水那么烫，烛油倒泻如注。楚颇惊恐，两眼看着老者，那老者笑着问："你有什么本事，竟然敢带着二万两黄金长驱来此？这里是有名的黑店，到这都不能幸免倒霉。你要知道这四壁都是铁铸的，上面有椽子，三根是木头的，能从这出去就可不死。我的枕匣里还有三千两黄金，已筹划好了的。但你不必忧虑。虽说这样，你究竟有何本事？"楚说："实在没什么本事，仅有一条湖绉腰带，捋之则坚挺如棍。"老者说："可以。"遂纵身腾起撞断屋椽，置身屋顶，楚急忙捋好腰带交给老者，老者把他拉出去，跳到墙外，叩店门。店主人开门一看，本是厢室的客人，含笑请他们进去，另开三间好客房住下。黎明时，楚与那位老客分道离去，对方也未说姓什么。楚二胡子走镖回来后就改行不再保镖，以行医伤科为生，其子孙也世代守此为业。

雅俗轩语云：走江湖不守江湖规矩势必自讨麻烦，楚镖客逞强遇险幸遇高人。逞强者往往外强中干，受教训洗手改行虽说聪明，但做什么亦需脚踏实地，不可忘乎所以。走镖逞强有失镖丧命之险，行医逞强则拿人性命作儿戏，凡事同样都来不得自以为是。不悬镖旗，向为镖行大忌。

7. 夫妻走镖①

道光时，丹徒武举文某长于拳术，其力可举数百斤而面不红、气不喘。有一天，他途经广陵，口渴却找不到茶馆，便寻水来到一座破寺，有位老僧盘膝坐在薄团上。文某上前讨水喝，见不理睬，便怒而以拳相击。拳打僧胸如碰棉花，而手却痛得厉害。文某知道是遇上了高人，赶紧跪下请求宽恕。于是，那老僧便给他讲述了一段亲历往事——

我，是峨眉十八郎。我和十八位同学一直从师学武，我行十八，大家都身怀绝技。有一天，十二郎和十三郎告诉师傅说，有一对夫妇护卫着数百万两镖银南下，我们想劫又恐怕不能取胜。

---

①《清稗类钞·技勇类·某妇以针刺毙人》。

这时众师兄都跪在师傅面前争相请求一同下山劫镖，获允，我也随同前去。我们赶到潼关外一座山上等候时，知道镖车已投宿关内一家旅店，便决定夜里到店行劫。入夜，师兄命我先去探看。到了旅店，我便跃上镖师夫妇卧室的屋顶，窥见那男的醉卧，妇人正倚灯做鞋，镖车就排列在床后。我惴惴不安，正恨师兄还不赶快来劫。这时，只见那妇人不时用针抹头油，或往窗上刺去。然后，妇人突然仰头说："十八郎可以下来了！"我自知逃不掉了，便揭瓦而下。妇人打开窗户指着院子说："快点弄回去，否则我丈夫醒来你也危险了。"原来，院子里是那 17 位师兄的尸体。我赶忙把 17 条尸体扛出关外，仔细一看，都仅仅是在眉心处有一个刺的痕迹，原来当那妇人用针刺窗时，便都中针而死了。安葬了师兄们，我便出家为僧，今年已 70 岁了。听了这些，你是否能猛省呢！

听到这里，文某已惊得汗流浃背，立即拜别而归。

雅俗轩语云：多行不义必自毙，欲害人者往往害己。略怀小技便恃能蛮横无礼，岂知再高几筹又怎样呢！不义只能以害己而终，自食其果。既敢于夫妇双双走镖江湖，必有其护镖本事。或单身走镖，或结队走镖，夫妇镖师结伴走镖，乃镖行稀见之例。

8. 石镖①

少林寺拳术闻名于世，求艺者首先要存资若干后拜一位僧人为师，吃穿即出自存资的利息。学成临离开时，要从庙后的狭窄

---

① 《清稗类钞·技勇类·以摸钱掷石习拳法》。

小弄出来，弄门处有带机关的木偶，碰及机关便拳杖交加，能抵过的则平安出去。到时候，僧师便在门前为之饯行，还其存资。否则，仍要回寺继续学习。有多年学艺不成者，越墙逃去，存资便不再返还了。

某日，有位盲者前来求艺，僧师见其瞳孔为膜所障，就把五百枚铜钱撒到山上山下，然后教他去找，告诉他说："如果能把钱悉数拣回，我便传艺给你。"盲者便每日除吃饭而外都在山上山下慢慢摸索，渐渐地拣回不少。经过一年多，已拣回了499枚，便极力寻找那最后的一枚。有一天，突然找到了，一时狂喜，而眼睛也顿然看得见了，于是僧便向他传艺。

又有一位因患痿症的人，两股不能行动，也带资前来学艺。僧便把一筐石子放到他坐的地方，另在山上的一块大石上用墨画出大圈、小圈，命他以石击圈。久之，便可掷中了，又命其以石击飞鸟，鸟也应击而下。后来，又用比草芥还小的石子练习击鸟眼，可使飞鸟眼穿掉下，前后左右，都可出手自如。僧说："你学成了。"以后，他便以水路走镖为业，走镖时坐在镖船之首，身旁仅放着石子这一种武器，就连剧盗也不敢接近。

雅俗轩语云：残疾人以绝技走镖，堪称镖林传奇。然而，绝技得来谈何容易。矢志自立，发愤苦学，加之明师因材施教，便为个中甘苦。少林高僧因材施教，尤显其高。世间各人遭遇、条件各异，皆可于社会谋得一席自立之地。痿瘫者尚能走镖江湖，头脑、身体健康者还有什么理由沉沦呢！

9. 镖师余勇①

　　河南武举陆葆德精于拳术，在京城同某宗室比武时，打死了对方；论例要偿命，适逢赦免，便当了一名镖客。

　　一天，陆葆德走镖途中遇到劫镖的，被他先后两次击退。后来，盗首亲自出来较量，仍未得手，便教比自己艺高一筹的女儿与之比试，也未获胜。盗首大喜，便把女儿嫁陆为妻。

　　陆葆德本来能文，便改考文试，中了进士，得了个庶吉士，散馆后被派到蜀中为官。然而，陆葆德颇好女色，蓄妾媵多达14位，因而精力大衰。不过，每当朋友、僚属们群聚之际，还不时自炫武艺。夏日里，院子里搭有凉棚，很高，他在阶前拍手一喊便能跃上棚顶，使众人大惊失色。

　　这天，演戏为母亲贺寿，他偶然步至寝室，正遇有贼人正往包袱里装财物，急忙去捉。那贼跃上屋顶，陆也随之跃了上去；贼跃过数重房屋，陆也紧追不舍。贼掷瓦打来，陆便用手接住。不多时，胥役闻讯赶来，那贼不小心蹬坏了墙，掉下来被捕获。陆以严刑审讯，那盗贼大声说："我一伙十三个人，从齐地来此，途中失散，否则岂能被你捕获？尽可打死我，也不会供出其他事。"于是便杖杀了那贼。

　　雅俗轩语云：走镖途中以武却劫，得娶盗女，可谓镖林奇事。武举出身的镖师弃武从文中进士，亦堪称镖林奇迹。数年后仍不失当年镖师之勇，足见其当年功底之厚。文武双全，实属镖林所罕见的奇人奇事。

---

①《清稗类钞·技勇类·陆葆德随盗上屋》。

10. 铁钱镖①

平陆有大盗劫了一个富户并杀伤事主，一个月被捕获，解往省里经审讯供认不讳，论律判斩，决定押回原发案地悬首示众。省城太原距平陆有千余里，守备廖某奉命押解盗首去平陆。廖某有拳术，长于跃远，曾充毅军材官，很是自负，因而一路有恃无恐。

行至平遥时，遇有五六位镖客从京城护送官饷回秦中，其中有两位镖客同廖某攀上了同乡，很是亲近。当中有位叫卞云西，年老但无胡须，两鬓苍白，一握粗的辫子连着假发盘在头顶，裹着帕巾，比斗笠还大；鞋尖上包着铁叶子，手持的一根二尺长大烟杆，有杯口粗，一摸，知是铁做的。廖以为这是镖客的常状，也未觉有何特别的。

快到赵城时，卞忽然对廖说："你知道近日的危险吗?"廖愕然道："不知。"卞即告诉他："盗首是洪洞人，其党徒沿途潜伏，伺机夺去盗的首级以便下葬，只是因我等在此而未敢轻动。你若不信，明晨都到墙外去验视。"待明晨一看，果然发现有可疑踪迹。廖年纪轻，很勇敢。他说："今夜当等其来。"卞说："盗不仅有本事而且人多，你不是他们的对手，来日走到赵城、洪洞相交地域时，事即难免发生。事到如今，我愿助你一把力。"廖叩谢说："虽说如此，但你年长又是客人，盗寇来时我当冲在前面。"卞说："如果那样就坏了。你会明白，战阵上炮火相见无奇可用，要知短兵相接间不容发，转瞬间敌方便可乘我一时疏漏而

①《清稗类钞·技勇类·卞云西用铁钱》。

开枪。你尽管在床安睡，莫管我。"廖唯唯称是。

次日晚上宿抵一家大旅店，乱山之中便是盗窟，那店主亦显得狰狞怕人。廖小心不安地把盗首藏到密室。众镖客先寝，卞云西就地而卧，门窗都敞开着，借着灯吸鸦片烟膏，铁烟轩放在一旁，从腰里取出二三十枚约一分厚的大铁钱放到灯下，频频合眼，像是困倦已极在打盹的样子。

半夜时分，传来店主同人吵嚷之声，继而是格斗声，大声呼救。众镖客一齐起来，但置之未理，只是屏息伏于门内。这时，卞镖客吹了灯，仍旧横卧着。至弦月初上，隐约见有人影，廖探头注视着，突见卞奋臂飞出一枚大钱铁，随后又飞出两枚，墙外哄乱，火光迸裂，于是起身像飞鸟一样敏捷而去，有两个镖客紧随着。然后只听墙土簌簌掉落，墙外人声尖厉，不久便没声了。卞回到房内，仍旧躺下。当东方渐明时，他推醒廖急忙起来，说："好险哪，我几乎遭到暗害。当店主呼救时，我预料贼徒一定要乘机上墙，先上者被我用铁钱击伤眼睛，随即手持短枪上来，我又用铁钱击伤其手、眼，手枪落地震动枪机而响了三枪，我再用烟杆打他头顶，即或不死也会重创的。"派同伴陪廖越墙过去查看，只见血迹狼藉，从草丛中拾回的铁钱血迹尚鲜。卞说："店主人为虎作伥，罪在不赦，现在且杀掉这家伙。"别的镖客领命去搜捕店主，已不知跑到哪里去了。于是，赴洪洞县报明情况，要求派差人前来迎接。县令张小霞亲自出城相迎，并在官署置酒款待。

酒间，坚持请求卞云西表演武艺。于是命人把一张生牛皮钉在木板上，画以人形。眉目均具，他取出腰间铁钱在三丈开外连环飞去，各击中一只眼睛。近前一看，铁钱穿破牛皮嵌进木板，只露出一半在外，壮汉也未能拔出。只见卞镖客略撼一下，铁钱即应手而落，令众人咋舌。他感叹地说："我年纪大了，还兼有吸鸦片的嗜好，没大作为啦!"张县令取出二百两黄金一定要他收下，说："廖君莅临敝邑，若有不幸，我必获重咎，或同廖君一起受到上方的严叱，若非有你相助岂有今日？这点小意思，不敢称是酬报。"廖也尽力相劝，卞才收下。

自此以后，卞与廖寸步不离，一直护送到平陆方珍重而别。廖虽率一帮役卒，但返程中不敢再经洪洞，只好绕路回太原。

雅俗轩语云：武侠小说有"金钱镖"之谓，实系以铜钱为镖，以钱为镖的原始，当属镖师卞云西所使形如制钱大的铁钱镖。镖师富有江湖经验，又往往身怀绝技，正是官军、衙卒之类兵差所难以追比之处，亦即镖行的特别优长所在。当代组建军警的特种部队，即在于弥补一般所短以应付突发的意外情况。

11. 蜻蜓点水①

常熟西乡有位姓郑的，饭量特别大，几个人的饭量合起来也赶不上他一个人，每天常摸着肚子说："怎么这样大的肚子?"因而人称郑大腹，倒忘了他本来叫什么名字。

郑大腹力气大，善技击，得艺于少林宗派，能在水面上作蜻蜓点水，一跃数十丈高，视域墙如门阈。当时江湖多盗，行旅都雇用壮士保镖。汉口一位富商，用巨瓮盛百余两白金乘船南下，请郑大腹同行保镖。行至扬子江时，已是傍晚，风大不能停泊，

---

① 《清稗类钞·技勇类·卞云西用铁钱》。

即觉不对劲，到停泊下一看，大瓮没有了。遥望烟波之中，隐约有人影疾奔，郑大腹便跳下水去急追。稍追近时，大致看清是位僧人，手提两瓮踏波如飞，郑便以蜻蜓点水之技一直追到岸上。

　　大约追了一里路，遇一庙宇，四周石壁陡峭，郑随僧人进去。僧到佛殿，把银瓮放到廊下，对郑笑道："劳你追随，就住下吧！"郑点头同意。于是又设酒食尽情吃喝，然后把郑引进一间禅房。禅房虽小却干净，中间横放一张石榻，右置几，榻上有被褥，无帷帐，仰视屋梁，有阁板，板多缝。那僧人把灯挂到墙上，拱手请他就寝，便出去了，并把门从外面反划上。郑大腹不觉生疑，不敢卧榻，即在几旁装睡。半夜时，闻阁板有声响，如簌簌密雨从板缝落在榻上，吓得郑不敢探头。过一会，便静了下来，天明一看，只见满榻是三寸长的短箭。郑知为那僧人干的，便盘坐箭头上，而不折一箭。至僧人开门进来，笑着对他说："夜里同你开个玩笑，你竟如此，未免大材小用。"郑说："我坐在薄团上呢。"僧人点头挽他出房，盥洗梳头之后，送上麦饼。郑要求归还银瓮，僧道："那一定较量一下，胜则还，败则不还。"郑问怎么较量，僧指石壁说："背靠此壁，各击腹三拳，击不伤即为胜。"郑说："谁先来？"僧道："你是客人，主人不能占客之先，请你先击。"说罢便袒腹靠上石壁说："来吧！"郑自恃力大，奋拳猛击，却如击巨石，岿然不动，不觉骇怕；再出拳击去，僧腹坚硬如初。僧人微笑，而郑已筋疲力尽。等击完三拳，那僧人便鼓起肚子上前请他检查并未伤着，便要求还击。郑颇窘，但又不能不让僧击，便注意观察他如何出手。僧从容上前，左手揭起衣袖，右手挺拳而进，郑急忙用背借壁往上一跃以躲过僧拳，这一招叫"壁虎游"，为少林秘传。僧出乎意料，但已来不及收拳,一拳击进石壁,深达没腕。这时,郑大腹骤然跃落,用力挫向僧臂,臂断如藕折。僧道:"好!你可以把瓮拿去了,改日再会。"郑赶紧提着两只大银瓮回去了。

从此以后,郑大腹隐姓埋名,远走他乡。他膝下无子,只有一女,也以力大闻名,得父真传。因家贫,常常吃不饱,常受雇为人做事以糊口。女儿嫁给一个武弁,不时送来米肉,几乎十天左右便回来看望父亲,每次回来都使父亲醉饱一场。一次,女儿回来看望父亲,突然人有推门进来,一看竟是那僧人。郑未及躲避,僧人已到跟前,作了一揖说:"访察你好久了,今天才得见面,别后该不错吧!"郑知其此番来意,乘其不备,便抬起右脚端向僧肾,僧让一步,骤然用左手接住,变脸责道:"你太鲁莽了,老友远道而来,不寒暄,突然动武,难道是以为我臂未愈不能捉住你的脚吗?你断我臂,我断你脚,就不行吗?"郑因脚在僧人手里,一时不知如何是好。这时,女儿在旁边叫道:"父亲怎么不作'双飞蝶'?"郑当即猛醒过来,旋飞起左脚踢倒僧人,父女合力动手杀了他,埋到后园里。

所谓"双飞蝶",是双脚并起的招法。在少林派武术中,若一脚被人捉住,另只脚仍能平地飞起,力踢对手的腮颊。这一招是郑大腹一向所练就的,仓促之中竟给忘了,要不是女儿提醒,几乎丧生于那僧人的手里。从此,郑大腹更不轻意出头露面了。

雅俗轩语云:走镖江湖,难免遭遇劫镖高手,即或恃武保住了镖,却往往不免结仇招致对方暗中伺机报复,留下后患。因而,镖行规矩是尽量化干戈为玉帛,不结仇冤,一旦结仇也千方百计化仇为友。就社会而言,这无疑导致匪患的恶性循环,放虎归山终伤人,即或不伤你也必祸及他人。然而,这已不是镖行力所能及的事情，并且也不在其职事范围之内。镖行职在防御性护卫，除盗灭患的职责在于国家机器。这一点，也是镖行与官兵衙卒的一种本质性区别。

12. 镖客之子武良①

琼州的武良，父亲是位镖客，以拳勇闻名。武良幼时，父亲用药炼其筋骨，使他皮肤坚硬似铁，刀枪不入。稍大一些，同小伙伴们作泅水游戏，唯有他技艺精湛，在水面上如走平地，还能在水里潜伏上一昼夜。他身体小而敏捷，18岁了却长得像孩子似的，但膂力却不小，一同大人空手搏斗就取胜。此外，还善于飞腾，能作旋风舞，跃登数丈高的城墙毫不费力。

武良早年丧母，父亲每次外出都带他同行。曾随父为某商人保镖去太原，途中父亲病了。走出济南不远，突然遇数十名盗贼劫镖，其父因病不敌被伤了眼睛。武良见状大怒，操起刀一跃离地七八丈高，又出其不意地迅速落下，刀砍盗贼头颅，当即脑裂而毙，群盗四下惊蹿。其父因伤势过重死了，武良照旧护卫着商人抵达太原，然后才扶柩返回琼州。鉴于父亲的死，他弃父业以作商贩为生，深感没有前途。

武良有位表姑，嫁给了吴某。吴某有才但家境贫困，武良经常资助他。其女每天卖针黹女红以辅助家用，吴某爱之如掌上明珠，到了盘发插笄的年龄仍待字闺中。邻居张绅曾任侍御之官，因行贿事发被免了职住在家中，为害乡里，有司也不敢过问。张

①《清稗类钞·技勇类·武良与盗徒搏》。

家有子张缙，一只眼，没有文才，到了及冠之年尚不能辨之无，整天只以狎妓为乐，世家大族没有与之议婚的。听人议论说吴女美貌，张缙很想得到，回来说给父亲，要求派人去吴家捉来。张父不愿让儿子失望，并考虑吴某是个老寒士，仗着自家的权势，不会说不通，便打发人上门说亲。不料，吴鄙视张家，不允。张家怒而乘吴某外出之机劫去了吴家女儿，幽禁在楼上。吴女坚持必须遵从父命，张家刚要去请吴某，吴已到了，便强迫写婚书。吴越发大骂，张绅怒而让家人把他打死了，吴女跳楼自尽，武良的表姑也吊死了。

武良听到这些，便鸣官喊冤，但县宰畏于势力而祖护张家。气愤之下出言冲犯了县宰，被赶了出来。愤怒之下，武良夜里跃墙进去把张家七口都杀了。第二天早上，县宰前去察验，怀疑定是武良干的，便飞牒追捕，但捉不到。深夜，县宰已经入寝，梦中忽觉有什么东西落在胸上，惊醒见是武良，吓得要喊，武举刀叱之说："不许叫！你身为百姓父母官，任凭势豪作恶不加惩治反而庇护，本该杀掉。但念你是因为惧怕权势才这样做的，如果马上弃官而去还可免死，不然看你长了几颗脑袋！"县宰吓坏了，连忙答应，不出三日便挂冠而逃，武良也往别处去了。

从此，武良投身行伍，隶属某总镇麾下，征战中屡次立功，擢升为游击之职。总镇忌妒武良，却苦于无隙可乘。适逢巨匪逼境，守戍者征剿失利，飞书告急，总镇便命武良速往援助。匪首特别善战，阵亡20余名士卒，一位副将被擒之后，武良出阵同他角斗。两人越战越酣，索性都丢下武器徒手相搏，眼看对方渐渐力量不支就要被擒，那匪首突然跳下旁边的大沟。武良一惊，忽觉脑后被什么东西打了一下，便也掉到沟里，就势扼擒了匪首，受到了上司的赏赐。路上，匪首悄悄告诉他说："你濒死之际立功，因祸得福，是天助而不是人力所为呵！"武良颇生疑，便追问究竟。匪首笑说："狡兔死，走狗烹；高鸟尽，良弓藏。你的功劳越显赫，也就越发危险。我不跳下沟，也可能被你擒住，却未料跳进大沟还被擒了。那总镇发迹之前也是我的同党，身怀飞弹绝技，百发百中，遇上没有不死的。我同你拼斗时遥望总镇正取弹拽弓跃跃欲试，使我心中忐忑才致使力不懈不敌。当他发弹之际，我是为避弹才跳下大沟的，不想弹中你头，方知总镇之弹是射你而非射我，正庆幸你会死掉却未料还是被你擒住了。不知你是用何办法才当得起这一弹击的？"武良这时才有所觉悟，用手探摸脑后伤处，肿有鹅蛋大个包。

凯旋之后，武良便于夜间隐入大海，不知后来怎么样了。后来，总镇率水师伐剿海盗，用弹弓射杀了十余人之后，船突然翻了，被淹死水中。据说，可能是武良干的。

雅俗轩语云：武良从作镖客的父亲身上承继下一身绝艺和侠勇，未承行业，脱离江湖，似乎是想寻求安生。然而，表姑一家的悲惨遭遇，却使他深悟了世道的不平。投身行伍，再次体验了官匪难辨之苦，无奈之中竟亡命江湖，从少年镖客沦为海盗。正是所谓世道黑暗，官逼民反。官匪不清，则明暗皆匪，平民何以聊生！身处那种黑暗世道，镖客无异于以性命在明盗暗匪之间谋食，虽有侠勇，亦无济于改变社会。事实上，武侠的命运也正是如此而已。

13. 大刀王五与赛蛟龙①

　　清光绪四年（1878），江湖人称"大刀王五"的著名镖师王子斌，在北京东珠市口西半壁街面上购置几间房子，第二年，在这里创办了源顺镖局。镖局门首高悬"源顺号"金字黑匾，右上角高挂绣有"源顺镖局"四个大字的杏黄色镖旗。这个很快便跻身于京城八大镖局之列的源顺镖局，盛时内外大院有34间房屋，镖师达50多人。其陆路镖，主要从京城到济南、开封、太原、榆次、张家口等地；水路镖则是从北京齐化门（朝阳门）经通县到天津。

　　光绪十七年（1891），源顺镖局接了一宗从京城护运十几万两白银到天津的大生意。镖师们一商议，认为这趟镖非同一般，决定由王五亲自押镖，挑选了二喜、山子等12位水性好的镖师同行。在王五的妻子王章氏喊镖声中，一行镖车出了镖局，在齐化门装了满满三艘镖船，王五站在头艘船首押镖瞭望。

　　不料，往天津运送官银的消息已被活动在下西河水域的大盗赛蛟龙的耳目探得。镖船刚驶至下西河，赛蛟龙的劫镖大船便迎面驶来。王五见状急令停船，抱拳施礼说："当家的辛苦了！"赛蛟龙还礼说："掌柜的辛苦了！请问是哪家的？"两下里按江湖规矩盘对了一番，方知对手便是名震江湖的大刀王五，自知是劲敌，却又不甘当着身边30多位兄弟的面就此罢手，只好会一会："掌柜的，你看我手中的枪如何？如若你能胜我一招，那就各不

---

① 据张宝瑞编《北京武林轶事·大刀王五与源顺镖局》，北京燕山出版社 1987 年。

相扰。"王五无奈，只好以武会友，拿起大刀便请对方进招。当赛蛟龙一枪刺来，枪尖离脑不远之际，王五猛然用大刀一撩，震得对方虎口发麻；就在他要抽枪变招的瞬间，王五已一刀劈在了他的左臂上，疼痛难忍，枪便脱手了。然而，王五是用刀背砍的，并未致其伤残，而后也未再进招相逼。赛蛟龙一见王五果然身手不凡，又不愧侠义之士，连忙施礼道："久闻掌柜的大名，今年方得一见，弟感三生有幸。兄之义举，令弟敬佩！"王五也说："在下一时失敬，望当家的多加原谅。"当下，赛蛟龙表示："王五兄，今后有我赛蛟龙闵清在这一带，有插贵镖局镖旗的船只通过，我当尽力保护。"王五见他一反惯例连自己名字也报了出来，便知其诚心实意。从此，两人结为好友，两人以武会友也被传为江湖武林佳话。

雅俗轩语云：镖途多险，若非"尖挂子"，王五纵使名声再大，赛蛟龙亦难降服，可知其果然名不虚传，侠勇不凡，不愧一代著名镖师、武侠。相传王子斌手使一柄大刀，刀法纯熟，威风凛凛，人称"大刀王五"。还是一位义侠，与百日维新的主要人物谭嗣同以生死兄弟相称，传授谭嗣同刀法，并不时地接济谭嗣同的生活。当闻讯戊戌六君子被慈禧太后下令斩于菜市口时，他一度联络了诸多江湖好汉，曾打算效仿《水浒传》里的"江州劫法场"。不曾想走漏风声，扑了个空，

与大刀王五以生死兄弟相称的戊戌六君子主要人物谭嗣同像

只好含泪收敛了谭嗣同的尸首。此后，因其加入了义和团，杀洋人，烧教堂，八国联军把他围堵在源顺镖局被枪杀并枭首示众，时年 56 岁。相传是大侠霍元甲冒死收敛了他的头颅，得以全尸下葬。

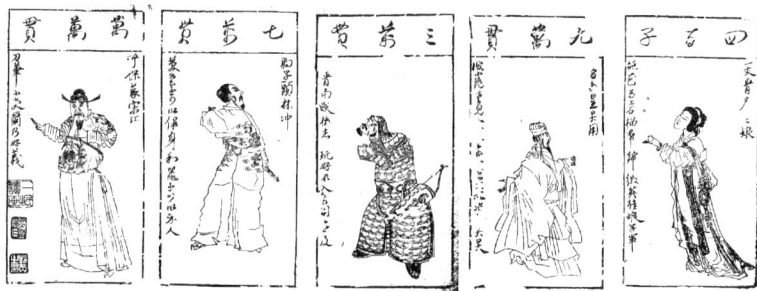

陈老莲《水浒叶子》组图

14. 会友镖师勇擒黑老宋①

在中国镖行史上，北京会友镖局是很有影响的一家大镖局。

镖途险恶，即或赫赫有名的大镖局也难免有失手丢镖的时候。

光绪二十七年（1901），会友镖局从保定往天津运送盐法道的十万两现银，十个百两大元宝为一鞘装了四条大船，由焦朋林、张武山、武宪章等八位镖师押镖前往。当镖船离开保定行驶到下西河时，被诈称税务司的土匪给劫了。会友镖局丢了皇杠，还死了四名镖师。事情惊动了朝廷，盐法道勒令镖局赔偿损失并限期捕获盗贼。

此间，李尧臣走另趟镖回来途经固安县浑河渡口时，从被击

---

①据张宝瑞编《北京武林轶事·李尧臣走镖遇险记》，北京燕山出版社 1987 年。

败的盗贼口供中知道了匪首宋锡朋前几天曾率众劫了会友镖局的皇杠。根据这个线索，镖局进一步探知宋锡朋劫了饷银之后已逃往冀州李家庄躲风。

宋锡朋本即李家庄人，自幼武艺超人，曾参加义和团。义和团失败后，他便聚了数百人当了土匪。他不但武艺好，还能手使双枪，枪法极好，因生得又黑又壮，江湖人称"黑老宋"。北京八大镖局曾联合对付黑老宋，把他打垮了，便到东北入伙当了胡子。

探得黑老宋行踪之后，会友镖局便派出焦朋林、卢玉璞和李尧臣等40多名镖师赶往李家庄捉拿。他们日夜兼程赶到李家庄，半夜里出其不意地把宋宅团团围住。黑老宋倚仗其枪法出众奋力抵抗，李尧臣用巨石砸开院门后，黑老宋一枪打倒了一名冲上去的镖师，再一枪击落了李尧臣已出手的飞镖。于是，镖师们便设计佯攻，消耗其弹药。天将亮时，打尽了弹药，便跳出墙外欲逃。焦朋林、李尧臣等镖师奋勇上前与之拼搏，几经交手，黑老宋寡不敌众，终于不敌，被活擒押回北京。慈禧太后闻讯，便让人押去看看，说道："敢情是这么一个人哪。"后来，把黑老宋解到保定枭首示众了。

雅俗轩语云：名镖师遇名匪，可谓劲敌相斗。名镖局失手于著名大盗，事惊朝廷，终于捉获盗首追回饷银，却也挽回了镖行声誉。然而，面对官匪、窃国大盗，镖行便只有无可奈何了。

六、当代保安业

如果说，从私人豢养武士充当家丁或招收武术家充当幕宾食客来担负武力护卫，到形成传统的保镖行业，是保安服务向社会化的初步转变，那么，当代保安业的兴起，则是这一传统行业迈入现代化的一次划时代的飞跃。

1. 保安公司的兴起

我国当代保安业的兴起，以保安公司的创建为划时代的标志。

从 1984 年 12 月深圳市蛇口首家保安服务公司创立，到 1991 年 6 月这 6 年半时间里，中国的保安公司已达 650 多家，从业人员发展到 10 万多人。至 1993 年 3 月，仅沈阳市已有保安公司 13 家，从业人员 2500 多人。

在商品经济的大潮中，一种非产业性质的社会服务性行业得以如此迅速地大规模兴起，堪谓空前，令人瞩目，以致招致海外新闻媒介的惊讶，成为一种颇受关注的现象。

事实上，亦毋庸大惊小怪，保安业的兴起只不过是我国现代化建设进程中，适应改革开放的需要应运而生的众多新鲜事物之一，是社会化大服务观念的产物。

一种新生事物的出现和推广，无不以其自身内在的性质、功能适应社会发展的要求为基础，都有其相应的时代背景。我国保安业的迅速兴起，亦不例外。其主要表现为如下几方面：

第一，借鉴海外经验推陈出新。

传统保镖行业有数百年的历史，但距今已间断达半个多世纪之久，是海外保安业的活跃为这个传统行业的推陈出新提供了可资借鉴的经验和思考。

现有 2.6 万名从业人员的美国平克顿保安公司，其前身是创立于 1850 年的平克顿侦探社，已有 150 多年的历史。当年，这家保安机构曾经承担过护卫林肯总统的工作。当今美国私营保安业的人财物力业已超过了政府所属的警察机关。日本也是世界上保安业比较发达的国家之一，拥有 1600 多家保安服务企业。其颇有名气的西科姆保安公司，是世界上服务范围最广的一家私营保安服务企业，拥有 8000 多名雇员和 10 万余条保安线路，14 万余家客户分布在世界各地，它曾承担了 1964 年东京奥运会的保安业务。香港从 1970 年起，迄今已有 60 多家保安服务企业；我国台湾地区也于 1978 年 1 月创办了首家私人保安公司。[1] 海外经济发达国家或地区私营保安服务行业的发达，是为适应其商品经济的发展所出现的各类保安消费的多层次需求而出现的。这些区别于直接以执法、护法为职能的政府警察机关的保安服务企业，在社会生活中发挥了警察难以实现的有效而灵活的保安服务功能，适应着不同的实际保安消费需求，业已成为一种重要的社会化服

---

[1] 统计数字均据杨锦《中国刑警纪事·中国当代"镖局"》，群众出版社 1990 年。

务行业。

在经济体制改革初期，曾试行由各企事业单位组建经济警察，虽有其一定作用，但其性质仍属行使国家专政职能，具有相应的局限性。而且，由于长期以来企事业单位的社会化机制，经济警察的单位管理，也限制着其行使有关职能，不能纳入保安服务社会化的轨道。要使保安服务转轨为现代化建设所需要的社会化服务，则必须使之商品化，进入市场经济，别无选择。在此情况下，海外发达国家或地区保安服务社会化、商品化的经验，无疑是对国人的一种启示，可资借鉴。这样一来，便产生了古老的传统保镖行业通过推陈出新的复兴。

第二，适应市场经济所必备的安全保障。

市场经济的发达为国家现代经济繁荣发展注入了活力，同时也因既有的安全保障体制的不相适应，带来了一系列必须面对的新问题，若不同步解决，便会妨碍或阻滞社会经济发展。也就是说，新的社会形势呼唤着新的安全保障服务。

作为社会成员，理所当然地要依靠国家法律和政权机构保障行使社会权利，进行社会活动的安全。然而，作为主要的治安保障机关警察组织，也不免受其力量条件和行使职能特点等因素的制约，而难以有效地广泛满足各类具体保安服务的需求。这一点，各个国家大都如此。尤其在动态发展着的新的治安形势面前，就更加需要运用辅助的保安措施来适应社会新的需求。

在经济活动中，流动人口比率急骤增长，公共娱乐场所成倍增加，出入境人员不断增多，都存在许多不利于治安保障的新因素。甚至，某些新的犯罪趋向直接威胁到经营活动秩序乃至经营者的人身安全。

保安服务公司的出现，便使许多一时难以应付的安全保障问题迎刃而解。普通企事业、公共娱乐场所、酒店、旅店以及诸如促销、交易、运送、展览等经营活动，一般都不便由公安警察出面护卫，便可出资由保安服务公司派员担任保安工作。有的企业长期不能杜绝职工往外捎拿生产材料或产品的现象，雇员保安人员来执勤之后便解决了。有的货场、仓库，以往由退休职工看管，被盗现象不时发生，自从换由保安人员守护之后，便未再发生偷拿、盗窃事件。一些酒店或舞厅等娱乐场所请了保安人员之后，经营秩序大有改观，小拿小摸、骚扰滋事、打架斗殴等流氓犯罪很少发生了。自 1988 年初沈阳市组建保安公司至 1993 年初5 年间，计协助工企单位查堵内盗 3099 起，缴获内盗物资总值123 万余元，并预防各种灾害事故 2037 起。物资、产品交由保安公司派员押运，便减少了沿途被窃或卡要的损失。此外，医院、学校、商场，以及贵重物品、易燃易爆物品的护卫保管，乃至维持旅游、集会等活动秩序等，也进入了保安服务范围。甚至，有的保安公司还接受委托担任了外国驻华使领馆的安全护卫工作，或配合有关方面护卫外国领导人出境等。

第三，满足对外开放中的保安服务需求。

改革开放以来，境内的中外合资或海外独资企业急骤增多，并将有持续增长的趋势；同时，经济特区、各种开发区相继建立。在这些区域或企业中，多参照境外管理模式，许多国家或地区的外方人员都有着不轻易同警察打交道的习惯。在此情况下，公安警察的出面介入多有不便，况且警力也有限，于是其保安工作便在所难免地交由保安服务行业来承担了。社会化保安服务行业以其方便、有效、得体的高质量服务，在对外经济交流与合作中赢得了信誉，显示了作用，成了一个必不可少的基础服务内容。

那么，当代新兴的保安业同半个多世纪前的传统保镖业有何异同呢？

如果说有共同点的话，那就是无论传统保镖业还是当代的保安业，都是有偿性的社会化安全保卫服务。其区别，主要反映在如下几点。

首先，旧时镖局是民间武士自行组建经营的，虽然多有权势人物作后台，并也受雇为官府或官宦进行保镖，但并非隶属官方领导管理。相反，当代保安业都是由政府的公安机关控管，并按企业性质进行现代化的经营管理。

其次，旧时镖局大多采取同盗贼相互默契关照的手段，或凭武力高低来维持当行生意。当代保安业根据有关法规和委托者的合法要求来进行保安活动，并协助司法机关防御、制止和打击有关的违法犯罪行为。

第三，旧时镖局是富有封建色彩的江湖武士的自由职业组合，从业人员素质较差、较复杂。当代保安业在公安部门直接领导下，从人员素质、训练，到经营管理，都具有较高的质量和水平，具有紧密的组织结构和严格的工作纪律。

第四，在冷兵器时代，旧时镖局从业者以传统武功作为主要护卫手段和资本。当代保安业的从业人员除经受必要的武术等防卫擒拿格斗技术训练外，更主要以现代化的器械装备和手段来完成保安工作。例如报警、预警、侦测、通讯、交通工具等重要手段和装备，均是旧时镖局所远莫能比的，显示着业务素质方面质的变化。

凡此种种，都标志着旧时传统保镖业同当代新兴的保安业的本质区别。

当代保安业从旧时保镖业所承续的，主要是其有偿性社会化保安服务，更多的则是对其否定和超越。当然，当代保安业仍旧利用传统武术之长，但已不是唯一的主要护卫手段。

2. 关于私人保镖的思考

迄今为止，中国尚未允许私营保安企业或个体保安专业户。然而，雇用私人保镖却是业已出现并存在于社会生活之中。据报道："那些在近几年中逐渐富裕起来的个体户、承包商纷纷聘用起私人保镖，受聘的保镖大都是身强力壮的年轻人，这些保镖们拥有自己的摩托车、先进的 BB 机、'大哥大'等通信工具，一旦有什么情况，保镖们会以最快的速度赶到，有时则与主人外出办事伴随而行。"① "私人保镖，作为一支为阔佬们看家护院、保障人财，召之即来、挥之即去的'游击队'，已在江、浙、赣、豫、川等地不断涌现。它在某种程度上填补了一些治安的空白，但是，它现在尚处的或明或暗、自生自灭的状态。"② 也就是说，私人保镖业已随着一部分人财产的积聚而悄然进入社会生活。

综合各类新闻媒介透示或揭载的信息，当前私人保镖的雇主，主要有这样几种情况：首先是经商或办厂富裕起来的个体户、私营业主，其次是一些走穴致富的影视演员或歌星，再即股

---

①龙钢《都市里的私人"保镖"》，见《东方时报》（月末世界）1992 年第 11 期"社会天地"版。

②朱思恩《私人保镖的江湖生涯》，见《长江开发报》（周末世界）1992 年第 11 期"社会天地"版。

票证券市场中的成功者，同时也包括经常挟巨款赌博的财徒，等等。无论哪种雇主，其雇用私人保镖，首先是为了在遇到不测的危险情况下保证人身及财产安全，有的个体户、私营业主还派保镖押运钱财物品或兼推销事物。同时，在生意场上或社交活动中，带有私人保镖还有显示雇主实力、气魄和身价地位的附加效应。

从受雇充当私人保镖者方面来看，情况比较复杂。有的是在部队或保安公司受过专门训练的退役、辞职人员，有的是武术爱好者，也有身怀一定武艺的无业人员。情况虽不尽一样，但大都身强体壮、掌握一定的格斗技艺。如果认为当代新兴的保安公司同旧时传统镖局已发生了质的变化，但目前业已存在的民间私人保镖则仍然未跳出传统模式，只不过没有那一套行规就是了。

私人保镖的出现，是当代市场经济发展所带来的一种保安消费产物，无疑给需求者带来了相应的效益和满足，是官办保安公司的一种补充。但是，由于私人保镖未获得合法的正式许可，缺乏必要的法规约束和相应的管理，处于自发和自由散在的状态，就难免存在种种弊端，甚至成为不利于社会治安的新因素。于是，"有人曾试图将私人保镖，作为政法机关的编外'保安队'，以加强对镖客的职业管理；这，或许是私人保镖走向正规的有效途径"。也有报刊载示指出："社会治安的问题是私人聘用保镖的主要原因。应该说社会上出现这一现象，对社会发展无疑是有碍的。一位社会学者说，私人保镖的出现是一种消极的现象，也是一种暂时现象，随着社会的进步和物质生活水平的提高，这种现象会自然消失的。"

无论怎样，私人保镖是必须正视其存在的社会现象。放任自流，任其自由存在、生灭，显然不是一种积极的态度。那么，私人保镖的出路何在呢？这是一个有待深入调查和思索探讨的问题。

一种办法，是深化现有保安公司的企业化管理水平，提高其保安业务素质，进一步拓展其服务领域和层面，以适应社会上多种层次的合法保安消费需求，提供有信誉、高质量的灵活而有效的服务，全面占领保安消费市场。同时，取缔或制止私人保镖的存在。

再一种办法，便是像开放家庭服务员或各类经纪人市场那样，将私人保镖业纳入合法经营、依法管理的轨道。例如，设立由公安机关或保安公司代管的事务所或专门行业管理协会，对从业人员通过考核、审查合格后予以登记注册，给予从业资格，并负责介绍、推荐受雇、办理担保、签约等必要的手续。将私人保镖纳入正常的合法经营管理轨道，既可清理其处于自由散在混乱状态下给社会治安带来的不利因素，又可有效地保障供求双方的各种合法权益，使之成为保安公司之外的行业服务的补充。

就市场经济发展的社会需求和保安消费市场的发展趋势来看，彻底取缔私人保镖和放任自流均非明智的办法，积极有效的办法当属将保安消费市场完全纳入法制化管理，给予私人的保安服务以一席合法地位。这样，不仅有利于取缔非法从业，亦便于依法处理有关纠纷案件，同时还有益于促进保安消费市场的健康竞争机制的生长，为社会提供高质量、有效、便利的保安服务，满足多层次的合法需求。

从传统保镖业的出现，到当代保安业的兴起，其生成与发展变化的历史轨迹都说明保安服务是一种客观存在的社会需求，一种特别的文化现象。中国传统保镖业的形成，是其商品化、社会化的产物。如何使当代保安业适应现实社会的需求，使之切实进入社会化大服务的网络，促进社会经济的发达，是时代赋予社会的新要求、新课题，还有待多方合作、深入探讨。

当代保安业正应保安消费的需求而方兴未艾。企事业单位和私人对保安消费的需求，都在不断增加。而且，集文秘、公关乃至司机等于一身的女性保安从业者，亦应运而生。女镖师的出现，无疑是现实需求的结果。同时，也给人带来许多疑虑、误解或猜测。一位不愿透露真实姓名的女镖师的自述，似乎可以澄清一些偏见或猜测。其撰文写道：①

　　我不喜欢"女保镖"这个词儿，它总给人以母老虎的感觉。其实，既然这一职业被冠以性别上的特殊性，就不能否认其存在的价值。我从不避忌对人谈论我的职业，这一点也许和大多数同行不一样。我也不想呼唤理解，"理解万岁"对我来说没有什么价值。我只是想告诉人们，女保镖并不很神秘，而那些就业无路却适合做这工作的姐妹不要谈虎色变。

　　我生在南方，我的故乡有一汪西湖倾国倾城；我长在北京，那里是我父母从小生活的地方。七岁开始，我就和当武术教练的叔叔一起摸爬滚打，当时仅仅是好奇，没想到后来涨潮了，人们纷纷下海，我的一点功夫竟然成了赖以谋生的资本，它甚至比我的大学文凭更有市场。

　　现代社会需要保镖的不是黑社会的老大而用钱来装点门

① 原载《都市青年报》1993 年 5 月 14 日第 2 版。

面的大款。他们不想威慑别人，只因为"财大招风"而不得不为自己上一道保险。但是身后站上两个彪形大汉又完全没有必要。于是保镖这一职业的性别专利开始打破，女性保镖走俏市场。

其实，我们女保镖最大的优点就是隐蔽性强，而且可以兼做公关、文秘、打字员，必要时还要会外语。在平时，我是衣着入时，温文尔雅地跟随在老板身边，不管他谈生意还是搞娱乐，我总是以一个公关小姐的形象与他寸步不离，既保护了他的安全，又不至于给社交场合带来不必要的紧张。毫不夸张，我们女保镖的层次比男保镖要高得多，需要文武全才，机智、勇敢、漂亮、身材甚至酒量，哪一样都缺不了。因为我不仅私下是老板的保护者，门面上还要代表他的档次。

总有人以为我们一个月拿上千元的工资，似乎和老板会有牵连。其实，这些都是个人的事，女保镖并没有份外的义务要履行，而老板一般也没有非分之想，就算有，他不怕挨揍吗？偶尔两厢情愿的事例也有，不过多数老板都不傻，他花钱雇来的不是个情人。

我老板对我两年来的工作很满意，因为我的存在使他不管做什么都心里踏实，从容不迫，很多以前的顾虑都不再构成压力。现在他正派人教我学习汽车驾驶，我不办执照，只是以备万一。

我的身手不错，可派用场次数不多，虽然几次使我的老板化险为夷，不过我的保镖经历还是比电影里的精彩情节逊色许多，平时不露山水，有时还要大惊小怪地尖叫一声，但心里却非常冷静。总以公关小姐的形象出现，也不是没有被打过主意，这时我是不动手的，常用的武器便是高跟鞋，只要我"不小心"一下，保证个个都规规矩矩。

生意场里欺诈太多，虚伪太多。我当女保镖体验过一切，我的目标一则挣钱，二则挣经验。我梦想有一天能单独闯荡天下。

别问我姓名，我叫什么我在哪里都不重要，我只知道我已经寻得自己的价值所在。潮水越涨越高，不学会游泳就会被淹死。不管怎样，我的知识和经验告诉我，不能在一个安静的水潭里蜗居几十年以等待上帝的呼唤。

1993 年以来，各地一些体育、公安院校相继创办了以培养知识型高水准专业保镖为宗旨的防卫专业或训练班，有的地方创设了专门的保安学校，以及专事培训女镖师的培训班。广州开办的首期女子保镖培训班，在两个月里，由部队体育学院教练开设了汽车驾驶、射击、格斗、擒拿和法律知识等科目。一些职业学校，也应保安公司的要求，招收、培训保安员，为之输送从业人员。

凡此，一方面说明，当代保安从业者既需要具备起码的专业素质，需要传统的近身防卫和制敌的武术功夫；同时也说明，新兴的保安业，从一起步便纳入了现代化的基本轨道，正在健康发展。

当然，有关理论、制度、法规的探讨、完善，尚有待深入进行。

附　录

一、"锦标"与"保镖"词系考[①]

（一）"锦标"词系考

词源学将一种语言内部或亲属语言之间语源相同的语词视为同源词，不同的同源词便构成各自词源系统的词族。

许多语词的民俗语源往往与同一种民俗形态、民俗事象或民俗要素有关，但未必是同出一种民俗语源的词族。其关键性标志，在于其语义是否衍生于同一民俗语源。例如，"大锅饭"和"铁饭碗"的语义衍生于家族聚居同食的传统民俗，"铁饭碗"的语义则衍生于职事民俗。因而，它们不属同源词族。相反，"醋大"却同"吃醋""拈酸吃醋""争风吃醋""吃寡醋""醋海""醋意""醋劲""醋坛子""醋心""醋相"等，构成同一民俗语源的词族。这是因为，其语义生衍及文化内涵均源自由"醋"所蕴涵的嫉妒、穷酸这一民俗心理而生的民俗语义。

---

①原载《中国民间文化》第 1 辑，学林出版社 1995 年。

同样，"锦标"与"保镖"就字面而言似乎是风马牛不相及的两个语词，但一旦考清其民俗语源，却可发现两者不仅属于共同民俗语源的同一词族，而且还是一个同源词众多的大词族。

为此，我们先看一下"锦标"及与之相关联的语词。除另行著明者外，释文均见《现代汉语词典》1978年12月第1版，或1989年4月出版的《现代汉语词典补编》（含补义）。

锦标　授给竞赛中优胜者的奖品，如锦旗、银盾、银杯等。

锦标赛　获胜的团体或个人取得锦标的体育运动比赛，如国际乒乓球锦标赛。

锦旗　用彩色绸缎制成的旗子，授给竞赛或生产劳动中的优胜者，或者送给团体或个人，表示敬意、谢意等。

招标　旧时兴建工程或进行大宗商品交易时，公布标准和条件，提出价格，招人承包或承买叫作招标。

投标　旧时承包建筑工程或承买大宗商品时，承包人或买主按照招标公告的标准和条件提出价格，填具标单，叫作投标。

夺标　夺取锦标，特指夺取冠军。【补义】承包人或买主所投的标被招标者选中。

中标　投标得中。（见《补编》）

显然，"锦旗""招标""投标""夺标"等语义的生衍，均同"锦标"和"锦标赛"直接相关，或谓由其派生而来，是同源词。事实上，考其民俗语源，这一词族乃出自中国古代的竞舟夺标游艺民俗。

竞舟游艺民俗由来已久，早在南朝梁宗懔《荆楚岁时记》中记端午节时已记到"是日，竞渡"。对此，隋杜公瞻注道："五月五日竞渡，俗为屈原投汨罗日，伤其死，故并命舟楫以拯之。"

清翟灏《通俗编》卷三一"龙船"条引注《荆楚岁时记》时亦道："竞渡惟以迅疾争胜。"关于竞舟游艺民俗，学界尚有争议未果，一种意见认为早在屈原投江事之先业已形成，以此纪念这位爱国诗人是后来插入的民俗意义。即或从屈原投江算起，这一民俗亦有二千三百多年的历史了。不过，有关竞舟争夺锦标的记载，大量见于唐宋以来的史料。个中，清人翟灏便依据文献断定此俗的形成早于屈原时代。且看其《通俗编》卷三一"龙船"条所议："《述异记》云，'吴王夫差作天池，池中造龙舟，日与西施为水戏'，此事尚出屈原前。《晋书·夏统传》，'会上巳，士女骈填（阗），贾充问统能随水戏乎'，则其戏演于上巳。《武林旧事》言，'西湖探春者，至禁烟为最盛，龙舟十余，彩旗叠鼓，交午曼衍，粲如织锦'，而述端午之盛，不言龙舟，见其时犹但于三月为之也。"可见，所言有据。

唐元稹《竞舟》诗云："楚俗不爱力，费力为竞舟。买舟俟一竞，竞敛贫者赇。年年四五月，茧实麦小秋。积水堰堤坏，拔秧蒲稗稠。此时集丁壮，习竞南亩头。朝饮村社酒，暮椎邻舍牛。祭船如祭酒，习竞如习雠。连延数十日，作业不复忧。君侯馈良吉，会客陈膳羞。画鹢四来合，大竞长江流。建标明取舍，胜负死生求。一时欢呼罢，三月农事休。"诗中感叹竞舟影响农事，足见当时此俗颇盛。其中所谓"建标明取舍"之"标"，即所树立的用作获胜奖励的锦标，亦即白居易《和春深》诗第十五首中所说的"齐桡争渡处，一匹锦标斜"。刘禹锡亦有《竞渡曲》记云："沅江五月平堤流，邑人相将浮彩舟。灵均何年歌已矣，哀谣振楫从此起。扬桴击节雷阗阗，乱流齐进声轰然。蛟龙得雨鬐鬛动，螮蝀饮河形影联。刺史临流褰翠帷，揭竿命爵分雄雌。

先鸣余勇争鼓舞，未至衔枚颜色沮。百胜本自有前期，一飞又来无定所。风俗如狂重此时，纵观云委江之湄。彩旗夹岸照鲛室，罗袜凌波呈水嬉。曲终人散空愁暮，招屈亭前水东注。"其中"揭竿命爵分雌雄"，便指树立锦标并悬赏鼓励竞舟争雄。其"竿"，亦即"标竿"，宋人笔记中述之甚明，详见后文。

南宋临济宗的虚堂智愚《虚堂和尚语录》卷九禅录中有云："向道是龙刚不信，果然夺得锦标归。"其中的"夺锦标"，便为竞舟夺标，而此语乃唐人卢肇及第后观龙舟竞渡所赋诗句。事见五代王定保《唐摭言》和宋计有功《唐诗纪事》。《唐摭言》卷三《慈恩寺题名游赏赋咏杂记》载："卢肇，袁州宜春人，与颇赴举，同日遵路，郡牧于离亭饯颇而已。……明年，肇状元及第而归，刺史以下接之，大惭恚。会延肇看竞渡，于席上赋诗曰：向道是龙刚不信，果然夺得锦标归。"这里"夺锦标"一语双关，既指竞舟夺标得胜，亦用以隐喻卢肇状元及第，后世便又以"夺标"喻称考中状元。

五代时，竞舟夺标又有"打标"之称。清人俞樾《打标》诗中吟道："我读《江南录》，竞渡曰打标。借以习水战，不唱迎神谣。"诗中的《江南录》，即宋龙衮《江南野录》，是书云："嗣主许诸郡民竞渡。每端午，较其殿最。胜者加以银碗，谓之打标。"宋马令《南唐书·后主书》亦载："保大中（李璟保大年间），许郡县村社竞渡，每岁端午，官给彩缎，俾两两较其迟速，胜者加以银碗，谓之打标。"就此，翟灏《通俗编》卷三一"打标"条案语认为，"此亦竞渡但争迅疾之证"。同时，亦可知，此间夺标获胜除可获锦旗而外，尚有银碗为奖。也就是说，所谓"锦标"不止指锦旗，尚含作为获胜奖励的其他奖品，夺标亦在于争取这些标志争雄得胜荣耀的诸奖品。

至宋代，又出现了与此相关的"付标""标竿""标赏""争标""得标"等，均见诸有关史料文字。宋叶适《水心文集》卷六《永嘉端午行》诗中云："行春桥东崎岩北，大舫移家住无隙。立瓶叵罗银价踊，冰衫雪裤胭脂勒。使君劝客亲付标，两朋予夺悬分毫。起身齐看船势侧，桡安不动涛头高。古来崝水斗胜负，湖边常嬴岂其数？岸腾波沸相随流，回庙长歌谢神助。"孟元老《东京梦华录》卷七《驾幸临水殿观争标锡宴》："驾先幸池之临水殿，锡宴群臣。殿前出水棚，排立仪卫。近殿水中，横列四彩舟……又以旗招之，则诸船皆列五殿之东西，对水殿排成行列，则有小舟一军校执一竿，上挂以锦彩银碗之类，谓之'标竿'，插在近殿水中。又见旗招之，则两行舟鸣鼓而进，捷者得标，则山呼拜舞。并虎头船之类，各三次争标而止。"吴自牧《梦粱录》卷一《八日祠山圣诞》载："初八日，西湖画舫尽开，苏堤游人，来往如蚁。其日，龙舟六只，戏于湖中。其舟俱装十太尉、七圣、二郎神、神鬼、快行、锦体浪子、黄胖，杂以鲜色旗伞、花篮、闹竿、鼓吹之类。其余皆簪大花，卷脚帽子，红绿戏衫，执棹行舟，戏游波中。帅守出城，往一清堂弹压。其龙舟俱呈参州府，令立标竿于湖中，挂其锦彩、银碗、官楮，犒龙舟，快捷者赏之。有一小节级，披黄衫，顶青巾，带大花，插孔雀尾，乘小舟抵湖堂，横节杖，声诸，取指挥，次以舟回，朝诸龙以小彩旗招之，诸舟俱鸣锣击鼓，分两势划棹旋转，而远远排列成行，在以小彩旗引之，龙舟并进者二，又以旗招之，其龙舟远列成行，而先进者得捷取标赏，声喏而退，余者以钱酒支犒也。"周密《武林旧事》卷三《西湖游幸》："龙舟十余，彩旗叠鼓，交午曼衍，粲如织锦。内有曾经宣唤者，则锦衣花帽，以自别于众。京尹为立赏格，竞渡争标。内珰贵客，赏犒无算。"耐得翁《都城纪胜·舟船》："西湖春中，浙江秋中，皆有龙舟争标，轻捷可观，有金明池之遗风。"又汪元量《西湖旧梦》诗称："帝城官妓出湖边，尽做军装斗画船。夺得锦标权遣喜，金银关会赏婵娟。"是知南宋之际已有女性参加竞舟争夺锦标。高斯得《西湖竞渡游人有践踏之厄》诗亦尽述竞舟夺标盛况，其中写道："杭州城西二月八，湖上处处笙歌发。行都士女出如云，骈骦塞路车联辖。龙舟竞渡数千艘，红旗绿棹纷相戛。有似昆明水战时，石鲸秋风动鳞甲。抽钗脱钏解佩环，匝岸游人争赏设。平章家住葛山下，丽服明妆四罗列。唤船吹入里湖来，金钱百万标竿揭。倾湖坌至人相登，万众崩腾遭踏杀。"

入元代之后，竞舟夺标仍然风行。宋末元初的黄公绍曾作有《端午竞渡棹歌十首》，其第七首写道："棹如飞，棹如飞，水中万鼓起潜蛟。最是玉莲堂上好，跃来夺锦看吴儿。""夺锦"者，即竞舟争夺锦标。元张宪《端午词》亦写道；"五色灵钱傍午烧，彩胜绿，万镒黄金一日销。"是知获得锦标之后，又有时再行相互争夺。

及至明清，竞舟夺标风依旧颇盛。明李东阳《竞渡谣》中写道："湖南人家重端午，大船小船竞官渡。彩旗花鼓坐两头，齐唱船歌过江去，丛牙乱桨疾若飞，跳波溅浪湿人衣。须臾欢声动地起，人人争道得标归。年年得标好门户，舟人相惊复相妒。两舟睥睨疾若仇，戕肌碎首不自谋。严诃力紧不得定，不然相传得瘟病。家家买得巫在船，船船斗捷巫得钱。"清嘉庆二十二年（1817）增刻本《长沙县志》卷十六所载恰印证了诗中所说："五月，端午……坊市造龙舟，竞渡夺标，俗以为禳灾，实吊屈原之遗意也。屡示禁止，此风以息。"是知其间竞舟夺标民俗活动除纪念屈原而外，特别突出了去瘟禳灾的意义，这一点恰亦是巫术信仰古风之遗存。而且，此间又有"抢标"一说与"夺标"同义并行，如李斗《扬州画舫录》卷十一载："龙船自五月朔至十八日为一市。……龙舟执戈竞斗，谓之'抢标'。又有以土瓶实钱果为标者、以猪胞实钱果使浮水面为标者，舟中人飞身泅水抢之。"显然，其"抢标"亦即"夺标"，个中的"抢"与"夺"为同义词素。

综上可见，唐以来"逮标""锦标""夺标""打标""付标""标竿""标赏""争标""得标""夺锦""抢标"等诸语词，均源出于传统竞舟游艺民俗，并以"锦标"之"标"或"锦"这一语素为构成同源词系统。以唐人卢肇状元及第后观竞舟赋诗为典故，后世用"夺标"喻称考中状元，仍未脱离其所出的民俗语源。现代所说的"招标""夺标"乃至"中标"，亦均由此语源生衍而出，轨迹明显。"中标"表面似可令人联想到试箭射中"标的"，但其"标"这一词素并无靶、的之类意义，而是从作为锦旗、奖品这一意义转生而成。也就是说，他们仍属"锦标"词系。

（二）"保镖"词系考

"保镖"，或作"保镳"，通常是指"旧时有武艺的人受雇护送财物或保护雇主人身安全"，以及"从事保镖之事者"。

由于镖师（保镖业从业武士）有许多善用飞镖，"镖"或"镳"字亦正指这种便携的兵器，加之武侠文学作品中镖师又大都是使飞镖的好手，于是世人便产生一种印象：保镖的当然要精通镖术，"保镖"这个名目便是由此而来。其实，完全是一种误解，或无意识的附会。

据清光绪二十年（1894）18岁便进入北京八大镖局之一的会友镖局从业的著名镖师李尧臣（1876—1973）《保镖生活》一文说："一般都知道，有些镖行的人能使飞镖，因此有人以为镖局的得名，就是因为使用飞镖的缘故，这实在是一种误会。所谓保镖是指保送的财物、银两，所以装着财货、银两的车辆就叫镖车；财货银两被贼截去，就叫丢了镖。镖局的镖旗、镖号，都是因此命名。至于飞镖，不过是一种武器罢了。镖行的人未见得人人能使飞镖。"那么，"镖局""保镖"究竟从何得名呢？只有搞清其语源方可解开此谜。

台湾刘师古著《闲话金瓶梅》中谈道："中国史上有保镖一行饭吃，是由于清初山西人有了'票号'汇兑行业之后。票号又是顾亭林、傅青主等人发起的反清复明之秘密组织。因此才有武林高手的保镖，负责运送银两汇兑业务。……故是，如《金瓶梅》中所称的'标行'，是'镖局'的另一通称。"（见下例之其一）读之，显然所说自相矛盾。试问，若《金瓶梅》中的"标行"系"镖局"的"另一通称"，那么又何以保镖一行出自为清初以来票号运送银两汇兑业务而生呢？明万历前即已存在的事物反倒以清季事物为源头，本末倒置了。假设镖行源于为票号保镖，世人倒亦可猜测其命名由来或可同"镖"字所含的"票"字有关了，就如因镖师有善用飞镖所附会的那样。

事实上，"标行"并非"镖局"的另一通称，而是其正字的本来称谓。也就是说，保镖之"镖"本为"标"字，镖局之"局"是清季才用于这一行业的经营组织称谓。迄今所知中国镖行并非形成于清季为票号保镖，其主要文字资料的根据亦正是

《金瓶梅》中关于西门庆开设"标行"的记述①。请看如下三例：

其一

　　员外道："你们却不晓的，西门大官家里豪富泼天，金银广布，身居右班左职。现在蔡太师门下做个干儿子，就是内相、朝官，那个大与他心腹往来。家里开着两个绫缎铺，如今又要开个标行，进的利钱也委的无数。……"（第 55 回）

其二

　　话说西门庆那日陪吴大舅、应伯爵等饮酒中间，因问韩道国："客伙中标船几时起身？咱好收拾打包。"韩道国道："昨日有人来会，也只在二十四日开船。"（第 66 回）

其三

　　这文嫂方说道："县门前西门大老爹，如今见在提刑院做掌刑千户，家中放官吏债，开四五处铺面：缎子铺、生药铺、绸绢铺、绒线铺，外边江湖又走标船，扬州兴贩盐引，东平府上纳香蜡，伙计主管约有数十。……"（第 69 回）

　　审之明万历年间所刊《金瓶梅词话》，以及清代张竹坡以《新刻绣像批评金瓶梅》为底本加以改易、评论而刊的《皋鹤堂批评第一奇书金瓶梅》，其"标行""标船"之"标"均不作"镖"，却悉属后来写作"镖行""镖船"的同义语。

---

　　①具体的语例详见前述，于此不赘重复。

　　至清季，有关镖行事物，虽"标""镖"间用，仍以用"标"字为常见。如吴炽昌《客窗闲话·难女》："余舅金氏，以大海之洋行业，自置洋船五，在东西洋贸易。每船必有标客，以御盗贼。甲子春，船将开行，大宴标客，招优演剧，甚盛设也。标客自然首坐，傲睨一切。"袁枚《新齐谐·董金瓯》："吾父某亦为人保标，路逢僧耳，与角斗，不胜而死。"清黄轩祖《游梁琐记·王天冲》亦有"拨干仆标队卫之"之语。又如清末梁启超《中国地理大势说》："燕齐之交，其慓悍之风犹存。至今响马标客，犹椎埋侠子之遗。"同时，亦有写作"镖"者，如高士奇《天禄识余·马头镖客》，文康《儿女英雄传》第32回中的"走镖这一行"。

　　值得指出的是，清季有关镖行事物"标"与"镖"间用的情况，竟然在一部佚名氏手写本《江湖走镖隐语行话谱》中，得以集中反映。是书凡十一处用"走镖"之类者，有五处写作"标"字，如"齐云获愿，祁明走标，徐忠访友"等，或作"走镖者，英雄也"等同义混用。

　　民初以来迄至当今，"保标"之类举凡标行事物的"标"字，几乎通作"镖"字，并以此为规范流行开来。于是，便为人们考释"保镖"语源和索解镖行源流与命名由来障以扑朔迷离的雾翳，成了一个连镖师自身亦不曾解开的历史之谜。

　　汉语史上，由于种种因素产生的以音同音近字代本字的通假字现象颇多。以"镖"代"标"，即属同音假借。在以"镖"借代"标"的600多年历史过程中，清代处于其本字与假借字混杂间用的过渡阶段。就通常所知，一个假借字历经约近三百年的时间才约定俗成被确定为后世的通用正字，并使后人几乎认定作本字，是不少的。根据通假字的衍变生成规律，以"保镖"代"保标"这一语言事实的本身，便是其本字为"标"的一种逆向佐证。究其成因，当然即上述误以为镖行、保镖得名于镖师善用飞镖的附会和讹传，从而掩盖了其语源本出自古代竞舟夺标这种游艺民俗的历史本来面目。

"保标（镖）"一语的生成，系相对竞舟活动的"夺标"而言。宋曾巩《南湖行》诗云："夺标得隽唯恐迟，雷轰电激使人迷。"说明至宋代业已有双音词形式的"夺标"正式进入文字记录，而此前虽已形成这种语义，但所见文字者却多为"夺……锦标"或"夺……标"之类语式。"夺标"一词的出现，便为诸如"保标"等语词的生成提供了可以对应联系的对象条件。以阴阳共存并衍生万物的辩证思想为核心的对立统一意识，是中国传统思维观念的主导意识，即如《易·系辞上》所说"一阴一阳之谓道"。根据阴阳、上下、大小、多少、反正、胜负等无穷的事物对应逻辑，同"夺标"相对应的自然是"保标"了。

在前述有关竞舟活动的史料中可以发现，历代夺标争雄相当激烈，乃至"习竞如习儶""胜负死生求"（元稹诗），常有"东船夺得西船标"（张宪诗）、"舟人相惊复相妒"或"两舟睥睨疾若仇，戕肌碎首不自谋"而"严诃力禁不得定"（李东阳诗）之类相妒仇斗之事发生。至于设水上浮标由"舟中人飞身泅水抢之"者，有其难免发生纠纷殴斗。得标之后，在离开赛场之前尚须保标。因而，尽管有关文字史料未见"保标"字样，却是客观存在于竞舟夺标活动中的必然事实。这一点，是"保标"一词生成直接民俗语源所在。

一如唐以后借卢肇状元及第之后观竞舟夺标赋诗为典，兼用

"夺标"隐喻及第或投标得中等义，镖行将其护卫对象隐喻为"锦标"或"标"也是直接源自竞舟过程中相对"夺标"而言的"保标"行为。保镖作为一种社会职事现象，是相对和为防御有人劫掠夺镖而产生的。从符号学视点而言，保镖业及其诸名目正是以竞舟夺标、保标诸事象为隐喻和生衍而来，其民俗活动是符号的能指成分，保镖职事则是符号的所指成分。

　　竞舟夺标民俗活动产生了与之相关的一系同源词族，保镖职事行为亦产生有与当行活动相关的一系同源词族，从这两系同源词族各自符号语义的内在联系上，亦十分清楚地显示着其本来属于共同民俗语源这一事实。如例：

　　　①锦标、标　竞舟民俗指用以奖励、犒赏获胜者的锦旗和奖品及相应的荣誉；镖行用指受雇护卫的对象，如人、财、物资等。

　　　②标旗　本竞舟民俗的锦标；镖行用指镖局门首或镖车、镖船及中途宿地悬插的写有镖局字号的旗帜标志。

　　　③标号　本竞舟活动中擂鼓呼喊助威兼统一水手行动的号子；镖行走镖途中喊镖号除兼具扬威及镖旗功能外，亦是一种内部联络暗号，即如《江湖走镖隐语行话谱》所载："走镖者遇事先要开口，先喊小号'哈武'二字。在店内，收更时叫起，喊'哈武'二字，一齐都起来了。喊'哈武我'，全都起来了。拾东西装车，喊'哈武，各管其手了，哈武我'。车不动，回头看，别丢下东西，'扫堂了，哈武哈武我'。上车喊'哈武，请客上车押辕子，哈武我'。……出店走了，喊'哈武，跟帮一溜溜了，哈哈武我'。"喊镖号又

谓"喊趟子"。

④标船　本竞舟民俗夺标者驾驶的船只，如龙舟、彩舟等；镖行用指装载所护卫的人财物质的运输船只。

⑤标车　本于标船；镖行用指陆路装载所护卫的人财物资的运输车辆。

⑥标客、标师　本竞舟民俗的夺标者，也是获胜得标后的保标者；镖行用指当行从业者，即保镖的武士。

⑦标头　本竞舟民俗的舵手、老大或水手头领；镖行用指镖师中的头领，俗称"大伙计"。

⑧标队　本竞舟民俗的夺标船队；镖行用指陆路护运人财物资的一行人等。

⑨走标　本竞舟民俗的夺标；镖行用指行程保镖。

⑩失标、丢标　本竞舟民俗的夺标未成或得标后被别方抢走，如"东船夺了西船标"；镖行用指所护卫的人财物资被人劫去。

⑪抢标、劫标　本竞舟民俗的夺标或失标；镖行用指劫掠镖师所护卫的人财物资。

⑫标行　本竞舟民俗夺标活动；镖行用指当行职事及其经营组织，例如镖局。

从竞舟民俗到保镖职业活动，均以"夺标"与"保标"的对抗性行为核心。上述两系词族的对应语义的生成轨迹，亦不外如此。其生成、对应的前提，即同源于竞舟夺标游艺民俗。一如有些通假字仍在沿用，"保镖"之"镖"虽非本来正字，但既已经约定俗成通行开来并不妨碍正常的言语交际，当然也就没有必要将其硬行改正以求规范。试图强制性纠正已为社会广泛认同的事物，除特别必要条件者外往往徒劳无益，事实上也很难实行。不过，通过考释索解其民俗语源，非但可在词源上正本清源，尚有助于弄清事物的本来历史，进而正确把握其语义和文化内涵，则具有重要的科学意义。

二、近代江湖春典①

（一）闽粤及南洋各地通行之隐语

猪肉：白瓜。　　　　　　牛肉：大菜。

烧肉：金瓜。　　　　　　大鱼：川浪。

烧鹅：金六。　　　　　　生盐：进兴。

牛烛：牛亮。　　　　　　毛鸡：亚七。

青菜：青苗。　　　　　　咸鱼：丫环。

谷米：洪沙。　　　　　　松柴：洪柴；砍浪。

生油：滑子。　　　　　　烧鸭：金八。

清水：锡；三河。　　　　脚香：桂枝。

灯火：太公。　　　　　　白醋：洪顺天。

公所：红花亭；松柏林。

集会：开台；放马。

外人：风；疯子；鹧鸪。

会中秘密书：衫仔；海底；金不换。

---

① 《海底》摘录，雅俗轩点校

发：青丝。　　　　　　　祖先公馆：马桶。

小刀：狮子。　　　　　　火药：狗粪。

斩首：洗面。　　　　　　密会所：三尺六；古松。

洋伞：洪头；独脚；乌云。

鹅毛：亚陆。　　　　　　槟榔：公主。

入会：入圈；拜正；出世。

会中兄弟：香；洪英；豪杰。

新入会者：新丁贵人。

会员凭票（会证）：腰平；八角招牌；八卦。

家：甲子。　　　　　　　剑：桔板；绉纱。

大炮：黑狗。　　　　　　大炮声：狗吠。

海：大天。　　　　　　　旅行：游线。

蜡烛：古树。　　　　　　毛鸭：亚八。

酒杯：连米。　　　　　　春药：粮草。

茶叶：青莲子。　　　　　生烟：生姜。

熟烟：熟姜。　　　　　　如思烟：中姜。

慈姑烟：姜；寸姜。　　　洋烟：云油；文油。

元宝：古树叶。　　　　　烧酒：火山子；家和兴。

筷子：双铜。　　　　　　饭碗：莲花。

大碗：大莲花。　　　　　大碟：莲蓬。

茶杯：莲棒。　　　　　　鸭蛋：昆仑。

食饭：打沙。　　　　　　食粥：打浪。

食烟：咬姜。　　　　　　茶壶：本杖。

酒壶：载。　　　　　　　衣服：袈裟。

蚊帐：炮台城；灯笼。　　新鞋：兵兰。

新帽：万笠。　　　　　灯笼：鱼虾；蛟帐。

草鞋：铁板。　　　　　饮酒：哈。

饮茶：哈青莲。　　　　手巾：五色丝罗。

和尚：念三。　　　　　师姑：念七。

老将：咬雪。　　　　　莤梗：军器。

菜刀：跳。　　　　　　大货：绉纱。

截路：打鹧鸪。　　　　雨帽：顶公。

老银：瓜子。　　　　　借银：法助；助力。

去：游。　　　　　　　船：飘。

打明火：食如生；此样如思。

纸扇：清风。　　　　　花钱：芝麻。

食：跟。　　　　　　　屋：格。

（二）各地通行隐语

（1）建筑物等类

城：园子。　　　　　　镇集：凑子；杆子。

土围子：圈子；围子。

无土围之集镇：片上。　房子：窑子。

家：子堂；甲子。　　　衙门：威武窑子。

庙：古子。　　　　　　房间：叠窑；绣子。

山寨：天窑子。　　　　牢：书房。

桥：锅子；空心子；张心子。

路：线；梁子。　　　　墓：乱点子；丁子。

塔：锥子；绝子；钻天子。

拘留所：小学堂。　　馆材：四块子；狗硼头。

土地庙：当坊古子。　城隍庙：阎王古子。

坐牢：进书房。　　　吃官司：看书。

刑满：办交卸。　　　犯案：落马；遭事。

执行死刑：灰锥子。　走路：踹线。

搬家：巩叠窑子；飞窑子；营挪窑子。

住家：垛。　　　　　回家：倒回；回窑堂；马里。

黄沙：黑金子。　　　洪帮公所：红花亭。

旅行：游闻游闻。　　会所：三尺六；古松。

上屋：登天。

（2）居住用品类

门：大扇。　　　　　桌：平托子。

椅子：靠背子；靠托子。　长凳：四脚子。

床：板台子。　　　　炕：土台子。

帐：照笼子；查飞；灯笼子。

箱：方盒子；玲珰子。

被：夜衣；归帐子；扑风子。

镜子：双脸子；菱花；对面子。

面盆：金盘子。

肥皂（石碱）：恨脏；羊油块子。

手巾：丝罗。　　　　抹布：抹托子；丝罗；搽子。

香：薰斗子。　　　　烛：亮光子；玉美人；古树。

黄表：黑升天子。　　元宝：槽子；金锭子。

关门：掩扇子。　　　开门：亮扇子。

电话：得力子。

扇：湾月；扑子；清风子。

（3）饮食用品类

锅：大老黑；炒青苗的玄子。

碗：撇捺子；莲花。　筷：篙子；双铜。

碟：莲叶。

茶壶：清炊子；动青子（海外则称"本杖"）。

茶杯：青炊撇子；莲蕊。

酒壶：火山炊子；玉宝（海外则称"载"）。

酒杯：莲米；玉海。　罐子：摇子。

大碗：大撇子。　　小碗：小撇子。

鸭蛋：昆仑子。　　面：千条子。

酒：火山子；玉子。

米：玉粒子；大沙子。

粥：念沙子；念稀子。

饭：散头子；亮沙子。

大饼：翻张；搬渣。　馒头：哨子。

锅巴：烤沙子；靠山子。

肉：瓜子；留干子。

鱼：顶浪子；摆河子；匹水子；穿浪；摆尾。

虾：元宝；湾腰子。　菜：青苗子。

茶：黄莲子；青莲子；青子。

油：浮水子；滑子；洪顺。

鸦片：黑末；老乌。

盐：海水子；吼子；沙子。

萝卜：地钉子；得胜哥。

蟹：横行子；无肠子。生肉：白瓜。

熟肉：金瓜。　　　　猪肉：哼瓜；很子。

牛肉：粗瓜；大菜。

吃茶：押淋子；敏黄莲子。

吸鸦片：靠薰；薰；吞云。

煮饭：炊散头子。

吃饭：收粉子；上唷；耕沙。

买米：打沙子。　　　饮酒：班火三子。

沽酒：沽火山子；烤火山子；奔火山子。

酒醉：火山子高；班纂了。

烟土：生姜子；黑泥块子。

烟枪：薰筒子；薰杆子。

盐牛肉：一把菜。　　咸鱼：咸筝；丫环。

水：三河子。

（4）衣服等类

短衫：靠身子；靠衫儿。

嵌肩：穿心子。

马褂子：四脚子；四不相。　裤子：登空。

长袍子：大蓬；长叶子。

皮袍子：襄衣子。　　帽子：顶壳；万笠。

鞋子：踹壳；踢土。　袜子：臭筒。

包袱：打唷子。　　布：板头子；白匹子。

绸缎：软片子；滑溜匹子。

衣服总称：叶子。　　　草鞋：铁板。

针：叉子。　　　　　　线：描子。

眼镜：对光子。　　　　腰带：玉条子。

眼朝服：袈裟。　　　　靴：铁板；高脚踏科。

套裤：菱角；半截登空。

腿带：缠丝。

（5）其他用具物件类

雨伞：开花子；遮漏子；雨淋子。

书：册头子。　　　　　笔：毛扫子；毛锥子。

墨：炭头。　　　　　　灯：亮子。

火：老光。　　　　　　洋火：绷星子；散花子。

照片：双影子。

钱：现水子；缆头子；恳子；详子。

手杖（小铁棍等）：老傢。

金：黄恳子；黄货。

银：白恳子；槽子。　　信：朵子；吹风子。

票子：嚣头。　　　　　骰子：将军；叫子；跟斗子。

玉石：山根子。　　　　马将：竹林子；方城子。

牌九：竹叶子。　　　　珠宝：白货；海亮子。

没钱：念缆；水浅。　　分钱：劈巴。

对分钱：南北开巴。　　有钱：缆足。

钱多：水海。　　　　　点灯：掌上亮子。

放火：扯红旗；挂上。

洋钱：饼子；老方；琴工；瓜子。

写信：描朵子。　　　送信：扎朵子。

船：底子；飘子；平。

车：轮子；滚子。

坐船：跟底子；上飘子；搭平。

坐车：上滚子。　　　轮子：兜子。

（6）武器等类

枪：手铳子；牲口；叫驴；喷筒。

矛：长挑。　　　花枪：苗子。

炮：大喷子；轰天。

手提机关枪：快上快；麻蜂窝。

盒子：牛腿子；蹄子。　大刀：片子。

小刀：青子；狮子。　棍棒：蟠龙。

剑：桥板；绉纱。　　火药：狗粪。

枪弹：种子；米子。

大炮声；狗吠；牛吼。

（7）一般动物类

鼠：穿梁子；尖嘴子。

牛：老粗。

虎：跳涧子；扒山子。

兔：跑土子；袍子；大耳朵。

龙：海条子；戏珠子。

蛇：尖条子；柳子。　马：高腿子；风子。

羊：爬山子；啃草子。

猴：爬竿子；跟斗子。

鸡：尖嘴子；亚七。　狗：皮条子；嚎天子。

猪：哼子；很子；毛瓜。

鸭：扁嘴；阿八；棉花包。

鹅：寿头子；阿六。

乌龟：缩头子；中巴。

猫：蓑衣子；窜房子。

驴：条子。　　　　　骡：滑皮子。

狼：黑心的皮子；海嘴子。

（8）人身各物类

人：孙；点；杠。

头：脏点子；枣木子。脸：盘儿。

脸丑：盘儿念。　　脸美：盘儿尖；盘儿足。

麻脸：菊花盘儿。　头发：青丝。

眼：招落；招子。　鼻：闻罗。

耳：顺风；听罗。　牙：柴吊子；扁锯子。

口：樱桃；是非子。

手：爪子；五爪龙；托罩子。

脚：金刚子；立定子。

胡须：五柳子；雁尾子。

男阳：软硬棒子；金星子；攀条子。

女阴：合子皮；攀子。血：旺子；幌子。

鬼：无影子；哀六子。

交媾：压列子；跨合子；拿攀。

乳：球子；高山。　　拳头：瓜子。

肚皮：登子。　　　　眼珠：天球子。

（9）人类一般

男人：天牌。　　　　女人：地牌；草儿；利市。

小孩：尖椿子。　　　土匪：混子；码子。

妓女：笑果儿。

和尚：行者；花班子；念三。

道士：念四；维毛子。

尼姑：女行者；念七；水念三。

夫：跑外的；天牌；上壳子。

妻：底板子；才字头。

官：灰的瓢巴；点字头。

兵：花鹞子；灰狗子。　爷：老掌局。

父：日宫；老根子。　母：月宫；老底子。

兄弟：并肩子。　　　子孙：晚辈子；低多万。

师傅：老教子；老无良。

徒弟：徒垦；孝点子。

乞丐：赶孙；流巴生。

书生：孔孙子；笔管子。

富人：肉旦孙。　　　穷人：念水孙。

菩萨：尊老；西国点子；哑子。

死人：绷嘴子；歪鼻子。

有孕妇人：双身子。　弟兄们：并肩子。

自己人：熟麦子。　　傻子：钻念子；台炮。

子孙后代：万年青。　洪门会员：左玄。

新会员：新丁贵人。

行家：老门坎；相夫。

老妇人：苍果；苍利。

妇人：成果；才大兴。

小美女：尖果；丁丁。美女：亮果。

丑女：念果。　　　白发：雪毫子。

摸乳：采珠子。

乡下人：土地孙；千张子。

吐血：洽旺子；吐汪子。

牙痛：柴条子吊；扁据子酸。

他帮土匪：野毛子；外马子。

无知识者：黄毛丫头。

（10）各种行业类

赌场：呼芦窑子；鸢窝。

酒店：玉窑子；火山窑子。

烟馆：靠薰窑子。　　妓院：花果窑子。

浴堂：罗汉窑子；吗滑窑子。

菜饭馆：抬头窑子；上垦窑子。

茶馆：青水窑子；青莲窑子。

药铺：苦水窑子。　　肉店：白瓜窑子。

剃头匠：砍黑草的；推青的。

剃头业：飘行。

生意人：哈郎子；朝阳子。

老板：掌柜的；朝阳。

精于赌者：郎中。

行窃：老合；跑青花；吃老西。

赌头：鸾（拦）街头。

静赌为生：吃鸾；拦巴。

大鼓书：吃皮子的。

唱戏：吃天王饭的；梨园子；彩行。

卖艺：卦子行。　　　　相面等：巾子行。

药业：汉生意。　　　　药摊子：铺地汉。

贩卖人口业：吃渣子饭。

旅馆：来往窑子；寝头行。

拉皮条：带马；马贩子。

拦路抢劫：卡梁子；张梁子；打鹨鸪。

戏馆：梨园窑子。

当典：高柜子；长生库。

当物：困槽子；寄库；兴兴子。

说小书：柳册子。

扠鸡：跑乡；摄尖嘴子的。

未入洪门懂洪家规矩者：白朋；狡猾码子；玲珑码子。

清晨行窃：跑早花。　　白天行窃：跑日光。

傍晚行窃：掏灯花。

贩卖人口：换子孙；开条子。

贩卖小孩：搬石头。

文王课：先知子；园头。

六壬课：六黑。

大木人戏：地吼子；银子蓬。

小木人戏：高架子。

专窃绸缎布匹：高买。

挂布招牌教戏法：放小卖的。

人在围内唱打连箱：帐子蓬。

走茶馆卖眼镜：假招子。

在船上挖包：探底子。

大西洋景：大亮子。　　小西洋景：小亮子。

批命：八黑。　　　　　测字总名：十黑；黑子。

隔夜算命：代子巾。　　黄雀算命：追子巾。

不开口相面：哑巾。

立墙边下相命：抢巾。

走茶馆测字：踏青。

台上有药瓶治病：四平子。

卖膏药：边汉。　　　　卖眼镜：招汉。

祝由科书符治病：野□行；于头子。

看戏：班。　　　　　　戏：天王子。

洗澡：麻划子；闹海。

剃头：麻绸子；推青子。　梳头：通丝。

括面：钩盘儿。　　　　挖耳：吊眉。

捶背：洒点子。　　　　修脚：扦皮；掌活。

擦背：垫板。　　　　　拉马不成：溜了缰。

走一趟：滑一趟；踹一趟。

不懂：还未省；不瞭；不过。

风险很大：溜子海；灯不亮。

杀：洗。　　　　　设计陷人者：胡捣子；港师。

官宦人家：顶清窑子。

向人讨饭吃：赐粮。　失物觅回：转槽。

被窃：黑案。　　　托身后事：负累万年青。

见一见面：对对麦子。

相识：对麦子；对认；对付。

枪放得好：鞭子好。

请人再斟一杯酒：玉海来满。

自家人：熟麦子。

大家吃一杯：打个全家福。

得物：庆来的。　　　失物：受啦。

（11）数目类

一：留；旦底。　　　二：月；雨道子。

三：汪；横川子。　　四：者。

五：中；满把子。　　六：神；撇子。

七：星；捏子。　　　八：张；哈子。

九：爱；钩子。　　　十：足；全伸子。

百：配；尺。　　　　千：梗；干。

老大：拐子。　　　　老二：来子。

老三：香炉脚子。　　十五：足中。

二十：月足。　　　　五十六：中神。

三百：汪配。　　　　三百零五：汪配中。

三百五十：汪配中足。

三千八百：月干张配。

几岁：几丈。　　　　几年：几个太岁。

（12）姓氏类

赵：灯笼子。　　　　钱：现水子。

孙：晚辈子；根斗子。

李：抄手子；抄巴。　　周：匡巴；匡吉子。

吴：口天子；张口巴。　郑：四方子。

王：虎头子；平巴。　　韩：喉吧；冰天子。

陈：千金子。　　　　蒋：草头子。

魏：撑肚子。　　　　张：板弓子。

程：大元子。　　　　段：雨截子。

林：双梢子。　　　　褚：捣米子。

刘：顺水子。　　　　阎：白沙了；海水子。

于：顶浪子。　　　　胡：古月子。

江：大沟子　　　　　朱：未撇子；巩咀子。

余：顶浪子。　　　　尤：大滑子；浮水子。

何：沟子。　　　　　吕：双口子。

祁：大架子。　　　　谢：横行子。

杨：垦草子。　　　　唐：甜头子。

雷：震耳子。　　　　傅：大摸子。

（13）一般人事类

大便：甩阳子；劈山。　　　　小便：甩条。

男人小便：摧条。　　　　　　女人小便：摆柳。

坐：靠。　　　　　　　　　　走：踹；扯；拉。

睡：拖条；靠。　　　　　　　醒：灵。

哭：劈苏。　　　　　　　　　笑：磁盘儿；累盘儿。

死：崩嘴儿；土垫了；返圣；过坊。

捉：搭。　　　　　　　　　　被捉：搭摘；跌了。

拜托：负赖。　　　　　　　　躲避：避风；躲雨。

报信：放笼。　　　　　　　　告诉：露。

做得很精了：开了顶了。

认识：对付；对识。

懂：瞭；鸟；瞭兮。　　　　　讲：吐。

不知道：不瞭。　　　　　　　带着家眷：提着钱串子。

梦：黄粱子；甜兆子；黄莺子；闯亮子。

说术语：卖玄观；吐春撩典。

观形势：看风。　　　　　　　事急：风紧。

事急速逃：风紧拉花；海踹。

分散：开花；花。　　　　　　看：扒虎。

拜客：拜码头。　　　　　　　卖关子：卖万子。

吵嘴：打草子；抬杠子。

奉派：领公事。　　　　　　　受伤：带彩。

见山主：拜山。　　　　　　　开香堂：演戏；做喜事。

卖朋友：扎了自己一枪。

评理：摆阵头。　　　　　　　要好：热道。

洗手不开武差：谢祖。

枪：开武差事。　　　　　生气：冲斗。

接风：接灯。　　　　　　遗嘱：信示。

见面：对麦子；照一下。　送殡：占光。

出手：出马。

金兰结义：遥叩洪义堂；跪倒爬起。

将劫物还人：还槽；归槽。

送钱去：上血。　　　　　每天送陋规：日血。

每月送陋规：月血。　　　弄钱：挖血。

自己弟兄们：来河子。

仁义行为：劲河子。

磕头：摊；福；马楼子。

刹鸡头：斩凤凰。　　　　好榜样：传代子。

弄个明白：齐这把草。

吃评理酒：吃惊草酒。

送他的命：做了他；成他的仙。

执行死刑：做了子孙官。　通知：打通关。

买通官司：打通场。　　　放空气：放鹞子。

叫：炸。　　　　　　　　狗叫：皮条子炸；嚎天子炸。

打包袱：打哨子。　　　　打：边；开边。

分：劈。　　　　　　　　骗：搏；团。

借：统。　　　　　　　　打死：打歪了。

出血：流旺子；淌晃子。

来了：马来。　　　　　　回去：马回。

偷物：苦。　　　　　　　偷来的：苦来的。

过江过河：过沟。　　　　离此他去：开码头。

赶集镇：奔凑子。　　　　守秘密：封缸。

说人好处：彩缸。　　　　虚假：黄的；熏的。

扳错处：捏黄口。　　　　穷：水；水天水地。

说人歹处：千缸。　　　　好：真；崭。

出马头：过账。

（14）天文地理类

天：乾宫；上空子。　　　地：沙坨子。

日：球子；老爷；大煞。

月：玉盘子；兔屋子。　　星：悬亮子。

风：溜子；斗色子；扬沙子。

雨：天漏了。　　　　　　雾：挂帐子；山巾子。

雪：鹅毛；棉花团。

天晴：摆干；天开；大扇放光。

下雨：摆；天摆。　　　　阴天：双蒙子天。

早：球子上。　　　　　　晚：楼子上；球子啃土。

日出：球子挂；大煞冒出来了。

日落：大煞落。　　　　　山：格鞑子。

河：沟子。　　　　　　　江：大沟子。

树：梢子。　　　　　　　下雪：摆飞；六花子摆。

海：咸沟子。　　　　　　坑：脏沟子。

（15）疾病类

病：念课；吐陆陈。　　　痛：吊；打哀声。

治病：麻念课。　　　　　洞：桃源。

病好：念课向。　　　　　　呕：叮了。

泻：参了。　　　　　　　　疮：点子。

痰：希；唾快。　　　　　　疟疾：哀六子念课。

（16）其他

字：黑头子。　　　　　　　写：描。

入会：有占。　　　　　　　集会：开抬；放马。

到会：去睇戏；看戏。

会中秘密书：掌扇子。

会中干事：红棍。

会中下士：草鞋。

松散一下：筛筛。　　　　　修脚：掌活。

三、江湖走镖隐语行话谱①

　　江湖黑语，师兄弟三人所传。齐云获愿，祁明走镖［标］，徐忠访友。后分为四挂：内挂，外挂，明挂，响挂。所吃者，名为英雄饭；穿者，名为好汉衣。到处，师兄称号。若要吃饭，上坐征篇。饭不过三碗，酒不过三杯，接送盘费不过十吊。

　　若问祖师，老祖西天如来。我佛收下弟子二人，大弟子阿南，二弟子贾社。阿南收弟子二人，大弟子黑虎，二弟子丛庆。贾社收弟子二人，大弟子王正，二弟子和尚。王正收弟子三人，大弟子齐云获愿，二弟子祁明走镖［标］，三弟子徐中访友。和

――――――――――

①清佚名手录　曲彦斌校点

尚收下弟子三人，大弟子王刚骑马走高，二弟子马山学登山为花脸，三弟子孔鹊［雀］学下愿画窖笼。

上九流

一流皇王，二流圣，三流隐士，四流仙童，五流文官，六流武，七公，八卿，九庄农。

中九流

一流举子，二流医，三流风鉴，四流皮，五流丹青，六流画，七僧，八道，九琴棋。

下九流

一流门皂，二流巫［诬］，三流牙行，四流尼姑，五流花婆，六杂用，七窝，八贼，九娼夫。

祖师传，西天如来佛收弟子二人，罗谢、我然。罗谢、我（然）收弟子二人，王更、和尚。我然收弟子一名，传于尼姑，不言。王更收弟子二人，黑虎、冲庆。黑虎收弟子三人：齐云获愿，祁明保镖，徐忠访友。冲庆收弟子三人：王正学疯子骑马，山塞学登山为花脸，孔鹊学下院为登画圈登。

老师流传口语

老师傅［付］伸伸手便知有无不会者，不要着传艺不传话，传上不传下，传把势不传口。

走镖者，英雄也。白龙马，梨花枪，走遍天下是家乡。虽然力勇武艺强，江湖话儿要说讲。遇事稳开口，总要升点把黄。走镖［标］人扬扬得意，吃的山珍海味，穿的绫罗衣裳，行走跨骑骏马，腰中紧别镖旗。到处要喊，怕人不知。喊得"哈武"二字，行走大摇大摆，总要英雄架式。有人前来拦路，我上前答话，说总要恰。虽然说话不费［废］力，诚［我?］以艺高胆量大。常言：艺高人胆大，纵［总］遇猛虎也不怕。全凭胆大武艺高，学会刀枪逞［称］英豪。如若有人拦我路，一杆长枪定不饶。走镖［标］全凭志向高，走遍天下称英豪。走镖江湖要得知，吃的［得］英雄饭，穿的［得］豪杰衣，骑坐白龙马，手使方天戟。遇敌能挡拦，不怕歹人欺。言罢一息刚强在，话儿出口贵成章。

走镖者遇事先要开口，先喊小号"哈武"二字。在店内，收更时叫起，喊"哈武"二字，一齐都起来了。喊"哈武我"，全起来了。拾东西装车，喊"哈武，各管其手了，哈武我"。车不动，回头看，别丢下东西。"扫堂了，哈武哈武我"。上车喊"哈武，请客上车押辕子，哈武我"。要走了，各喊"哈武，众家各着手，哈武我"。要走，喊小号，"哈武，着手条顺了，哈武哈哈武我"。出店走了，喊"哈武，跟帮一溜溜了，哈哈武我"。

看见房上有人，喊"哈武，云片马撒着，哈武哈哈武我"。

看胡同有人，喊"哈武，袖里（召上）"。

往东看，喊"哈武，倒念麻"。

往西看，喊"哈武，窃念麻"。

往南看，喊"哈武，阳念麻"。

往北看，喊"哈武，墨念麻"。

出街顺道，喊"哈武，顺线"。一路跟帮去了。"哈武哈哈武我"。

坟地有树，喊"哈武，丁林麻撒［撒?］着（召上）"。

坟地无树，喊"哈武，班丁一路麻"。

见土山子，喊"哈武，壕子麻"。

见坟圈子，喊"哈武，丁壕麻"。

见砖窑，喊"哈武，孤堆宣屋麻"。

见土坯，喊"哈武，古排麻"。

见庙院墙，喊"哈武，孤群麻"。

见道沟子，喊"哈武，桶子里麻"。

遇河沟子，喊"哈武，漫坡一溜麻"。

庙无院墙，喊"哈武，孤阴神堂麻"。

前路有拾粪的，喊"哈武，抢拿朋友，哈武，后边枪［抢］扞着"。

路旁一死人，喊："哈武，梁子麻"。

车后有人，喊："哈武，扫倚麻"。

路旁有人，喊："哈武，冷子麻"。

车走散了，喊："哈武，前拢着、后盯［丁］着，哈武哈哈武我"。

如有好人，喊："哈武，乌鸦跟帮一溜溜乏了，哈哈武我"。

见了歹人，喊："哈武，雁子麻撒［撒?］着，哈武哈哈武我"。

如有绿［路］林之人，说"前边恶虎拦路"。我说："朋友闪开，顺线而行，不可相拦。山后有山，山里有野兽，去了皮净肉。是朋友听真，富贵荣华高台亮，走各念。"着他再不走，我说："朋友听真，我（乃）线上朋友，你是绿［路］林兄弟。你在林里，我在林外，都是一家。"他若说"不是一家"，我说："五百年前俱是不分，是朋友吃肉，别吃骨头，吃骨头着别后悔。"他若是不走，喊"众家兄弟一齐打狗，哈武"。众家兄弟听见，答号："哈武，轮子［之］盘头边托，器械着手一齐打虎。将他们赶跑打散，喊"哈武，轮子条顺了，顺线一溜着手，哈武我"。

如在桥下走，喊"哈武，攒当左右麻撒［撒？］着，哈武哈哈武我"。

见村庄，喊"哈武，觉子里海梁麻（召上）"。

见两边有牌坊，喊"哈武，宣空麻"。

见窑烧火，喊"哈武，孤堆喷云麻"。

见桥上走（人）喊"哈武，登云麻"。

穿［川］城走，喊"哈武，攒当入洞子了，哈武哈哈武我"。

住店，喊"哈武，拿湾入窑了（召上）"。

进店看地方，再喊"哈武，八仙对摆了"。

住店规矩，要八仙桌子一张，放在院当中，要有天灯。车上要有灯笼，挂在车上。洗脸、喝茶、吃饭完毕，大家轮流坐更。看见车上灯笼摇动，必有歹人到来，须要留神。再说定更喊号的规矩，总不外"哈武"二字。

头位喊"哈武"小号，众位答一小号，都答"哈武哈哈"。

一位，喊"哈武，定更了，哈武"。

二位，喊"哈武，喷子着手了，哈武我"。

三位，喊"哈武，答线了，哈武我"。

五位，喊"哈武，顺桶推线了，哈武我"。

六位，喊"哈武，拉线升点了，哈武我"，铛一枪，"哈武"。

二更，喊"哈武，起更了，哈武哈武哈哈武我"，铛又一枪，"哈武"。

三更，喊"哈武，听更了，哈武哈哈武我"，铛又一枪，"哈武"。

四更，喊"哈武，坐更了，哈武哈哈武我"，铛又一枪"哈武"。

五更，喊"哈武一齐坐更了，哈武哈哈武我"，铛又一枪，"哈武"。

起来了，喊"哈武，各管其手了，哈武哈哈武我"。又，"哈武，扫堂了；哈武哈哈武，扫净了，哈武哈哈武我"。又说，"哈武，请客押辕子，哈武哈哈武我"。又，喊"哈武，当家各自着手了，哈武哈哈武我"。又，喊"哈武，一溜跟帮了，哈武哈哈武我"。

见山，喊"哈武，孤岭顶上撒着麻，哈武哈哈武我"。

如进山，喊"哈武漫［墁］坡云片"。

山上有（人或路?），喊"哈武，岭上林里麻"。

过河，喊"哈武，两漫坡麻"。

推舟拢岸，喊"哈武，打平登舟拿正了，哈武哈哈武我"。

水路为湖路，旱路为山路。水路无堤，可喊"俱是一样"。

有人问，"你看见打灯笼的过去无有"? 我说，未看见打灯笼的过去，看见戴［代］红帽的过去了"。

有人问，"你看见戴［代］花的过去无有"? 我说，无看见戴［代］花的过去，看见戴［代］缨帽的过去了"。

有人问，"你看见穿红的过去无有"? 我说，"无看见穿红的过去，看见穿绿的过去了"。

有人问，"你看见放羊的过去无有"? 我说，"无看见放羊的过去，看见打虎的过去了"。

有人说"好媳妇"，我说"婆婆歪"。

有人说"一片好水必有鱼"，我说"田地不能下网"。

有人说"好"，我说"闻香不到口"。

有人借火，我说"钱粮火，借不得［的］，我带［代］着崩星子"。

有人问道，我说"山前满然山后有路，明毫甜香"。

有人说"包［袍］袄松"，我说"叶［业］子紧"。

有人说"一片好地"，我说"荒地不能收成"。

有人说"好绵羊"，我说"羝角硬"。

有人说"一群好虎"，我说"那里猫叫"。

有人说"水得无鱼不凹"，我说"无鱼有个鸭鸭剀手"。

有人说"一坨好肉"，我说"无油骨头多"。

有人在车前跋［蹋］拉鞋，我说"朋友辇快着踢土把"。

有人说"好大狸猫"，我说"那里小狗子叫"。

有人说"好肥肉"，我说"那里野猫叫"。

有人说"一块好肉"，我说"好肉有刺在虎口里"。

有人说"好大风"，我说"有风不迷眼"。

有人说"好高山"，我说"无高山不显平地"。

护院全凭刀共枪，全凭说话能应当；开言答话劝他走，不必动怒把他伤。他若不听礼不通，不想别处胡乱行，见面就是一鸟枪。你的买卖不能作，我的差事不能当。照［？］面你亦不得手，岂不又把义气伤。叫声朋友你是听，你上别处得上风。站脚之地有朋友，不可在此遭校隆。浑天不见青天见，牙赁窖中会朋友。山前不见山后见，免去边托别交锋。朋友作事要义气，总是和气把财生。朋友若作朋友事，不仁不义无不容。务必谨记一席［息］话，管叫到处是英雄。

护院的为坐山守海，他人为江洋大路。朋友走镖为支杆响挂，他人为绿［路］林中英雄。教厂子、黜杆子为相挂，大街卖艺把势为边挂子。看家的，住他拉杆的，护院的，为靠山的，明挂子，会武艺的，为相人点。我［?］家子黑钱，为容点白。师傅为师老，绿［路］林的总头为瓢把子，徒为好习，别位师为相傅［付］，会武艺的为相人家，会不全的为花脖。

护院的在屋里坐着，耳听外边有人扔砖瓦，出来看房上地下无人，开口答话："有挂住池、拉杆靠山的埝上有朋友，不必风摆草动；能可远采，不可近寻。埝上的朋友听真，你若不仁，别说我不义，是朋友顺风刮去。"歹人说："你靠哪座山？"我说："我靠四大名山。"他人问："何为四大名山？"我说："朋友义气为金山、银山，我看朋友重如泰山，相会如到梁山。"又问："你守的是甚么海？""我守的是江湖大海，与朋友交和为四海。此为坐山守海者，他人若是江洋路的朋友，顺风刮去，必不在此寻找。若不是江洋埝上朋友，必在此寻啰［罗］。你那为，你可别说我不义了。依［以］我说，趁早刮去，免得皮肉受苦。若是不走，定要在此搅闹，再要想走，寸步难行。倒念有青龙，窃念有猛虎，阳念有高山，墨念有水如大海。上有罗网，下有众家弟兄，一齐动手将你拿住送到当官，可别后悔。

护院的有个声名，有未曾相识的朋友特来望看，急速请他进去见礼。落坐便问贵姓高名，家处何处。他人曰家（住）哪里、姓字名谁，再看他的意思。无论好人、歹人，既与他同道，（就）朋友相待［代］，用酒用饭应酬［酢］。

护院的为坐山守海，屋里答话。若听外边风摆草动，出去说："各埝上朋友听真，有靠山拉杆的朋友在此。能可远采不可近寻，江洋埝上的朋友吃遍天下。脚站之地让与弟吃，不必在此寻找。求朋友照应，远行几步。如若不听，喊哈武哈武，铜锣令四外一响，众家兄弟甚多，你若想走不能，可别后悔。再若不走，吾众家兄弟一齐挡 [当] 风了。哈武我茶为金山，酒为银山，看朋友重如泰山，朋友交情如到梁山，此为四大名山。"又有人说："我的马高镫短，靠山说紧抓骗马，不能相代人。要说前边有山，我说山后有路，一马平川。"他人说："前边有水。"我说："水上有船。"他人说："前边有猛虎。"答曰："打猎的正来 [巡] 寻山。"

护院的在屋里坐更，如有洋垫朋友来，我出去说："要是朋友听真，有挂。他求朋友照应，不必风摆草动。朋友要敬有他，要种我管。马里不管马外，马外对 [?] 我并无妨 [方] 碍。"

学春点川换多知

春点学不全，花打是枉然。能送一锭金，不吐半句春。能送十千钱，不把艺来传。能手不传口，投师去访友。要会江湖口，走遍天下有朋友。朋友处处多，到处有吃喝。不怕无有钱，到处不为难。七十二春，八十八点，不会为不专，习不通为笨 [问]。然眼前的易知，到深奥之中难。会全生意要知江湖话，才能称起江湖班。四大部州，三教九流，八大江湖，校里二行，有一不明是未全。

赶集：凑才；顶凑。		赶会：神凑。	
下乡：摩杆。		男人：孙氏。	
女子：果氏。		阴天：茶棚。	
丫头：骨氏。		下雨：摆金。	
富人：火家。		下雪：摆银。	

贫人：水家。

父母：尊老。

儿女：铃铛。

男老：同孙。

女老：同果。

和尚：化把。

道士：直把；亘把。

秀才：挥卷。

窑姐：射果。

先生：师老。

相面：平金。

算卦：明金。

周易：周兑。

衙役：差把。

差人：英子。

马猴：风艺。

监生：聚米厂；米取孙。

唱戏：算柳。

戏法：攒彩。

把式：边挂。

柴火：灵芝。

烧火：川红。

水为龙宫。

缨帽：火人。

棉〔绵〕袄：火头纱。

喝酒：民山。

吃饭：啃散。

忘八：鬶孙。

睡觉〔教〕：闷密。

烧香：朝庙。

点灯：明星。

兔子：养孙。

告状：朝古。

烟为草山。

烟袋：草山钩。

水烟：龙宫草。

大烟：海草。

抽〔吃〕大烟为啃海草。

烟馆：草山窑。

裤子：中沙丈；丝叉子。

袍子：一你同。

小衣服：沙帐。

被为官帐。

山房：扯丢。

住店：惰窑。

来马：滑来。

走去：扯滑。

粮食：焐〔糙?〕食。

官人：丁狼。

南：阳。

说话：奇点年。

骂人：抄山。

打人：边皮。

打架：边托。

刀为青子、片子。

针为叉子。

皮帽：火头云。

褂子：四块瓦。

新衣服：火散。

船为飘风子。

流血：光子。

头为葫芦。

喝茶：牙赁。

猪为姜客。

狗为皮子、咬串子。

见面：朝盘。

鸡：尖嘴子。

鸭：扁嘴子。

山羊：猴子。

牛：春义子。

茶馆：牙赁窑。

当铺：龙宫窑。

天棚：遮天。

坐下：落盘。

把式：夜叉［义］行。

北：墨。

东：倒。

西：窃［切］

四面：八方。

要单：说清。

下街：遛卷子。

要钱：盔处。

分钱：均处。

茶碗：莲蓬。

井：龙宫宣子。

碗：莲花义子。

盘子：荷叶。

茶壶：宣赁子。

闷子：亭子。

菜为苗子。

肉为挫子。

刮风：扯去子。

放辟：舌苟子。

天热：火食天。

天凉：水令天。

上去：片麻撒。

下地：盘麻子。

看：对盘子。

轿夫：顺行子。

叩头：牵瓢。

要邪钱为乱把行。

剃头：飘行，又为扫苗子。

修脚：扫根子；郎毛的。

白钱：容天流。

院子：池子。

墙为马、方砖子。

瓦为片子。

下门：枚提子。

黑钱：找家子。

挑山：扯平。

逍道：窑挑。

全都是走宣井子、宣盍、化圈。

城为海子，又为混子。

挑窑的，全是挖窟窿

斗为平子。

秤为恒子。

钥匙：池子；挑子。

锁为铃铛。

串铃：吵子。

铁练为线。

锣鼓为哄子。

喇叭：挑子。

弦子为顺丝。

黑天：浑天。

白天：青天。

衙门：翅子窑。

说好话为合念。

板门为锦条。

过道门为桶子［之］。

房屋为窑。

关门：闭扇。

开门：夜扇。

推门：扑扇。

胡同：袖子［之］。

大街：梁子。

旗子：挑子。

鞭子：挑杆。

枪为条子。

火枪：喷子。

火镰：崩星子。

灯笼：提亮子。

抬枪：海喷子。

过桥：登空。

树：古根；林子。

山树：深林子［之］。

背风：骗子。

进城：入洞子。

起身为扫梁子；扫堂子。

马褂［挂］：花篮［蓝］。　　　绿为房顶。

坎肩：领扇。　　　　　　　　金为藏子。

大袄：条架子；叶子条；条子；捆仙条子。　银为票子。

钱为杵［处］。

裤子：蹬空。　　　　　　　　绝人为抛处。

套裤带［代］：火衙。　　　　一：流；其牌干。

袜子：薰桶；蹬土。　　　　　二：月。

靴子：蹬踢土。　　　　　　　三：望。

鞋为土菲子；又踢土。　　　　四：在。

叉裤：代掖龙。　　　　　　　五：中。

腿带：缠龙。　　　　　　　　六：神。

紧身：四块瓦。　　　　　　　七：兴。

红为出云　　　　　　　　　　八：章。

白为出水。　　　　　　　　　九：换。

白［?］为登云。　　　　　　十：足。

蓝为出卑。　　　　　　　　　其为个，牌为百，节为千。

一流皇王二流圣，三流隐逸四仙童，五流文官六流武，七工八商九庄农。

一流举子二流医，三流风鉴［荐］四流吹，五流丹青六流相，七僧八道九琴棋。

四大生意论

金生意为生意。彩为生意。挂子生意。有要钱的为本事［是］，点念楚即走。

路曰扯华梁子。　　　　南方人：阳盘孙。

买为抽。

卖为挑。

多为海。

少为俭。

无有为念。

银子：居米。

穿衣为挂。

问曰底龙。

听为耳蒙。

门左：夜扇。

门右：靠扇。

一人为最蛇。

二人为恶处。

老人为苍。

少的为俭。

官为古子。

进士：翅子。

文举：海锉。

武举：灰锉。

秀才：米子。

兵为冷顺。

衙役：虚笼子。

回回：羊蹄孙。

买卖人：贸易孙。

西方人为念西孙。

掌柜：门息；亦为口息。

桌子：平接。

面板：比基。

盅子：坑子。

饼为皮、反［友？］笼。

（按：或为"皮笼"，"反
［友？］笼"）

包子：蒸笼。

吃面：千条。

扁食：瓢笼。

饺［角］子：贴笼。

米为拈心。

火灼：烤笼。

烧饼：灸笼。

饭为散。

间壶：闷子。

骡子：条子。

驴为鬼子。

相面：平金。

卦［挂］贴为排子金。

黄雀：嘴金。

拆［折］字：朵子金。

灯下数：代子金。

坟上有人：丁子。

湖路沟：神沟。

苇子有人：密里。　　小子为还头。

拦路有人拉屎为抛山。庄家女：斗女。

孤树：蓬棵。　　　　十岁：一丈。

小解：摆柳。　　　　二十岁：中果。

扒墙：登山。　　　　五十岁：苍果。

洋炮子为粉条子，又为杂星子。　娼妇女：苦果。

儿子：勾花。

药为红粉。　　　　　官［当］街：布袋［代］。

河堤：龙背。　　　　房为云子。

窑为棚天子。　　　　麻绳：麻花子。

官［关］街房上下有人为挂画。　好为作肯。

不好：不作肯。

一更为起。　　　　　头发：缨子。

二更为定。　　　　　嘴为碟子。

三更为听。　　　　　远去：叠子。

四更为坐。　　　　　打人：家奥［?］托。

五更为明。　　　　　烟袋：嘴把笼。

天亮不明为点。　　　火镰：马星子。

晴天：把贺口。　　　火石为根。

北京：海浑。　　　　火戎子：火柴。

州县为卷子。　　　　有人围起来为圆［元］军子。

村为千丈。

小村为丈。　　　　　不给钱：瓢点。

尼姑：缺把。　　　　树木为伞。

瞎子为大把。　　　　知道为对码，不知道为不对码。

走署院钱的为莲把行。

扇子为摇子。　　　　　卖水为穷子。

发财：兴地来。　　　　卖估衣为哈号。

无饭吃：念肯。　　　　卖银子为米生意。

不发财：俭地来。　　　平祗为荒荒。

无酒喝：念火山。　　　秤为法。

无菜吃：念苗文。　　　听唱为柳敬［竟］（按：系以歇后藏词法取著名的明末说书艺人"柳敬亭"名末字的谐音）。

无钱：念杵［楚］。

果子：汪罗。

白菜：雪花苗文。

无银子：居米哨。　　　西湖景为拉洋片的。

一个无有：杵［楚］头念。贼人从上走为片马。

不叫说：一念团。　　　贼在墙上为站山挂画的。

葱：通子、苗文。　　　贼要说"出水"，答曰"壁山"。

手巾：天买。

韭菜为箭杆苗文。（贼要说）"高台"，（答曰）"亮走"。

碗绝菜锅为湿罗。

武生：回厥。　　　　　贼从墙头来，答曰"马有鬃"。

文生：朵子。

水路

上船为登舟，打手□（字不清，下同）舟过，哈哈武。开关□舟，哈武我。送到地头交与［于］坐客查□，大家归队，水旱路悉［习］同一理。□为门□。贼为厓子叫。狗咬，皮子叫。

行路到店里定更。一位叫哈哈武顺桶拉线，二位招线，三位推线，四位打线。升点，众人归队各按［接］次序而坐。车三辆，尾翅排开，灯笼拴在鞭杆［排］上，插在车上边。贼人上车，灯笼活动，坐更人便知送到。不论早晚，别往外边下。

店里为窑，家中曰克走。有人问你："那里去？"答曰："上山河。"有人问："上山有路？"答曰："无路有程。""要有路，我跟你上。"答曰："我有上天梯，我要上天。"又问："你要上天，天有天罗网。"答曰："我有风火轮，鸟枪为好马。"有人说："好马喂的麸料足，路旁［傍］趴［巴］着。"一人问："干甚么的？"答曰："押着线里。"忽然有一人突然而来，问："见一人过去无有？"答曰："那一人穿着红衣，见了血淋淋脑袋［代］瓜子在腰披［曳］着了。"

若在船在走，先说道［答］："上上桥板。"答："卜扶手，把货物点清。众家兄弟，器械随身。"有贼人，咱说："皮上朋友，家［架］伙扫着，哈武。"要是来大船数只，买卖船为中癸震一片要代，看见红泡即说："众家兄弟一齐挡［当］风，四面风紧船上听。"一样坐更，五更开打了明锣，镖船人零碎齐备，以打行锣。哈武，提锚［猫］开船。又为：提锚［猫］开槁支顺着，哈武。过关，哈武。抖拦打锚［猫］，以打行锣。拦头上帮进关，开行，舟支顺着，哈武。

出店①

齐备了，无有掌包的，曰："齐备了，请客人押辕子。"抬

①语东阳郡张怀武

手，推顺着，拈起家伙来，喊："哈武哈武我，代流华拉着跟帮，哈武哈武武，跟帮代流华拉着，跟帮到了湾即是拐湾。"

走街房上有人，喊："哈武哈武武，云棚里麻撒着。"出街路，分四路，各拈器械，神沙入筒，曰万人敌。路上见松林，喊："哈哈武，林子里麻撒。"见坟为孤堆，遇一伙人为风子征。见了贼人，握住辕子，亦得哀告几句："绿［路］林兄弟，吾们线上朋友。天下烟酒不分家，僧道不分家，绿［路］林线上不能分家，回汉两教大教亦不能分家。咱教分家，六百年亦分不清。天下十三省，你便要吃完，弟吃线牵之路半碗残饭，让与弟吃。家中有八十老母，三岁顽［玩］童。是我发财不大艺跑穷腿，倘即弟非畏刀费勇力避剑之人，情愿［怨］决一死战。"众家兄弟一齐挡风，招手，弓箭，火器，单刀，长枪，神沙，追杀歹人远去，大家归队，缓缓而行。喊："哈武，哈哈武。"

从桥两边走，不过桥下留神。跟帮到村中，进店规矩如出店一样。出店、进店，洗脸为懞灰。脸要朝外，先将贼道验清。要椅子一把，向贼道而坐，（呼）掌柜的按［接］排。一定要坐更，要合。若是绿［路］林兄弟朋友，请下吃茶。歹人不听，即叫众家兄弟一齐挡风，招手，顺桶拉线，升点，将歹人赶跑。伙计你埋怨打更人，这点小可，何用齐起？坐更人说："六国土语，一路规矩。"通都说完，只是不听，伙计们说："有个合，兄弟如何让他，他就该散。""弟坐更，不得已而为之，但看一线之路，轻易不可。"护院为卧里，答语应酬朋友，与路相似。曰："朋友们吃的宽，待［代］弟吃一榻之地。是朋友闪开。""哈武。"打线，升点。歹人在宅里，窃出枪，为的是朋友一家人，叫他踩而避避。一句语超总而言之。

走镖上路见贼急言

上路见马贼为马上着，咱保镖的为底着近前说话。先道辛［心］苦，上着要底着硬口尖着，快货是客人的，总墩不能零拾把哈。着上路念啃，前边我候。要边托，我们风更乱，海滑子、高吊子，污了叭合，要骂他童秧子。他要和［合］咱说歹语，咱不愿意［于］说，自他托摄口着。

［据中国社会科学院文学研究所编印《双楷书屋考藏珍本丛书》初集影印本（原为钞本）］

四、清代镖行江湖隐语行话秘典①

保镖为响挂，护院为内挂，教场子为外挂。保镖占（站）一线之地，护院占（站）一塔之地。

陆路走镖

横道有人，大梁马撒。路沟有人，沟马撒。玫为狐堆马撒。凹为盆礼马撒。窑为玄武马撒。庙为神灵马撒。松林为荫。树为长荫。进街为桶子。街上有人，桶里马撒。胡衕有人，袖里马撒。门开一扇，关一扇，为夜扇。房上有人，为云棚马撒。院里有人，池里马撒。街上有人过多，为可靠着。直腰招（动作），侧肩。□腰（动作），借光。街面，为（芳）有伞棚、天棚。树株，为□枝高挂。毛子，为皮里。大便，为挠山。小便，为挑杆。井为阴洞子。出村，为出洞子。死人，为梁子。沙何，为慢

---

① 业内传抄本，郫雅堂雅俗轩收藏、点校并拟题

坡、遇凹。车后有人跟着走，为冷子马撒。车前有人拾粪，为抢着。骑马，为风子。南阳，北墨，东鸟，西接。遇见大盗，说前边有恶虎拦路。是朋友，早早闪路。若是不闪，上前答话。朋友听真，披鞍认镫，从念荣华，高才亮走。俏再进几步。你在林根我在林外，俱是一家。走镖走高，俱是一家。僧道两门，回汉两教，绿（路）林在线上，俏们俱不能分家。若是分家，万万不能。朋友吃遍天下。留下线牵之地，让与弟吃。朋友若答是，回答：保不住悬泉里空楚短，若是打照，在那拈。与朋友见面，就说那拈。对排村为山。喝（哈）酒为搬山。喝（哈）茶为押林。要菜，为搬海子。吃饭，为艮。馍馍，为气锣。饼，为穴锣。包子，为蒸锣。牛肉，为差挪摸蛇。猪肉，为齐嘴摸蛇。驴肉，为国子摸蛇。面，为撕陇。羊肉，为抵脚摸蛇。鱼，为冷水摸蛇。朋交若走，送钱不过拾吊。若是不退，（就说）朋友别落线，落线招挂。着喷子喷，片子交着，海条子扎着。他走了，两滑着。高台亮走，过桥有人，里外马撒。进店，为进洞子。你赶我喝着。左边有石头，右边有侧淫，掌檀的拉顺着。

在路上，道傍有死人，梁子马撒。土岗，为接岭子马撒。寺院，寺里马撒。遇见成伙之人，歹人为雁子，好人为乌鸭。遇见大盗，俏说好话。贼人不听，须谒告，日后请朋友搬山押吝。若是过桥，两边马撒。见桥不从桥上走，从两边边桥下，留神跟帮（邦）。跟帮（邦）到了，在店规矩。洗脸面朝外，为朦灰，先将贼道验。要椅子一把，向贼道而坐。掌柜的安排已毕。坐更，诸位兄弟各带（代）持械，总要随身。若房上有人，云棚里马撒。要是朋友，请下他来，搬山押吝。贼人不听，即叫诸位兄弟一齐挡风。顺条，明线招手。生点小事，何用齐起。坐更人，能说六国土语。将一路翻语尽都说完，贼人只是不听，再说众兄弟如何让他，说该撇狗子。但有一线之路，轻（顷）易不肯举动。用饭，说各崩。睡觉，为押子。搪下，为温塔。不说脱衣，要说脱衣为脱皮。持械永不许离身。穿衣为认店。贼人揆门，为拨绛的。从窗户进，为剜眼。剜窟窿，为画圈。阴天，为查棚。下雨，为罗扣冒津。下雪，为白津。天代晴不晴，为桃棚。露出太阳，为闪子天眼。定更规矩，闲人靠后，各不离寸地。顺条，拉线，晃线，答线，勾线，刻手，生点。二更，小心听更，排班听更，分班听更，一齐听更。说起五更，出店，见胡衢，为袖里马撒。见扳〔?〕，为金子马撒。迷了路，为开了花。走外股，为科靠着。走里股，为怀里代着。走中股，拉顺着。走错了路，为闷然。或怀里拉着，或外唱着。走十字街，为铨子马撒着。下坡，招手，别两扇着。骤垛子镖，速速打扣，打扣。多时尖上当齐备，多时拉顺着，榴着，跟邦跟帮（邦）榴着。跟帮（邦）到了，勒住，打点科着，把着，跟帮（邦）。跟帮（邦）科着。在路上春点，或遇见贼人，春点与前节一样。

水路镖

上船打擢板，打上扶手，把（罢）货物点清，众家兄弟即随身。若有贼人，说：皮上的朋友，架货扫着。若是来了大船数只，买卖船为一片发云，贼船为一片恶代，着见水雹；即说，众家兄弟一齐挡风，四外风紧。船上定更，与店里定更一样。坐夜人，五更天打了明罗。使船人零碎齐备，以打行锣。提锚（毛）开船，抬篙支顺着，支顺着抬篙。支（只）船，喊缆（揽）头称顺着。称顺着缆（揽）头。过桥喊钻裆（当）免悍，免悍钻裆

（当）。去空，撑顺，进关。喊：斗棚〔？〕锚。一打行锣，上帮
（邦）去了。缆（揽）头进关，开关行船。支顺着。过小关口，
喊：打缆（滥）开关，称顺着。过摆渡，开船，喊：招缆（滥）
撑顺。靠圻，喊：贴帮（邦）靠崖。若走早标进街，刀把朝前。
进店，刀把朝后。出街，刀把朝后。出店，刀把朝前。点火绳，
为明线。捼火绳，为闷线。有朋友，要看偺的刀。大拇指（马
脂）头挑起（动作），刀刃朝外，一言朝百，总不离喝武二字。
遇见明火，偺说，前边必有豪杰（价）。若答翻语，贼说，好肥
羊。偺答：羊肥底角硬。贼说：一块好肥肉。偺答：肉肥骨头
多，扎嘴。贼说，一匹好马。偺答，马上是标挂着画里。贼说，
干枝梅。偺答，不见香甜。贼说，有狗无狗。偺答，那里狗咬。
贼说，一群好虎。偺答，那里猫叫。若有人问路，偺说，前边闷
然，后边有路，明亮香甜。钱为招苏。金子，为各豆。银子，为
蒙古。贼说，好寺院。偺答，有主持。贼说，一片好地。偺答，
荒沙地，不收田。朋友们辛（心）苦儿（儿）天，下边再敬。一
更为起更，二更为定更，三更为听更，四更为坐更，五更为收
更。明亮下雨，为点金。刮风，为秋拍。贼说，一片好水。偺
答，有水无鱼。贼说，池里鱼不少。偺答，有鱼还有奇甲里扎
手。贼说，好精媳妇。偺答，婆婆杯。贼说，包袱松。偺答，带
子紧。宅子以前为山前，宅子以后为山后。宅子以东为夜扇。宅
子以西为靠扇。贼人从房上走，为跳影。贼人从四面到来，偺
说，四面风紧，一齐登高招手。贼若出水，偺喊，壁山高台亮
走。贼若不走，偺说，工步多少，那拈有鱼。贼说，哪里而来？
偺说，随（遂）风而来。贼说，哪里而去？偺说，随（遂）风而
去。贼说，哪道（到）而来？偺说，随（遂）道而来。贼说，哪

道而去？俗说，随（遂）道而去。贼说，哪城而来？俗说，友城而来。贼说，哪城而去？俗说，友城而去。湏要上前进几（儿）步，先道辛（心）苦。贼若不闪路，俗说，或是哪里打尖，哪里住宿，请朋友哪里见面，撇山押呇，俱是兄弟吾的。见了回子，称他垛四提大把。

小车子镖

起标（镖），先说齐备无有？齐备，哈腰答，攀推顺着。其余规矩、春点，前边（一）样。

长枪，为苗子。单刀，为片子。大刀，为海青子。戒饰刀，为青子。鸟枪，为喷子。砂子，为狗子。镖旗，为眼。火绳，为线。洋枪，为小里驴。混眼沙，为百人敌。

走标者英雄也。白龙马梨花枪。游遍九州，到处是家乡。虽说是膂力过人，技勇精强。是江湖口，语也得讲。遇事先期口稳，开口总要声响。出店规矩，总要清（精）楚齐备了无有。掌炮的，齐备了，请客人押辕子。招手，推顺着。喏顺着，调顺着。拈起家伙来。哈武哈武。跟帮划（华）拉着。跟帮到了。哈武哈武。里外拿湾，即是拐湾。走街蹚，房上有人，哈武哈武。云棚里马撒。哈武哈武。胡衕有人，袖里有人，袖口里马撒。侧里有人，桶马撒。出街上路，分南阳、北墨、东倒、西接（妾）。持械各拈器械。鸟枪，为喷子。单刀，为片子。长枪，为条子。神砂（沙）入竹筒，为万人敌。路上遇见松林，哈武哈武，林子里马撒。哈武哈武。坟（遇见坟），为狐堆里马撒。见土岗，廪子马撒。见庙，寺里马撒。若车后一人走，哈武哈武，道马撒着冷子。哈武哈武，道旁一死人，马撒梁子。马，为风征。歹人，为雁子。好人，为乌鸦。若是遇大盗，说，前边有恶虎拦路，是朋友闪开。若是不闪，众兄弟上前打虎。贼人不听，只要动手，你是线林中朋友，吾乃在线朋友。你是林里，我是林外。咱为一家。一碗饭大家同吃，吃肉别吃骨头。恝着后悔。贼人如若不撒，握住辕子，也得哀告几句：线林弟兄，我们是在线朋友，天下酒烟不能分家。回汉两教，僧门两道，俱不能分家，线林在线不能分家。咱若分家，六百年也分不清。天下十三省，你便要吃完。弟吃一线之地，半碗残饭，可让弟吃！我乃家中有八十老母，三岁玩童。是我发财不大，艺跑穷腿。贼人不散，即言，弟非畏刀避剑之人，情愿决一死战。众家兄弟，一齐挡风。招手弓箭火（伙）器，单刀、长条、神砂（沙）追杀贼人远去，大家归队（坠），缓缓而行。

过桥规矩

哈武，招手过桥，招手跟帮到了。打桥底走，销挡过桥。过桥销挡，左右马撒着，从桥两边过。见桥不过，桥下留神马撒着。跟帮到了，进店规矩，如出街一样。进店洗脸为蒙灰，面要朝外。先将贼道验清。要椅子一把，向贼道而坐。掌柜的安排一定，坐更人要会兄弟即要随身。房上有人，哈武哈武，云棚里马撒。哈武哈武！若是线林朋友，请下来吃茶。贼人不听，即叫众家兄弟一齐挡风，招手，顺桶拉，打线升点将。贼人赶跑，伙计人埋怨打更人说，这点小事，何用齐起坐。更人说，六国土语，一路规矩，尽都说完，只是不听。伙计说，有令兄弟如何让他，他就该散，弟坐更不得以而为之。但有一线之路，轻易不可。

行水路总论

上舟，为登舟。打锚（毛）开舟过关。哈武哈武。开关推舟。哈武哈武。镖到头，交与坐客人查清。大家归队。水旱皆同一理。黄河为门闲。贼人说语，为雁子。叫行路道店中。

定更总论

一位，哈武哈武。打线升点。哈武哈武。三四位人头位。哈武哈武。顺桶拉线。二位，招线。三位，推线。四位，打线升点，众人归队各按（安）次序而坐。车三辆五辆，雁翅摆开。灯笼拴在辕套之上，插在车上。贼人上车，灯笼活动，坐更人便知。进店用饭，说，或是用斋，或是用烹，或是用干。睡觉时伙计们说□的，□轧迷温揭，嘈的，温嘈不许宽衣。要是脱衣，为退皮，穿衣为任店。贼人拨门，为拨缝。从窗里进，为剜眼。剜窟窿，为画圈。阴天，楂棚。下雨，为罗扣茂津。下雪，为白津。天代晴不晴，为桃棚。露出太阳，为闪子天眼了。进店，晚上定更。哈武。闲人靠后，顺条拉线，晃线。口首生点，二更。小心听更。排班听更。分班听更。前后听更。一齐听更。回队起。五更出店，见了胡衕。哈武！袖口里马撒，见了板打，金字马撒。再喊于前一样。房上有人，云棚里马撒。走路不知路，为开了花了。走外股。哈武！为可外着走，走里股。哈武！怀里拉着。走中股，拉顺着走差路，为宁然。或是怀里拉着，或是卧喝着。走十字，为穿子马撒。着跟帮。跟到了，下坡。哈武！招手别梁偏子了。一流下坡，骠着，风子。要是可外有人，南阳、北墨、东倒、西妾、骡标。哈武！马马打扣多时，尖上当着。齐备多时，骠着把，骠着跟帮。跟帮骠着。跟帮到了，勒住打点，可

着把，可着跟帮。跟帮可着。上路。哈武！与前一样，官标顺
桥。哈武！一齐排队，两边列开，登桥。虎尾一齐平起，招顺
着。进街店，闲人闪开，一齐排队进店。列门旗。门老爷回衙，
一齐排队，各守巽地，不许穿位。来在本府，一齐排队。老爷回
衙。水流千遭，龙归苍海。天爷增幅，一路平安。仲家共喜。路
上一字不喊。水路上船，搭扶手，把货物点清。令兄弟即速随
身。若是有贼上船，皮子上，朋友加火扫着，来了。大船数只。
若是买卖船，一片发云。若是贼船，一片恶。带（代）着水雹，
一齐挡风。四外风紧，是阳里有风。船上定更，与店里一样。坐
更人，五更打大明。要船人零碎齐备。一打行罗。哈武！提锚
（毛）开，开提锚（毛）。打锚（毛）开船，开船打锚（毛）。□
桥。招篙称顺着，称顺着招篙。拦头称顺着，称顺着拦头。斗棚
毛腰沉斤，一打行罗，上帮（邦）去然。头上当进关。哈武！开
关，行舟，走顺着。开关，称顺着。开关拦头。过小关口，打拦
开关，称顺着。

　　进街，刀把朝前。进店，刀把朝后。出店，刀把朝前。出
街，刀把朝后。点火绳，为明线。熄火绳，为演线。要有朋友看
刀，大拇指捶，或刀朝外请，或是道路不好，或是有石头或是有
堆□。哈武：里怀有石头，外怀有堆□。上阵之法。黑夜间之出
兵打仗，不认你我，又怕偷营劫寨（塞）。伙计说胜得，答：胜
得，永胜，全胜，广胜，公胜，明胜，利胜，艺长胜。一夜连改
十营，一言超百总。哈武二字。张翼德大哈当阳桥，桥塌三孔，
海水逆流。跟车偷东西。深板子。哈武！马撒，着深班子。跟牲
口，为随班子。敌杆的，割色的，与随班一样。若是小绺（吕）
不能偷，叫人偷，为随换班样。线班见了明火的。哈武！前边必

有豪杰。答反语。贼说，好肥羊。我说，羊肥羝角硬。贼说，一块好肉。我说，骨头多扎嘴。贼说，一匹好马。（我说）上是标挂画。贼说，干枝梅。我说，不见香甜。贼说，有狗无狗。我说，那里狗咬里。贼说，一群好虎。我说，那里猫叫。路上遇人一伙。我说，歹人为雁子，好人为乌鸦，羊为走兽，猪为圈，狗为拌，出恭为白摁，小便为哀条。见了割子。说一坐好屋。伙计说：好莫好，无有窗户。见了秃子，为头等人。伙计说：砬磨的房。见了习武的，为风子上的朋友。见了念书人，为笔尖上的朋友。见了保官的，为水邱上朋友。见拾大粪，为腔郎。见庄家人，为呵？。见了官，为石式。见了卖茶的，为皮生意。见了扎针，为金生意。测字算（命）的，为指星流月。拉骆驼的，为瓦样子。见装（庄）神的，为利子。

风：是一财主，招风。

麻：从宅子周围一望。

验：进了宅子，招东西。

缺：将东西弄出来。

打：是预备打仗。

沙：是沙下然。

驮：是悟住帚鞘。

开：是开了走。

流：是流走了。

挡：是挡着里，走不了。

聚：是沙了驮刁开了，流了，聚（巨）成一块。

赶：是赶着里，未放行。

连：是周围连着。

簧：是簧住了。

明：是明白了。

墙，为马。有草，为宗；无草，为无宗。店，为窑，店里喝酒，为窑里搬山。吃饭，为恳，侯着为保恳、开饭。小，为扫窑。钱，为楚，无钱，为各念，小钱，为碱楚，大钱，为海楚。洋火盒，为金头箱。洋火，为金头光。长枪，为描子。刀，为片子。抬枪，为打黑骡子。镖旗，为眼。火绳，为线。洋枪，为小黑驴。吵子，为狗子。绳鞭，为穗子。混眼沙，为人敌。桌子，为盖子板。帽子，为顶罗。马褂，为披罗。袍子，为穴罗。裤子，为义罗。袜子，为蹬罗。鞋，为走罗。坎肩，为东西便门。眼，为照罗。鼻子，为闻罗。耳，为听罗。嘴，为喷罗。看戏，为把柳。贼，为荣点。水，为龙宫子。白脸人，为盘里亮，黑脸人，为盘里乌。脸上有麻子，为梅花盘的。不好，为生凹。好，为见作。说话，为过黄。买，为扭。放火，为赞龙。不教说话，为念团过黄。不知道，为不攒习。少，为减。多，为海。人，为丁马。

江湖分四行：巾，皮，李，瓜。这四行，此者曰相夫。凡做相夫者，不曰做，而曰当做，自称相者。算命、相面、拆字等类，总称曰巾行。医病、卖膏药等类，总称曰皮行。戏法四类，总称曰李行。打攀头，跑解马，总称曰瓜行。

用硬功（工）的，洗药，列下：透骨草，地骨皮，不拘（具）多少。

春点：刘、月、王、在、中、神、星、张、爱、足。（案：分别为1—10个数字）

各念，无钱。一个，为奇。十个，为足。一百，为排。一吊，为杆。一个，为刘奇，至九个，俱是奇。够十个，为刘足。

至九十个，皆为足。够一百，为刘排。至九百，皆为排。够一吊，为刘杆。至九吊，皆为杆。够百吊，为刘排杆。至九百吊，即为排杆。够一杆吊，为刘杆杆。至九千吊，皆为杆杆。生意人，廿八小，不能再多至千吊足矣。

赶集买牲口说价钱

刘当，为一。甲，为二。品，为三。虎协，为四。拐慢，为五。挠，为六。巧，为七。才，为八。湾，为九，挂，为十。鸟，为十一吊。杆，为十二吊。刘品，为十三吊。刘虎，为十四吊。刘拐，十五吊。刘挠，为十六吊。刘巧，十七吊。刘拐，十五吊。刘湾，十九吊。一唐，为廿吊。唐刘，廿一吊。两唐，廿二吊。甲品，廿三吊。甲虎，为廿四吊。至廿九吊，俱是甲。

一品，卅吊。品刘，卅一吊。品甲，卅二吊。从品，卅三吊。品虎，卅四吊。至卅九吊俱是品。

协刘，乂丨十吊。协甲，乂川十吊。协品，乂川十吊。从协，乂乂十吊。至四十九吊，俱是协。

一拐，五十吊。拐刘，五十一吊。拐甲，五十二吊。拐品，五十三吊。拐协，五十四吊。从拐，五十五吊。至五十九吊，俱是拐。

一挠，六十吊。挠刘，六十一吊。至六十五吊，俱是挠。

从挠，六十六吊。挠巧，六十七吊。至六十九吊俱是挠。

一巧，七十吊。巧刘七十一吊。全七十六吊，俱是巧。从巧七十七吊。至七十九吊，俱是巧。

一才，八十吊。至八十七吊，俱是才。从才，八十八吊。才湾，八十九吊。一湾，九十吊。湾刘，九十一吊。至九十八吊，俱是湾。从湾，九十九吊。

一挂，一百吊。挂刘，一百一十吊。挂甲，一百二十吊。至
一百九十吊，俱是挂。从挂，为二百吊。

五、镖局子史话[①]

（一）镖局子非同小可

日前为了一篇漫谈中国邮史，在本刊登出来后，因其中谈及
镖局子一节，有几位朋友来问，镖局子是怎么回事，才几十年的功
夫，这件事体，已经有许多人不知道了。本来谈政治、谈学问、以
致谈社会的人，都谈不到这些琐屑的事情，大家是不容易知道的，
友人怂恿我把它写出来。镖局子是从前专代人运现银子的生意；在
清朝以前，国家无银行，只有票庄，亦曰票号，都是山西商人所
开，专与商家及官家汇兑款项；但数目小些的，可以汇，若数字太
大，不能汇，必须运现，运现则专靠镖局子，商家的银两，自然是
靠它代运，就是国家的公帑，也离不开它，各省少数的官帑，也常
使票庄代汇，如大拨的，则派官押解，但只靠一二官员，几位解差
的人，仍怕有失，在行军的时候运输粮饷，当然可靠军人护运，太
平时候，不便随时动用兵丁，故必须靠镖局子保护；例如建筑平汉
铁路的款项，都是由镖局子运往各处工地应用的。照以上所说，镖
局子是于商业、于国家、于社会，都有其价值的。

那么，镖局子是什么样的人开的呢？既非商人，又非实业

---

① 辑自《齐如山全集（七）》《齐如山随笔》第 69—74 页，台北重光文艺出版
社 1935 年出版。

家，开办这种营业者，只是几位武术家，俗名把式匠，也没有资本、也没有财产，只凭几个人，在店房中租一两间屋子，就开张，各商家就肯把大堆的银子交给他们，也就放心；当然开这种营业者，绝对不是无名之辈，一定是很有声望的武术家，所以有这样的信用。当年市场上有流行着的一首诗即是咏此，诗曰：资本毫无又没房，租间店屋便开张；成千成万交银两，字号全凭姓氏香。

（二）硬碰硬全凭信用

从前社会中，对于字号二字，有三种解释法：一系商店之名子，二系信用，三系声望，局中没有经理，也没有掌柜，因武术家多半不识字，故特请一写账先生，账簿亦极简单，有人送银子来，只在账上写一笔，收到某商家银若干，下批注交某处某号差收便是。运费也不高，每百两也不过一二两银子，不曰运费、不曰镖费，而特名曰镖礼，据云：最初他替商家白运，商家送他点礼物，是彼此客气的意思。交给他银子时手续是极简单的，也可以说是没有，有时给写一个收条，有时连收条也不写，一次我去送银二百几十两，他即收下，我问他，可以给写一个收条么，他笑了一笑，说："这写收条么？"于是就给了一个，看情形他不但不愿写，且以为没有什么用处，他的意思是，就是不写，也不会有错，但这也难怪他，商家送去的银子，都是包好之后，外面又用布或麻包包好，缝好，挂一布条，写明送交某处某字号收，下面书明某号托字样，他不但不能过秤，且连银子的成色，都看不见，任凭你包上一块碎铜烂铁，他也只好收下，似这种情形，使他写收据，本也不太公平，倘里边包的不是真银，或次银，将来倘使他照收条赔偿，岂不冤枉，再进一步说，所有的包裹，虽然缝好，但既没有封泥（古人用一种泥粘与信件之上，印以图章，即名曰封泥，乃极普通的事情，与现在之火漆，同一性质，同一用法），又没有火漆，倘乎他私自打开，换入假银，也是一毫对证没有。这件事情，可以说是寄者、运者、收者三方面，都没有切实的证据、切实地把握，但是这些年来，也没有听说出过错，也没有用假银伪诈镖局子的事情，也没有镖局子偷换银子的事情，这足见我们中国商业的信用、人民的道德，都是很高的。

（三）失银两赔也不赔

那么倘乎有错，或丢失了，他赔不赔呢？若干年来，大家对于这一节，便有些怀疑，但镖局子中人说，当然是要赔，毫无疑义的，可是大家谁也知道，它是赔不起的，于是市面上又有流行着的一句话："赔得起的赔"，言外就是赔不起的，就不赔了，好在此语，大家也默认，关于这一节，当年市面上，也有流行着一首诗：银两交来屋角堆，最多给一便条回；问他丢失能赔否，赔的来时也要赔。

从前有人讥笑这种情形，说他赔不起就不赔，那就等于不赔，其实这种情形，并不稀奇，无论哪一国，都是赔得起便赔，到了赔不起的时候，也就没法子了。比方美国是最富最讲信用的，日本从前的政治，也是很认真的，可是旧金山大火，东京地震，所有保险公司，也没能照法律照章程办理，还不是赔不起，就不赔么？再进一步说，他也很不容易丢失，因为他同各地武术家都有联络的。

（四）软硬镖各有千秋

镖局子间分两种：一种是硬镖，一种是软镖。这是他们的行话，硬镖有时或可丢失，软镖则没听说丢过。硬镖者，即是与运镖所经过路间武术家，或劫路之劫匪没联络，遇到抢劫时，就是交战，从前专靠武术的本领，数十年来，则都用洋枪，倘打不过敌人，则银两一定被抢，便须丢失，从前这样硬镖的局子并不多，只有由北平到绥远、库仑、科布多、塔尔巴哈台等处；因为这些地方的路间，没有能有统系的武术家，所以也无从接洽，故只靠硬干。其余各路，多是软镖，即是在镖局子开办之前，先与镖车经过沿路城镇之英雄豪杰土匪头领等取得联络，每年三节送礼，如此联络妥后，镖车经过，他们不但不劫，倘遇他帮之匪，或小伙强梁路劫，他们一定出来帮助，所以不容易丢失。这种镖局行路不能太远，因太远则人地生疏，不易联络；例如北平之局，大约总是到深冀州（因该处经商之人多，故运款较多）、太原、榆次、太古、济南、开封等处，再远则当然另有人开设镖局也。但东三省，则属例外，由北平一直可到沈阳、长春、哈尔滨等处，因各该地都有大股红胡子，有统系，倘遇大股之匪，联络妥当，便可通行无碍。他们在路间，对于该地的土匪头，都有招呼的方法，白天有镖局之旗，书明某某镖局，插于车之旁，此名口镖旗。夜间各局有各局的口号，分两种，大者喊的声音长而高，以便听的远，此名大趟子，大约不外阿呼喝、阿哈呼等等字眼。倘非紧要之时，则只喊耀武扬威四字。这种趟子，遇庙、遇桥、遇窑必喊，因为这些地方，亦藏匪人，所以要预喊，以便使所藏匪人知道，我们已经注意了。喊时也很有趣，如镖车有几辆，或几十辆，则第一车之镖客先喊，接着第二第三，以至末尾，喊起来，可延长至几十分钟，声音颇威武动听。二是名曰小号，这种遇前边有人方喊，喊的声音短，不过打招呼之意、这种喊的字眼，大致不外啊喉、啊喝、啊咳等等。以上乃有清一代镖局子之情形也。

有人问："镖局子的创设始自何时呢?"这种话很难回答，我问过多少镖客（俗称保镖的），他们大多数都说：始自宋朝，并且他们供奉的祖师爷，是宋太祖，这话也相当可靠。中国之武术，大致可以分三个部门：一是形役（意）门，二是八卦门，三是花拳门。前两门，向来不开镖局子，而保镖者，多是花拳门的人员，而花拳又分两大部分，一是少林派，一即是宋太祖所传，且太祖之长武术，很见过记载，他的青龙棍，也相当的之名。但我说他相当可靠，不一定说是始自宋太祖，而是始自宋朝。以理想来横断，最初的创始要不外以下两种。

一是保镖：这件事情的原动力，似乎不是始自武术家，而是始自商家；大致因为运货物款项，路间常常遇匪劫夺，不得已想出这种法子，托人与匪头商量，预筹款项，请他保护，慢慢地变成了风气；久而久之，就有人见有利可得，创设镖局，这种风气，遂风行全国。由此之后，武术家便成了两种性质，一是好的，便以保镖或给人家护院为生；一是坏的，就靠劫盗为生；自然也有许多靠农工商度日的，但那就不算靠武术吃饭了。以上这些话，并非完全空谈，也有些证据在各种小说中，都常常可以看到这种情形，例如演宋朝事迹的水浒，便只见接枪行旅及抢夺官家运饷等事，而未提到保镖一层，大概是彼世上未有镖局之创设，到了清朝的《彭公案》《施公案》等书，便屡屡说到保镖的事情，而彭公案所述有许多是明末的事迹，是可知他在名朝，已经很发达了。

二是由武术家之侠风：盖能武术之人，多有侠列英雄气概，路遇不平，不管认识与否，便可拔刀相助，最初是保护忠良，后乃渐进到保护财物。这种事迹，古来很多，例如戏中枣阳山一战，秦琼护送黄大人，安河镇一戏，鲍赐安救护狄仁杰等等；是这种情形，唐朝已有之矣。至于彭公案黄三太等保护彭朋；施公案黄天霸保护施士纶，以至到光绪年间，御史安维俊端良发往新疆之役，而武术家大刀王五，也曾自动护送前往。由这种侠气，便进化到代商家护送银两，最初或者也是自送，所以到后来给他们的报酬，只名曰镖礼，而不明曰镖费，且一直到清末，还有客人跟镖车走的习惯，即是客人坐运镖之车，或另雇车随镖车走，都可得到他的保护。

或许有人说，我所引的证据，不是小说，便是戏剧，一本正经书也没有，这恐怕不足为凭，其实，这话就错了，从前所谓正经书者，那一种里头会写到这些事情呢，也就是小说戏剧里头才有他，不引证小说戏剧，还有什么可以引证？再说，小说戏剧里头的事迹，也不都是虚造的呀！

六、云游客《江湖丛谈》镖行资料选辑①

"挂"是"挂子行"。在早年都称为"武术"，俗称为"把

---

① 辑自连阔如以云游客的笔名在北平《时言报》发表长篇连载《江湖丛谈》，1938年由时言报社结集出版，共三集。

式"，又称为"夜叉"行。现今提倡保持国粹，各省市都设立国
术馆，唤醒国人，共倡武术，改为"国术"矣。国术的范围很是
阔大的。门户的支派，国术的传流，亦是复杂的。好在敝人不是
谈国术，是谈江湖艺人的"挂子行儿"。"挂子行儿"分为几种：
有"支""拉""戳""点""尖""腥"等等的挂子。管护院的，
调侃儿叫"支"；管保镖的叫"拉"；管教场子叫"戳"；管拉场
子撂地儿卖艺的叫"点"。又有"尖挂子""里腥挂子"两支分
别。什么叫"尖挂子"呢？据江湖艺人谈，真下过些年的工夫，
与得着名人真传的把式，调侃儿叫"尖挂子"（"尖"，即是真正
的意思）。像那打几趟热闹拳的把式，刀枪对战叮当乱响，熟套
子的把式，只能蒙外行的把式，调侃叫作"里腥挂子"（"里
腥"，即是假的意思）。又有打"清挂子"的，与"挑将汉儿"
的分别。什么叫打"清挂子"呢？凡是江湖艺人，在各市场里，
各庙会里，拉场子撂地儿，竟指着打把式卖艺挣钱，叫作"清挂
子"。如若打把式卖艺的，还代卖膏药、卖"大力丸"的生意，
不能是"清挂子"，那算是"挑将汉的"。

尖挂子——镖行——保镖护院

挑将汉的人们所练的，都是半尖半腥的挂子，唯有镖行人练
的把式，都是尖挂子。凡是练武的人，将武术练成了，无论是保
镖去，护院去，得从新另学走闯江湖的行话。把行话学好喽，才
能出去做事呢。遇见事的时候，一半仗着武功，一半仗着江湖的
暗话，才能走遍天下呢。

在昔时，水旱交通极不便利。买卖客商，往来贩卖货物的离
不了镖行的，就是国家解送饷银的时候，亦是花钱在镖局子，雇

用镖师护送的。在那时代开个镖局子，亦很不容易。头一样，镖局子立在哪省，开镖局子的人，得在这省内官私两面叫的响，花钱雇用真有能为的教师充作镖头。没做买卖之先，得先下帖请客，把官私两面的朋友请了来，先亮亮镖，凭开镖局子的人那个名姓儿，就有人捧场才成哪。若是没有个名姓，再没有真能为，不用说保镖，就是亮镖都亮不了。自己要逞强，亮镖的日子非教人给踢了不可。立住了万儿的镖局儿买卖亦多，道路亦都知熟了，自然是无事的。最难不过的是新开个镖局子，亮镖的日子，没出什么错，算是把买卖立住了。头一号买卖走出镖去买卖客商，全都听见声儿，要是头趟镖就被人截住，把货丢了，从此再也揽不着买卖了，即早关门别干了。这头趟镖出去，镖师带多少伙计出去，把客人财物放在镖车之上，插好喽镖局子的旗号，一出省会地方，镖车一入"梁子"（即是入了大道），伙计们就得喊号儿。伙计们扯开了嗓子，抖起丹田气来，喊"合吾"。这"合吾"两个字，是自己升点，教天下江湖人听"合吾"。"合"是"老合"，凡是天下的江湖人都称"合吾"。喊这两个字儿，是告诉路上所遇的江湖人哪。喊这两个字喊到"吾"字，必须拉着长声。走在路上，凡是拐弯抹角亦得喊，遇见村庄镇市亦得喊。唯有遇见了孤坟孤庙，或者离着村镇，不远有座店，或是有家住户，更得喊的。因为孤坟里埋的不是棺材，十有八九都是贼人走的道儿。孤庙里虽出家的僧道，亦未必都是真正的出家人，十有八九的都是"里腥化把"（"里腥化把"即假和尚），离着村镇附近，有孤店，有独一家的住户，那亦是三应"跺齿窑儿"（三应读"撒"）。"跺齿窑儿"就是匪人潜伏的下处。镖局子伙什，走镖时候，都得喊镖号，唯独到直隶沧州，不敢喊镖趟子。若是

不喊就许安然过去；如若一星点儿，任你有多大的能为，亦得出
点舛错的。在我国清末的时候，镖车过沧州还是那样呢。因为沧
州那个地方，不论村庄镇市住的人，老少三辈没有不会把式的。
现了如今，新科学武器发明喽，沧州练武的人，是日见稀少了。
当镖师的带着一拨伙计出去走镖，每逢出了镖局拉着马匹，不能
乘坐，遇见了熟人，都得打个招呼。镖车走出了省会地方，他才
能上马呢。镖车走在别的省会地方，要有镖局子、镖师亦得下
马，伙计亦得跳下车来，和人家打过了招呼，然后过去才能上车
上马。镖车上的大伙计，走在路子，虽然是耀武扬威，两个招路
得会把簧。招路是眼睛，把簧是用眼瞧事儿。镖行人常说，当大
伙计不容易，骑了马拿着枪，走遍天下是家乡。春点术语亦得讲
"跨着风子（即是骑马）得把簧"。镖车走在路上瞧见了孤树，大
伙计得喊："把合着合吾"。如若遇见了桥，得喊："悬亮子麻撒
着，合吾。"

　　如若遇见路旁有个死人躺着，得喊："嚷子土了点的里腥啵，
把合着，合吾。"如见对面来人众多，得喊："滑梁子人氏海了，
把合着，合吾。"如若走在村内，得喊："窑里海梁子，把合着，
合吾。"如若瞧见有山得喊："光子，把合着，合吾。"如要过河
登船时，得喊："两边坡儿，当中漂儿，龙宫把合着，合吾。"如
着遇村镇有集场，得喊："顶凑子掘梁子，把合着，合吾。"如若
遇见庙会有香火场儿，人太多了得喊："神凑子掘梁子，把合着，
合吾。"这初次走镖，有那江湖绿林人知道了，他们要试试这走
镖的人，是行家子不是。他们知道镖车从哪里走，在哪里载车，
两下里对着一把簧儿，彼此升点儿，一问一答对难为。大伙计把
问答的话说完了，必须问他们："祖师爷下了饭，朋友你能吃遍，

兄弟才吃一线（即是指着天下一般往来大道而言），请朋友留下这线儿，兄弟走吧。"等到了这样话说出来，他还不闪开，讲不了就得动手的。若是久干江湖绿林的人，无论如何亦不能翻脸动手的。可是将出茅芦，才进芦苇的人，他可不听这套，非得镖师尖挂子，把他赢了才能算完。要不然当镖师的没有尖挂子，干不了这行呢。倘若是镖车走在路上遇见了劫镖车，以江湖术语打不动他，讲外面的朋友话亦不成，镖师就喊嚷一声："轮子盘头"，各抄家伙，一齐"鞭托"，"鞭虎挡风"。伙计们听镖师喊嚷："轮子盘头"，他们赶紧把所有的镖车往一处盘个大圈儿。有抄家伙，保住镖车的，有抄家伙准备打人的。镖师喊嚷："一齐鞭托"，就是大家打他吧。"鞭虎挡风"，是动手把贼人打跑喽。只可惊动走啦，挡过风去就得了，不可真把贼人"青了"（即是别杀了他们），亦别"鞭土"喽（即是别打死他们）。若是镖师仗着"尖挂子"把贼人惊动走啦，大伙计就喊嚷一声："轮子顺溜了合吾。"镖车走开了，镖师一上马，押着镖又走下去啦。若是镖车进了店，店门外插着镖旗，院内放张桌子，一个凳子，大伙计在凳上一坐，指挥着伙计把镖车都安排好啦。然后大伙儿净面掸尘，喝茶吃饭，喂完了牲口，前后夜值更的伙计上了班啦，大伙子才能歇着去。值更的把店门外的镖旗撤下，另换镖灯，镖车上亦都插上小灯笼，然后按着更次，一人喊号大家轮流着喊，如同古时候军营里喊筹一样。值更的伙计亦有头儿，到了夜间亦得眼观六路耳听八方。凡是贼道能出入的地方，更得格外留神。这是住了熟店，准知道这店是干净窑儿。如若住在生店，不知道窑里干净不干净，镖局子的伙计，得把屋内桌底下，床榻底下，假装打扫，瞧瞧有地道没有。如有地道，便是贼店，赶紧得回禀镖师，请示他的办法。院内有井，或是有锅灶，柴火垛，都得把合到了。关于这些事，都是镖师训练他们的。譬如房上来了人啦，打更的就得冲着房上说："'塌笼'上的朋友（江湖人管房子，调侃儿叫：'塌笼'），诸你下来'搬会山儿'（即是来呀，咱们喝点酒啊），'唔个牙淋呢'（即是叫他喝碗茶呀）。"房上的人如不听这些事儿，一语不出，值更的就得喊嚷一声："'塌笼'上的朋友，走遍了天下路，交遍了天下友，祖师爷留下这碗饭，天下你都吃遍，我们吃一线的路儿，你去吃一遍，留下这一条线的饭我们用吧。"如若贼人在房上还是不走，或是愈来愈多，值更就得喊："'倒''窃''阳''密'四捻的伙计都出来，'亮青子挡风'。"他们在店内住下没事便罢，如若有事，应当东西南北各占各方，准备着动手。东边的伙计得知道他们是倒捻的差事，西边的伙计得知他们是窃捻的差事，南边的伙计得知道他们是阳捻的差事，北边的伙计得知他们是密捻的差事。如若值更的喊："'倒窃阳密'四捻的伙计都出来，'亮青子挡风'。"他们四面保护动手的伙计就得抄起刀枪来，由屋里出来，把东西南北的地方都占好喽。镖师从屋里出来，他再向房上的人说"什么人不亲艺亲，一碗饭大家吃"等等的情面话，这叫使"贴身靠"。倘若再不成，镖师就得问："'塌笼'上的朋友，是一定'破盘'吗?"（即是非要抓破脸吗？）房上的人再一答言，镖师就得往当中一纵说："既要'破盘儿'，请下来'开鞭'吧。"（即是下来打吧。）房上人如若跳下来，四面的镖计就嚷："上有天罗，下有地网，'条子戮'，'青子青'，要想'扯活'呀，休生妄想啦!"这时候无论来了多少绿林人，全瞧镖师的"尖挂子"，"鞭上"如何了。若是镖师凭"尖挂子"把绿林人惊得'扯活'啦，然后还得教伙计各处把合到了，防备贼人藏起来，要防备不周全，就许"窜了轰子"（管有贼人放火，调侃儿叫"窜轰子"）。各处都搜查完了，一齐喊嚷："扫净了合吾"，这才算化险为夷。

至于绿林人真的在路上把镖车劫了，镖师得瞧的出事来，真要鞭不过人家，得藏起来保全性命。贼人扯活喽，暗中再把贼人跟下去，认着了他们的窝子，好想主意把抛了的东西找回来。若是到了店里，再有绿林人来呀，镖师鞭不扯活贼人，必被贼人弄得"挂了彩"（即是受了伤），或是"土了点儿"算完（即是弄死喽）。若是把贼人扯鞭啦，还得留神，镖师得有"走""不走"的见解。如若得走，到了时刻，镖师喊嚷："扯轮子（即是套车），趟梁子了（即是出店奔道走啦），合吾！"于是，伙计们套好了车，天亮了撤灯笼，撤店门的镖旗，收拾完毕，镖师出店前后一把合，东西合人俱到齐啦，他就嚷声："客请人'迫轮子'了'合吾'。"（管请客人坐车，叫"迫轮子"。）车把式一响鞭子，喊起镖号，往外就走啦。走在路口的时候，大伙得喊："轮子调顺了，'入梁子'了，'合吾'。"（即是把车排顺了，进了道啦。）这路上可得留神那浑天入窑的（即是夜里到店里抢镖的人进店），没得了手，难免他再鼓惑别人，在路劫镖。这要在路见了人，要劫镖就不用跟他们客气，大伙就冲眼岔的喊："水浅了不了嗣，是肉有骨头，是鱼可有刺，是朋友躲开了，免得折（念"蛇"音）鞭。"（管挨凑，调侃儿叫"折鞭"。）如若是簧点清的人（见事则明，与达时务的人，调侃儿叫"簧点清"），就不找麻烦喽。倘若遇见说什么亦不成，劫定了镖的人，免不得喊："轮子盘头，亮青子鞭托挡风。"真的干两下子。新亮镖的镖局子，头趟镖走出去没出什么舛错，从此买卖上门，就算立住了腕了（立住了名啦）。镖师走完了这头趟镖，一路之上，没准交多少朋友，其中好歹贤愚都有，还得应付的得法，事事周全到喽。提起话说来，其镖局子的镖师谁谁是个朋友，立住了万儿，如同创下了江山一样，能吃长久了这碗饭，亦实非容易的。

商店雇用"高买"作保镖

老荣是偷窃的人，其中分为"轮子钱""朋友钱""黑钱""白钱""高买"。在早年并没有"高买"这行人。从前的商号都不讲究修饰门首，亦没有玻璃物架、玻璃阁儿，有货好放，有货好收，都是用老式的货架子，亦没有丢货之说。只要货真价实，不怕在深深的小胡同里，也有进去的买货的。如今的商家，不似从前了。虚伪诡诈，不是"老尺加一"，就是"大减价"，"牺牲血本"。门前高搭彩牌楼，"减价一个月"，并有"大赠品"：头彩狐腿皮袍一件，二彩金手锡一付，三彩手表一支，四彩马蹄钟一个，五彩美伞一把，六彩绸巾一条，七彩牙粉一包，八彩洋烟一盒。凡买一元货物的顾主，有彩券一张，当面抓彩，彩彩不空。就有那冤大脑袋，好听这一套，花一块买东西，还抓一回彩。其实平日值八角的货物。他卖一元，那多卖的二角钱，是他们凑在一处，做彩品之本钱，与传单、广告、彩牌楼等等开销。就是得了彩，也不过是牙粉一包，烟卷一盒。买卖商人不能曲房卖地往外赔垫，无论如何也是买主吃亏，羊毛出在羊身上。他们不诚实做买卖，专有些个"高买"，偷窃他们。这新式的玻璃货架、玻璃阁儿、装上货物，也是给"高买"们预备的礼物。若按早年的装货之法。"高买"哪能得手？除非是搬运法成了，冲他们一念咒，东西就过去了。若没那样本事，就偷不了商家的东西。

我老云问过小绺："怎么偷商家的小绺叫作'高买'呢?"某小绺说："当初没有高买,不过,他们专偷商家。在未偷之前,须多看货物,堆起货来,他好下手。其多看货之法,是看一样绸子,嫌不好,教伙计再将好点的看看,表示他要买高货,不怕多花钱。事后商家觉悟了,是那买高货的客人,将东西偷了去的,就管他们叫'高买'。"

我老云头几年,在天津住着,对于高买的手段,与窥货的妙法,总疑惑有什么高超的窃术。我要瞧瞧高买如何偷法,就先交了几个商界的朋友。有天津某租界某商号之经理,与我交为朋友。他那买卖是个绸缎庄,我时常的到他柜上串门,和先生伙计们聊起大天,没结没完。我是醉翁之意不在酒,借着聊天为名,净等有高买来了,看看他们如何偷窃。有天,我在同管账先生说得正热闹之际,由外边进来一位买主。这人长得细条身材,穿着绮霞缎的棉袍,带着瓜皮式的绮霞缎小帽,金丝眼镜,两只皮鞋。人是白白的面皮,黑黑的胡须。看他那人样,穿的衣服阔绰,好像某机关的职员。在那几年穿衣服还兴阔袖口儿,高开气儿。我见的这人,就秘觉他不是好人。我也说不出是怎么个不好来。这种察言主观貌、看人辨别善恶的心理,是可以意会,不可言传的。我见他走在一个玻璃阁旁边,止住了脚步,伙计们赶紧过去张罗买卖,问他:"你买点什么?"他说:"大桑热了,棉袍穿不住啦,我做个夹马褂,夹袍儿。"伙计说:"你做吧,瞧了货,将衣裳的尺寸开个单子,咱们柜上能做,三天准能做得。"他问了问,做夹马褂手工多少钱,做夹袍手工多少钱,就教伙计取出绸缎来他瞧瞧。学徒的给他斟了一碗茶,他看了不带花的大缎子，嘴里不住的夸好，可又说没花不时兴了。又教伙计给他取绮霞缎。问了多少钱一尺，又要买，又嫌成色不大好，教伙计给他取好的。他看了这个，又看那个，手里按着货，又不住的往四外观瞧。我老云倒像做贼的一样，赶紧看别处，不敢瞧他。他看完了四处，又看货的成色。我老云就明白了，东西取出来的数目，够他偷的分了，先巡了风，然后下手。我老云似看似不看的，可就招路把合了。只见他坐立在阁的右边，冷不防的往外一转身，左手扯四五尺缎子，像变戏法似的抖开了毡子，要闹鬼儿一样，用那缎子往他棉袍大襟上一盖，问伙计怎么样。两三个伙计的眼睛都往那缎子上和棉袍观瞧，嘴里还批评好坏。我老云就不看那里了，见他一拧身，抖开缎子的时候，有一卷花丝葛由玻璃上掉下来，他用左腿左跨骨，将花丝葛倚住，又见他左手将绮霞缎一撩，折回玻璃阁上，右手往衣裳里一伸，假作掏钱之状，说："我亦不知带着钱没有？"摸了摸道："带着钱哪！"我可见那卷花丝葛，由他的棉袍左开气挤进去了。我想他不是掏钱哪，是花丝葛进了他的棉袍了，用右手假做摸钱之状，暗含着将花丝葛用松紧带夹住了。东西夹好了，他说："带着钱哪。"右手抽出来，就问伙计"裁个马褂子，八尺二寸，够不够？"伙计说："够了。"他说："裁八尺二寸吧。"伙计给他用尺量货，他又看这卷，看那卷，阁上放着的十几卷都是竖着，我见他将一卷横着放着，又将竖的一卷花丝葛打开了五六十尺，冷不防往外一拧身，将花丝葛向他棉袍大襟上一盖，仍教伙计们瞧。众伙计的眼睛都往大襟上看，我老云又见他把横着的那卷绸子倚在跨骨和玻璃阁之间。伙计们直夸做花丝葛的夹袍好看，他将五六尺花丝葛往玻璃阁上一放，右手又伸进棉袍，说："我带的钱亦不知够不够？"这卷绸子又从他棉袍左开气处进了袍内。假作掏钱之状，暗着用手将绸卷儿掖好。可是这回掏出皮夹来，他教伙计给他开尺寸单："马褂领长一尺寸，身长……"都写完了，留下一块钱定钱，只做了一件马褂，就走出去了。我合计他窃了两卷绸子，留下一块洋，他要将那两卷绸子按七折贱卖，亦能得二十几元。他走后，我见柜上的先生写账，伙计仍然张罗买东西的主顾，毫不知觉。彼辈窃术之精，亦真巧妙。较比变洋戏法的魔术有过之无不及。可惜彼辈人之聪明不入正道，得了财物亦不过往烟花柳巷赌博场内，做嫖赌的挥霍，结果如何？不是染花柳病而死，就是病死牢狱之中。像他们若归正道，不拘入了那行，亦能高人一筹，何愁衣食不丰？邪途误人，向无觉悟的。即或有觉悟的，亦是在将死的时候，落个最后觉悟，岂不是晚矣！

我老云在某租界，有一次遇见了于黑（吃飞轮的高手）。我同他到某旅社闲谈，向他探问高买之窃术。据于黑说：高买亦有组织，或三人，或五人，不能一定。有本领的人，去窃取商家财物，其窃术之精，或学而未成者，随着出去护托。至于心手眼三样皆笨的人，亦就管巡风而已。我问他们高买窃取绸缎之法，他说："高买欲在某商号窃取贵重的物品，在未窃之先，先到该店假做买主，以买东西为名，察看他这买卖的柜上有伙计人数多寡，由何处而进，在何处行窃，由何处而去。将道看好之后，再来了才能窃取。高买最得意的时候是在冬令，皮袄马褂大氅，全都在身，窃取之时容易下手，亦容易往身上收藏。每逢冬天，他们天天出去，如鸟藏食防于大风雪之日，不能出去寻食，专食收藏之物，接济不得食之日一样。每至夏季，天气暑热，衣服单薄，窃取财物不易收藏，并且容易败露。本领稍弱的，十有八九全都歇夏。春秋两季，夹衣服上身，虽不如冬天得手，亦能偷窃，亦能收藏。高买的窃术，亦分粗细活儿。窃术平庸的，只能往绸缎庄窃取笨重物品，对于珍珠钻石金表等细小之物，心虽想窃却不敢着手，闻香不到口也。高买窃术灵敏的，都讲究窃取细货。若窃钻石一个，可值千百之数，胜似窃取绸缎十回。一样窃取，何不取贵重之货，而取笨重价小的东西呀？凡窃细货的高买、都是本领高超的，一人足矣。越是本领不济的，一人不能窃取，十有八九都是有护托的跟随。至商店窃取不得手，护托的或给他遮蔽，死用手乱指，将店伙计之眼神引走，目视别处，窃物才能得手，任意窃取。护托的亦是不容易。主窃在窃物时有一定窃取方法，护托的得是补助主窃人之不足。变戏法的在台上变十三太保，大海碗一大堆，由身上往下落活，全仗着他那护托的为之遮蔽。护托的以严而不漏，缓速适宜为美。高买的助手亦如戏法护托的一样，其护托之法固定者少，临时生智，随机应变者多，亦极不易也。巡风的尾随高买身后，高买进某商店时，他就在某商店门前站立，或假作行路之状，如门前等候一样，不过心理不同而已。如有‘老柴’经过（管官人调侃叫‘老柴’），巡风的得能看出老柴的行动，是否从商店门前经过，是否‘挂桩’（管官人在门前等候窃贼，调侃叫‘挂桩’）？如看出是从前经过的，假装不曾看见，由他过去。如若看出是‘挂桩’，巡风的立即走入商店，向高买微视其意，使其心领神会，纵能得手亦不窃也，空手出来。‘老贼柴’抓获时，以无脏物在身，可以先入法笼而不破案，常言‘捉奸要双，捉贼要赃。’若无赃物在身，真假难分，老柴亦无可如何了。老柴中高超的人物，每遇高买入窑（即进商店）。即在门前‘挂桩’，候高买赃物在身，他从商店走出来时捕之，十有八九获，高买亦无词可措也。有些老柴，眼里有活。虽然某人是高买，在门前'挂桩'而候。若高买知觉未窃财物由商店走出时，看出他身上无赃，亦不捕之，仍尾随其后，必待其窃物在身时而捕，免落违法捕人之罪也。"我问于某："有些老柴见了高买，不论高买有无赃物亦捕之而归，是何缘故？"于某说："那是'臭盘儿，'"我问："什么叫'臭盘？'"

于某说："大凡是高买在何处栽过（窃贼管被捕犯案，调侃叫'栽了'。遭过官司，被捕过，即是'栽了'），何处老柴就能认识。如若罪满出狱，即离某地。如不离开，仍在该处作案，被老柴们看见，就能复入法网。老柴们认识他是高买，若遭过官司，被官人拿住过的，是官人都认识他了。虽不偷窃，官人看见亦一样逮捕。如若不承认他是高买，官家将他前次犯案的底卷取出来，教他看了，亦得承认自己实是高买。所以高买们就怕臭了盘儿。如若臭了盘儿，简直的吃不开了。若不改行，亦得另往生地方去窃取，熟地方是不能存身的。"我问于某："高买们窃取金镶、钻石、戒指、人参等贵重物品，是怎样窃取？其窃取之手术能否说明？"于某说："我住在×××旅馆五号房内，明天早九点你去找我。我在该处试演一回，就能知道了。"我听了高兴已极，彼此分别。

次日早晨九点钟，老云就到×××旅馆，果然于某在五号房中候我。相见之下，彼此大笑。他说："你看我穿的衣服好与不好？"我看他穿的是灰色棉袍，青礼服呢鞋，内里衬衣，只有个白汗衫而已。我看他穿的衣服与普通人所穿的一样，不过尺寸略微肥些，我说："你穿的这衣服略微肥点，亦不觉憨蠢。"他教我将手表取下来，放于桌上。我就依了，就将手表取下来放于桌上。他又教我将钱夹取出来，亦放于桌上。我又依了他将钱夹取出，亦放于桌上。那钱夹与手表同在桌上。两件东西，相离不过五六寸远。于某用右手拿起钱夹子，颠了颠道："你这皮靴页内，没有多少钱。"说完了又将钱夹放下。我再看那桌上的金表已经没了，不觉惊讶起来。他问我："老云，你的表哪？"我说："不知哪里去了？"他说："你用手往我身上摸摸，我的左胳臂哪里去了？"我用手一摸，他那左的胳膊没了，袖筒里是空的，我忙问他："你左边的胳膊哪里去了？"他冲我一笑，将右胳臂抬起来，说："你看这是什么？"我往右胳臂的底下一看，那马褂的袖子，胳臂肘儿的地方，多出一支手来，那只手攥着一支金表，我至此始悟，他是将那左胳臂褪入衣内，又伸在右边的袖内去了。最奇的是他这只左手，能在右胳臂儿肘底下伸出来。原来他那马褂故意的在袖筒的胳臂肘底下，做的有道缝儿，为的好从这缝内往外伸手，使人不知不觉的窃取财物。他教我看明白了，又说："你将我的马褂替我脱下来，你再看看。"于是乎我老云就将他的马褂脱下来，他说："老云，你再看看我的棉袍。"我再往他的棉袍上一看，原来他那棉袍的胳肢窝底下，亦有一道缝，他那左胳臂就是由右胳肢窝的缝伸出来的。他又说："老云，你再把大棉袍给我脱下来，你再看看。"于是乎我又将他的大棉袍脱了下来。再看他那汗衫，亦是和那棉袍一样，两个胳臂窝底下，亦都有道缝。他那只左胳肢，就是由那右胳肢窝的缝儿伸出来的。他教我看明白了左胳臂才退了回去，他说："我教你看看，那只表留于何处？"说着他自己就将汗衫的钮扣儿全都解开，脱下汗衫来，我往他身上再看，只见他贴身有个皮兜儿，其形式与变戏法的身上带的皮兜儿一样，那只金表就收在兜内了。我将他全身的衣服，窃取他人财物的门子（即是闹鬼儿，使人不知之处）全看明白了，才知道"高买"们窃取东西之法。于某问我："老云，你明白了没有？"我说明白了。他说："这个情形如何？"我说："这不过是你们闹的鬼儿，没人知道，亦算不得怎么神妙。如若变戏法的艺人改了行，就能按着你那方法去当'高买'的。"于某说："你别看变戏法的艺人在台上变的那么巧妙，如若教窃取人家的财物是不灵的。他变戏法成了，偷人家东西他们是不成的。别的不说，他们的胆儿就没有我们大。若是偷了人家的东西，脏物在身，心里害怕。脸上变色，露了破绽，一定教人抓住打官司。他们变戏法的人，有身上藏着所变的东西，坦然自在，似有如无，教人看不出破绽的长处。我们有将人家的东西偷过来藏在身上，教人看不出破绽的长处。他们沉得住气，不露破绽，还是不如我们。"我问："怎么不如你们哪？"他说："看戏法的人们都知道这变戏法的人身上有毛病，藏着东西，不过没人给嚷就是了。即或变露了，亦不要紧，至多有人喊个倒好儿完事。我们若是教人看出破绽，抓住了喊来巡警，真赃实犯，打了官司，至少亦罚几月的苦力，蹲几个月的监狱。同是闹鬼儿，沉的住气，究竟还是变戏法的人胆子小，'高买'的人们胆子大。我敢说变戏法的人当不了'高买'。隔行如隔山。不论是那一行亦是一样，行家能成，外行人干不了的。"我听他说，深服其论，不过我心总觉得着他们的胆量、知识、见解、谈吐都是比普通人的人们好得多。就是一样，有知识何不去奔正道？同是穿衣吃饭，何必去做犯法的事？

我老云又问他："你这衣服是哪里来的？"于某说："这是×××的东西。我们这两个人住在这一间屋内。今日是他有钱，没有出去做活，穿着没有门子的衣服，逛小班去了。我是乘他不在店内，教你看看这高买的门道，你可别告诉别人。"我当时应允，又说："你们这当高买的，只有衣服不同，能偷东西并没有什么特长。"他说："我叫你看看特长。"他又打开衣包，取出几件极瘦的衣服来，穿在身上，我看着又瘦又长。他说："这是瘦的衣服，我亦能将胳臂，由袖口儿褪了进去。"说着他将这件衣服一抖罗，我再用手去摸他，左袖筒已是空了，他这只左胳臂，已是褪进去了。最奇怪的是没人给他揪着袖口儿，他自己亦没揪着袖口，只凭他略微一抖罗，那只胳臂就能褪进去。他们有这种惊人的本领，我亦不佩服，只是他们不入正道，任他有多好能为，我亦是轻视他们。我问他："高买的本领，有神偷之能，为什么还有被捕获的人哪？"他说："当'高买'的遭官司，都是他成天往娱乐场所任意挥霍，花的金钱太多了，教官人注了意，访查实了，才遭官司。在他们往商店家窃取财物的时候，不容易破案。"我问："那么他们偷窃的时候，就没被人看破，当场被人抓住的事吗？"他说："我们老荣（即是小绺）若将人财物窃到手中，又传别人手内，那叫二仙传道。即或丢东西的觉悟了，将我们攥住亦是不怕，那东西早就没了。身上没赃是脱身计唯一不二的法门。高买出去做活，亦和我们一样，不是一个人出去，少者三人，多者五个。如若将东西偷到身上，商家觉悟了，伸手揪人，亦是白揪，照样儿使二仙传道的方法，将东西由甲的身上，又传在乙的身上，甚至于还有由乙的身上又传到丙的身上。高买遭官司，人赃两获的事，百不一见。"我问："高买有偷东西没偷成，赔了本钱的事没有呢？"他说："亦有。"我问："怎么高买会赔本儿哪。"他说："有那常丢东西的商店，丢的怕了，柜上的伙计，多有雇用聪明伶俐的。高买们进门，他们亦能看出一二。到了高买看货的时候，那手不离货，货不离手，看得严密，无法下手。不惟不偷了，还得多花钱，买他们的东西。"我问："偷不得手，干嘛还买他们的东西哪？"他说："高买们遇到这种情形，是教人看着形迹可疑，为了教他们放心，不当贼看，花些钱买东西，是稳猾点的店伙之心。不只于这一次，三两天一趟，得花钱买他几趟，教他知道是好主顾啦，然后乘他们不防的时候，大大偷上一水，将几次损失的银钱，一下子全都弄回来，还得有富余，剩下些钱，才能心平气和。"我听他所说，高买如此狡猾，我问："那么高买怕'老柴'（'老柴'指侦缉人们）不怕呢？"他说："高买怕老柴不假，即或被捕了，反倒不怕。他们觉着遭了官司，就豁出受几月的罪去。限期满了出了监狱，还是照样去当高买，绝不改行。"我问："怎么罚了几个月的苦力，还不改行呢？"他说，"为人不会窃盗便罢，只要学会了偷盗，无论如何，也改不了行。都说老荣这行儿，是只贼船，只要上去就休想下来。"我问："高买们有偷不了的商店没有呢？"他说，"这些年来，有些家大商店，因为被偷的东西太多了，损失血本，他们害了怕，有人给他们出主意，教他们花钱雇用'高买'，给他们保镖。他们雇个人每月花个几十块钱，可以不丢东西，都很愿意。自从商店雇用高买保镖以来，高买们就有些家无法去偷了。"我问："他们高买，为什么不做偷窃的生活，给人家保镖呢？"他说："高买这行人，都是打走马穴的。今天在天津，明天往大连，可以不遭官司，不能破案。有些个高买，因为某处有了'判簧果'（管有搭姘头的妇女，调侃儿叫'判簧果'）将他吸住了，见在某地偷窃，永远不走。有了这种事情，日久了，'老柴'们就能知道他是'高买'。他屡次偷窃，屡次破案，闹来闹去，闹得他臭了盘啦。偷窃不成了，往外省去，又舍不得'判簧果'，因此他与某地认识的人也多了，就有人将他荐入某商店，充做保镖的。凡是给商店充做保镖的高买，都是臭了盘的。"我说："商店有了保镖的，还丢东西不丢呢？"他说："也是不断的丢东西，不过比没保镖的丢得少些。"我问："怎么有保镖的，还丢东西呢？"他说："有些高买，不认识保镖的，有保镖破坏，或示意不教他偷，就偷不成了。倘若有那认识保镖的高买，彼此一碰盘，人有见面之情，保镖的宁可得罪商店，也不肯得罪同行，不唯不拦，反倒帮着高买，给他护托，教他偷点就走，但是不能老偷，不能空手，点到而已。倘若保镖开罪了热盘的高买，不是找高手大偷特偷，就是遭了官司的时候，咬了保镖，将他拉入案内，也得受他们大害。贼咬一口，入骨三分，也是得防备呀。"我听他说的话，感觉着世上的人，学好事，入正道，是难极了。学坏事，入邪途是容易的。他们已入邪途的人说："邪途叫贼船，上去就下不来。"这邪途够多么可怕！我老云但愿入于邪途的人千万别上贼船，宁可难走些还是入正道吧。

前清镖师孟继永天桥卖艺与"金镖黄"黄三太

孟继永是挂子行的人物，久在天桥摞地。他的把式场，从前在天桥公平市场，自从前年，迁到红楼南边。他是河北省武邑县人，六十多岁，身体强壮，性情直爽，人称为"孟傻子"。他圆年的法子，用大白在地上画个人头，有耳目口鼻。在这耳目口鼻上，各放一个大枚。他往场内一站，手里拿着"甩头一子"（丈多长的绳儿，一头系个镖，武术家管这宗东西叫"甩头一子"），扯开了嗓子，喊镖趟子："合……吾……"，等逛天桥的人们围上了，他说："我是镖行的人，在前清时候保过镖。如今有了火车、轮船、邮政局，我们的镖行的买卖没了。镖行的人，不是立场子教徒弟，便是给有钱的富户看家护院。我是拉场子卖艺，我拿的这个东西叫'甩头一子'。康熙年间，浙江绍兴府有个保镖的叫'黄三太'，人称'金镖黄'。他是神镖胜英的徒弟，他的徒弟因为凑银子，要给清官彭大人运动三河的县官，指镖借银。铁罗汉窦二墩不借金银惜金镖，反倒与他结了冤仇。在山东德州李家店，定下约会，两个人比武。黄三太用三支金镖，'甩头一子'，赢了窦尔二墩。三支金镖压绿林，'甩头一子'定乾坤，一口单刀纵横天下。今天我孟傻子练练这'甩头一子'。这个东西不用的时候，往上一缠，用的时候，一抖就开。远打一丈多，近打二三尺。用足登着绳儿打，叫'狮子滚绣球'；在腿底下转着打，叫一张飞骗马'；在胳膊肘上盘着打，叫'盘肘'；在脖子绕着打，叫'缠头裹脑'。"他上边说着底下练着，一招一式，练的颇有可观。他练着向观众说："我今天用'甩头一子'，要打地上画着人头，说打左眼，不能打右眼；说打右眼，不能打左眼。我打一回叫众位瞧瞧。"他说到这里，可不练，把人吸住了，亦是用拴马桩子。说着要打人头啦，他说到这里可就岔下去了。他说："你使的这'甩头一子'，是什么人遗留的？这个东西是汉朝才有的。想当初王莽篡位之时，有奸臣党羽苏献，奉王莽之命，追拿刘秀。追到潼关外头，刘秀与他动手了。未走三合，苏献将大刀一搧，刘秀的刀就撒了手啦。没有兵刀不能动手，拨马逃走。苏献在后苦苦追赶，急得刘秀心生一计，将他的丝鸾带解下来，下马寻石，找个石头，系在丝鸾带上复返上马。苏献追到了，刘秀就用这个带子系石头，将苏献打败得逃性命。后人仿着他的意思，引成了'甩头一子'。

别看这种兵刃，不在十八般武器之门，还是位帝王留下的。今天我就用这'甩头一子'，打一回试试。打的不偏不歪，值得众位给喊个好，好！好！好！好完了，那位说：'许是要钱吧？众位放心，我这个场子不要钱。练完了，我还每位送上一贴膏药'。"说到这里又扯到膏药上，这就是"挑将汗"的（卖艺的售药叫'挑将汗'）。由练武说到卖药挣钱的"包口儿"（管这一大套话，做买卖，调侃叫"包口儿"）。他在天桥有二三十年了，亦卖艺，亦卖药，糊口有余，亦没有发达，平平常常而已。

他的徒弟叫姜兴周，亦是武邑县人，有四十多岁，在红楼东南一带摆场子。每天与他两个儿子，打把式卖艺。姜兴周不会卖药。说行话叫"清挂子"。人忠厚，克勤克俭。收入虽然不多，治家有法，粗茶淡饭，衣食不缺，与他师父大有不同。他的大儿子，现在某银行，是支杆挂子，即是护院的。二儿子，是个手艺行。三儿子、四儿子与他摆明地，干点杆挂子。除去他二儿子之外，父子爷四个，都是挂子行，可是分为支杆、点杆，亦大同小异也。姜兴周老来有子成器，晚景定然有靠，福禄加于勤俭人，治家理财，江湖人亦要学的。否则落个风流乞丐，终归亦怕有衣食断绝之处。

挂子行中的支杆挂子（护院）

武术一道，是我国汉民族中的国粹。在古时先以马战，后以步战。传到了唐宋元明清，普遍了全国，到处都有场子。不只是男子，就是如女，亦很有练把式的。至到清末，西欧各国，新武器昌明，就是痨病人，若手持洋抢，搬动机簧，弹子打出，有霸王存孝之勇，亦立时丧命。故新武器输入中国以来，人人皆轻视武术，很受重大的影响。几乎将特有的国粹失传了。现在国府当局，为保存国粹起见，将武术改称国术。各省设立国术馆，极力的提倡。挂子行这几十年来，如遇大劫，现在又盛行了。可见世上的事，有一兴必有一衰；有一衰必有一兴，循环不已呀。现在国术虽然兴旺了，国术中的特长还是无人提倡。什么是国术的特长哪？就是挂子行的规律。评书上常说：人外有人，天外有天。把式多好，亦难免不栽筋斗。要想由把式上成名立业，必须按着挂子行规律才能成哪。如其不然，有多大的能力，亦难免教人打倒。我老云在外边闯练这些年，很交了些个挂子行的朋友：山东的陈大鼻子、烟台的张王老师、北平的焦方桐，我都和他们探讨过挂子行的规矩。可是挂了行的规律很多，我探讨得来的，亦是有限。懂行的诸君，可别笑话我说得不完全。一人知识原有限，天下事理本无穷。仅将我个人所知的，写了出来，懂行的人，我在你班府门前，耍回斧子；不懂的人们，是我贡献话料儿。闲话休提，却说这把式行，在早年说行话有明暗之分。什么叫"明"？哪样叫"暗"？凡是偷盗窃取的朋友练的功夫，调侃说叫"暗挂子"，称他们为"黑门坎"的人。凡是练把式不偷窃的，当公当差应役，或是入伍，或当捕快；为私的，或是保镖护院，或是立场子教徒弟，走闯江湖打把式卖艺，都叫"明挂子"。就以护院的说吧，他们专以保护富户人家不丢东西为目的。那黑门坎的朋友，专以偷窃富户人家为目的。他们这两种人虽然都是挂子行的，可立在对敌的线上，绝不能彼此合作，或各守界限的。如若守界限，护院的成了按月挣工钱。那黑门坎的朋友，不偷富户，可吃哪一方哪？因为这一层，我和挂子行人讨论过。据他们所说，亦很有趣味。明暗挂子的人，能由对敌线上交朋友，各讲义气。在早年没有洋枪火炮，没有电网。富户人家，建筑的房屋，无论多么高大，怎样坚固，亦挡的是不来之人。如若有黑门坎的人，把出道来，一样的随便出入。故此，富户人家，都得花钱请护院的。凡是请护院的，十有八九，都由镖局子给转请。在早年保镖的人，上过道，把式好，阅历深，不愿意保镖，他们就改为护院。这护院的行当，调侃儿叫"支杆挂子"。大富贵的人家，或有权势的人家，要请护院的，不止请一位，或三或五，十位八位，内中还得有个头目。到了夜间，多少伙计，都得听头目人的指挥。如若有打更的更夫，亦得听他们的调动。比如，到了夜间，前后门、各屋门全都关锁了，由护院的亲往各处巡视一趟。如有不完备的地方，他得费一回手，以免入地的朋友们，乘机有入，丢失物件。屋中沏好了茶，身上收拾利落，应用的家伙，亦都放在手底下，不能打哈式冲盹，把精神灌足了。宅院有多大全部得照看到了。若是黑门坎的朋友来了，他们亦先"升点"，试问有护院的没有，什么叫"升点"哪？像评书小说上说的高来高去的人，每逢到了谁家，都用问路石子，往院一扔，故意的教那石子，"吧哒"一声，有了响动，调侃儿叫"升点"。如若有护院的，听见有响动，他得出来答话。若是有了响动，不见有人答言，那就进来偷窃了。如若护院的人，听见有人升点，他出来答话，和黑门坎的人调侃，说："塌笼上登云换影的朋友，不必风声草动的。有支杆挂子在窑，只可远求，不可近取。"这些话都是什么呢？他们明暗挂子行人，全都懂这几句侃儿。"塌笼上登云换影的朋友"，是说"房上的高来高去的人"；"不必风声草动的，有支杆挂子在窑"是说"来的人不用升点，有护院的在此"；

"只可远求，不可近取"是教他们往别处去偷，这里的东西动不得。如若遇见好说话的黑门坎人，就凭这几句话，就能走了。如若贼在房上，还是不走，就说："朋友若没事，塌笼内啃个牙淋，碰碰盘儿，过过簧。"这几句是说"你要没事，请下来喝会茶，见面谈谈。"如若贼人要走，跟着就得说"朋友顺风而去，咱们混天不见青天见。牙淋窑儿，啃吃窑，再碰盘。"这几句后说的是"你走啊。咱们夜里不见，白天见。或是茶馆，或是饭馆，咱再见。"如果贼人真走了，护院的倒得留神，防备他稳住了护院的。哪里防备不到，哪里去偷。若是贼人走后，亦没动静，亦不丢东西，到了天亮之后，护院的就得"醒攒"（江湖人管心里明白了，调侃叫"醒攒"）。人家黑门坎的人，是把自己当作朋友，亦得和他们交交，身上亦得紧衬利落，带上零钱，往附近的茶馆或饭馆，去找找人家。别看两个人不认识，茶饭馆里座儿多，护院的到了，往各处里一把合，就能看出来哪个人是夜内的朋友。怎么个看法？是他们黑门坎的人，接着规矩，在茶馆酒肆候人，有一种表示。如若坐在北边的桌旁，他得坐在右边，留出左边那个客座来。如若喝茶，左边无人亦得放个茶杯；喝酒，左边没人，亦得放个酒杯。护院的来了，见他留着客座等候自己，就先过去抱拳施礼，道个"辛苦"。人家自然还礼。两个人谦让座位，然后吃喝。无论如何，护院的亦得候人家的酒饭账。交了朋友之后，彼此遇事，互相帮助，护院的可得了大便宜。有黑门坎的人，如若不知道某宅有护院的，要去偷盗，他就能给拦住，说某处的支杆挂子，是他的朋友，和他有交情，不必去了。有这个关照，无形之中就少许多的麻烦。护院的若能在本地交了黑门坎的瓢子，那就更好了。黑门坎的人知道某宅护院的与他的头儿有交情，亦不好意思的偷某了。亦有那狡猾难惹的黑门坎人，他要到了某宅，扔了石子，升了点儿，护院的答了钢儿，说："塌笼上的登云换影的朋友，有支杆挂子，靠山的朋友在窑，不必风声草动的。"他就在房上答钢（江湖人管答言，调侃叫"答钢"），问护院的："你支的是什么杆？你靠的是什么山？"他就得回答："我支的是祖师爷那根杆，我靠的是朋友义气，重如金山。到了啃吃窑内，我们搬山，不讲义气上梁山。"如若贼人走了便罢，倘若不走，就和他们说："朋友，祖师爷留的一碗饭，你天下都吃遍，把这个站脚之地，让给师弟吃吧。"说到这里，他还不定，就得说："塌笼上蹿云换影的朋友，既有支杆的在此靠山，你就应当重义，远方去求。如若要在这里取，你可就是不仁，我亦不义了。'你要不扯'（江湖人管你要不走，调侃叫'你要不扯'），'鼓了盘儿'，寸步难行（管翻了脸，调侃叫'鼓了盘儿'）。'倒年'有青龙（管东方调侃叫'倒年'），'窃年'有猛虎（管西方调侃叫'窃年'），'阳年'有高山（管南方调侃叫'阳年'），'密年'有大水（管北方调侃叫'密年'）。你若飞冷子（弓箭、袖箭），飞青子（飞刀），飞片子（房上的瓦），我的青子青着（刀子砍上），花条子滑上（大枪扎上），亦是'吊梭'（管疼痛调侃叫"吊梭"）。"贼再不走，就向他说："朋友，这窑里有支杆的，四面亦都象家之地（对于练武术的人们，尊称为"象家"）。我若敲锣为令，四面的师父们一齐挡风，你可就扯不了。如若'朝了翅子'（管打官司，调侃叫'朝了翅子'），'都抹盘'（管都不好瞧，调侃叫'都抹盘'）"。贼人再不走，那就得和他动手。凭自己的尖挂子，对付贼人了（管真功夫，真能为，好武艺，调侃叫"尖挂子"）。倘若和黑门坎的人动了手，赢了得留情，不能和他们结冤。若是输给他们，就改行别干了。黑门坎的人，亦不一样，他们各走一条线。据我所知道，有"蹿天"的贼人，有"入地"的贼人。那蹿天的贼人，亦不一样。最有能为的，练会了窜房越脊的功夫，到了富户人家，拨门撬户，取箱柜的东西，使人不知，那算江洋大盗。本领再次一点的，摘天窗儿。他们到了房上，用全份的家俱，掀瓦挑顶子，弄个窟窿，使绳索捋着下去，到屋偷东西。临走的时候，还把天窗抹饰了。外行人看不出痕迹来，他才走哪。钻窗户的，钻烟筒的，亦到屋中偷盗。他们练的功夫，有软的，可称轻身术，抱一席卷起来，有锅盖茶盘粗细，放在桌上，由远远的一窜，把身子能钻进席筒，一钻而过，还能往回退。两只手一扶地，退回去，两条腿入席筒，再穿回来。这种功夫练成了，由窗户、烟筒进屋子，眨眼之间，就能办到。还讲究腿上绑铁沙子，由坑内往上跳，练得一两丈高，就能上房。不用梯子，一窜而上。他们还有一种功夫：两只手的指头，抓住了房檐底下，两足登椽子，把身悬起来。清末时候，北城某茶馆，有一人吃核桃不用砸，两个手指头一捏，核桃皮就开。被衙门中的鹰爪看见，捕去了。一过堂，就招出许多窃案。可见黑门坎的人，练手指之力，是能抓住房椽子，悬得住身，不然捏核桃时手指没那大的劲儿。明挂子练的鹰爪大力法，与他们的功夫不同。护院的人，若在那里看家护院，亦不能净等着。有按着暗挂的规矩，扔石子升点答钢儿的。倘若遇见混家哪，他会高来高去功夫，不懂得明暗挂子的规矩，没钱花，穷急了，不言不语，没有响动，他悄悄地偷。本家主人若丢了东西，不问他护院的吗？所以明挂子行人，要给人护了院，夜内不住的往各处巡查，就得防备这种人。就是那开天窗、

钻窗户、钻烟筒的贼人，亦得时时防范。那黑门坎的人，还有入
地的贼哪。他们亦分好几路：有能由几十丈远，掘个窟窿，下到
地内，去往坟内盗墓的；有由富户住宅墙外，掘地窟窿，到富户
的院内或屋内偷东西的；有由墙上挖窟窿到屋中偷盗的；有专能
移动下门坎底下砖石，钻进院内屋内偷东西的。我向黑门坎人探
讨过几次。据他们所说，入地的朋友，要挖窟窿盗洞的时候，都
得在粗风暴雨的天气。有风雨之声，可以听不见他们挖窟窿的声
音。护院的人，对于入地的朋友，亦得时时留神。无论什么样的天
气，亦不能在屋中忍着，照样出来巡查。哪处失神，哪处就许出错
儿。哪里防不到，哪里就许出毛病。他们这碗饭，实在不易吃。

北平这个地方，在清室的时代，很有不少富户，十家有九，
都花钱请护院的。自从西欧各国昌明新武器之后，我国的武术，
很受影响。火车、轮船，交通便利，镖行就没了饭啦。有许多的
镖行人，改了行，不是戳杆立场子教徒弟，就是给大商家、富户
们看家护院了。直到如今，北平支杆的朋友还有不少。廊房头二
三条、西河沿、珠宝市、大栅栏、各银行、各银号、各绸缎庄，
很有些家请了护院的。我曾调查过几次，这些个护院的，都是粮
食店街南头路西会友镖局代雇的。那会友镖局，系河北束鹿县三
皇炮锤门的名人孙某创立的。直到如今，他们的东家孙立庭，还
不肯歇业，保存那镖局子的买卖。一者祖业不肯扔，二者是专为
给护院的介绍支杆的。孙立庭可称硕果仅存了，他每天早起必到
西河沿、珠宝市、大栅栏等处绕一弯。凡由他给介绍护院的铺
户，挨家都到到，看看有事没有。六七十岁的人，还能不怕劳
苦，亦是练把式的人，得以强身壮体、益寿延年的好处啊！在三
皇炮锤名人焦方桐在日，曾向我老云说过，一些商家铺户，对于

护院的事，都不懂得，专爱雇岁数年青的，觉着年青的人，身体灵便，把式好。其实把式这行，练得多高，亦免不了栽筋斗。岁数年青，没经验阅历，遇见黑门坎的人，能为弱的，他能弄走喽；本领高的，就没法办。若是雇四五十岁的人，那全是"上过道"的（他们管走过镖，说行话叫"上过道"）。只要上过道，他的武艺错不了，经验阅历，一定丰富。如若遇见黑门坎的人，不用动手，几句话就能把他说走，永不来偷。若是用年青的人，他没有阅历，遇见黑门坎的人，恃其技能驱逐，就是武艺高强，能把黑门坎的追走，他们恨上了，结下怨恨。不怕贼偷，就怕贼惦记。贼人要惦记上了，怎样防备亦有防不到时候。常言：老虎厉害，亦有冲盹的时候。露了空，贼人便偷。护院的要想没人来偷，最好是访查哪里有黑门坎的朋友，设法联络，和他们套交情。由他们介绍，见着黑门坎的瓢把子。若与瓢把子有来往，就可以高枕无忧了。在清室的时代，北平有多少黑门坎的瓢把子，前步军统领衙门，内外城各营泛，都能知道。他们的瓢把子亦各有界限。每个管多少地方，那地方之内，不论是谁偷窃财物，都得教他知道，并且把偷来的东西，先交给他存放数日，防备有人找。如若失主有势力，寻找失物，追得急了，由瓢把子把东西交还，或是失主家中雇有护院的，人家护院的找着瓢把子，论交情讲义气，亦得把东西给他。每一个黑门坎的瓢把子，手下都有多少人，昼伏夜出，偷来的东西，存放数日无事，他们就把赃物"挑喽，均杵"（江湖人管卖东西，调侃叫"挑喽"。大家分钱，调佩叫"均杵"）。如有外省的黑门坎的人，来到内地，未做案之先，就得先拜瓢把子，然后才能偷窃。如若不拜瓢把就作案，那失主丢了东西不找，瓢把知道了，亦暗中教"鹰爪"（江湖人管捕盗的官人，调侃叫"鹰爪"）把他捕去。可是外省的黑门坎人，来到内地，若是"念杵头儿"（江湖人管没有钱花，调侃儿叫"念杵头儿"），见了内地的瓢把，得由瓢把帮助他衣食住。如不作案，由这里路过，缺少路费，那是告帮，瓢把子亦得赠他相当的路费。或有黑门坎的人，遭了官司，瓢把子得托情运动，给送钱使用。当瓢把的亦不一样，头等的人物，本领好，轻财重义，交际广，眼皮杂，认识的人多，遇事都用得着，事事活动，立住了名姓，有了万儿。黑门坎的人，慕名投奔，他的"膘杵吃上亦是海海的"（瓢把子花他伙计的钱，调侃叫"吃膘杵"；得的钱多了，调侃叫"膘杵儿海海的"）。如若当瓢把的没有义气，事事不讲交情，过于厉害了，月久天长"万儿一念"（江湖人管名声臭了，调侃叫"万念了"），官私两面的朋友都不沾了，他亦是吃不着膘杵的，只能挤得自己出去作案，那才憨蠢哪。黑门坎的人，论品行亦有优劣。那人品不好的，事事不守黑门坎的规矩，鹰爪露空他亦偷，富户家中有护院的，得了手，他亦偷，甚至于瓢把的窑内，有好东西，不留神，亦照样的窃走。可是照这样胡来，栽了就没人救，吃上苦子，身体就得受伤。若是伤了手眼，这碗饭就不用吃了。黑门坎的人，本领高的，十有八九都是有义气的。富户人家有护院的他不偷，就是没有护院的，他访查人家财来的正当，亦不下手。遇着孤寒贫人，疾病死亡，或是同道的有为难事儿，他访好了哪个富户财来的不正，他必大偷一水，取来不义之财，他另做有义之事。如若日久了，立住了姓名，明暗挂子，阴阳两门的人，都知道了，遇事还能有人帮助他。当初北平东北城，某富户家雇有护院的。有一次黑门坎的义贼，因有用款之事，夜内去见护院的，求他向本家借用一千银子。护院拾着义贼的万儿（江湖人管听人传说某人的行为如何，做事怎样，调侃儿叫"拾着万了"），知道他常常的偷富济贫，偷不着不义之财，向有钱的富户借用，不久准还。他来展"柳海拘迷杵儿"（即是借一千银子），就替他向本家疏通。怎奈本家主人不肯借用，事情弄僵了，护院的把事辞退，没人干了，夜内连三并四的被偷东西，他家有势力，请来官军巡守。那黑门坎的义贼，照样来偷。教官兵看着，干拿不着他。昼去夜来，夜夜扰乱，个月不安。结果还是托朋友，请出明挂子有名的人物出来，给他们说和了事。事倒完了，那富户的损失，可太大了。弄得他啼笑皆非，哑子吃黄莲，有苦难言。护院的，虽是明挂子，偷盗窃取的人，虽是黑门坎人，他们阴阳亦是不分哪。

七、光绪京城镖局枪支登记造册管理档案文书选辑①

巡警部稽查处为将外城巡警总厅移文等
移送核办事致警保司移文
光绪三十二年五月二十二日

稽查处为移付事。

据外城总厅造送镖局枪枝数目清册并请变通烙印办法，奉堂批：枪枝烙印后失去如何交司细核。等因。奉此，相应将外厅原文及枪枝清册一并移送贵司核办，并希核定后将文册移还备案可也。

---

① 中国第一历史档案馆藏，哈恩忠编选《光绪三十二年京城管理镖局枪支史料》，《历史档案》2005 年第 3 期。

须至移者，右移警保司。

计原文一件　清册一本

附件一：外城巡警总厅为造送各镖局枪支清册
及变通烙印办法事致稽查处移文

光绪三十二年五月十四日

外城巡警总厅为移知事。

本月初一日，准贵处移开：本处禀奉堂谕，饬查各镖局枪枝数目，造送清册，以便盖用火印，咨明崇文门税局查验放行。等情。当经本厅饬查去后。

兹据各镖局东、伙先后来厅具禀声称：镖局枪枝专为护送客商货物之用，通共各局计一百三十四杆。惟在途备用者多，在局存储者少，若俟将枪枝传齐送部，必须暂停行走。且汇齐之后由厅送部烙印既毕，由部发厅，往返必致需时，通行恐有未便。等语。本厅查各该镖局所禀，亦属实在情形，兹拟略为变通办理。先由本厅造具枪枝数目清册存部备查，其烙印之法拟请部将火印发交本厅再存，俟各镖局枪枝到京之时，随时送厅烙印，编列号数，随印随记，其未经列册之枪枝概不准送请烙印。一俟印毕后，即将火印送部缴销，以示限制而恤商情。

除将各镖局枪枝数目清册造送外，相应移复贵处查照酌核见复可也。

须至移者，右移稽查处。

计枪枝清册一本

附件二：各镖局枪支清册

光绪三十二年五月十四日

谨将镖局枪支开列于后。计开：

东光裕镖局：马拐子枪六杆、十三出枪二杆、十七出枪二杆、直五匣枪一杆、后门炮枪一杆。共十二杆。

西光裕镖局：马拐子枪三杆、步拐枪一杆、七籽梅枪一杆、十三出枪二杆、天门炮枪一杆、直五匣枪一杆。共九杆。

东三义镖局：直五匣枪一杆、斜五匣枪二杆、拐子枪一杆、大七出枪二杆。共六杆。

同和镖局：十七出枪一杆、七籽梅枪一杆、慢里下枪一杆、马毛司枪一杆、马拐子枪四杆。共八杆。

永兴镖局：斜无烟炮枪五杆、直无烟炮枪一杆、九子十成枪四杆、十三响枪三杆，歪把毛斯枪一杆、大六出枪二杆。共十六杆。

得荣镖局：五眼枪二杆、毛丝枪二杆、门连灯枪一杆。共五杆。

隆泰镖局：五眼枪二杆、十三出枪五杆、毛丝枪五杆、开丝枪二杆。共十四杆。

东元成镖局：十三出枪四杆、铁板开丝枪五杆、木板开丝枪二杆、十响毛丝枪一杆、套筒五眼枪二杆。共十四杆。

北元成镖局：五眼枪四杆、十出枪三杆、毛丝枪三杆、开丝枪三杆、六响毛丝枪二杆。共十五杆。

义顺镖局：五眼枪一杆、十八出枪一杆、毛丝枪三杆、大十出枪一杆、七星枪一杆。共七杆。

自成镖局：斜五牌枪二杆、六出枪三杆、十成枪一杆、毛丝枪二杆。共八杆。

义友镖局：金口毛丝枪二杆、大八响枪四杆、十三响枪一杆、开丝枪三杆。共十杆。

福元镖局：斜五眼枪三杆、正五眼枪二杆、十三出枪一杆、毛丝枪二杆、小六轮子枪二杆。共十杆。

共计一百三十四杆。

巡警部为自置火印烙印镖局枪支事
致外城巡警总厅批文

光绪三十二年六月十三日

查该厅所请各镖局枪枝烙印一节，即由该厅自置火印存储，以便随时烙印。至枪枝烙印后，倘有遗失等弊，宜如何办理，仰该厅详拟规则送部查核。

此批。右批外城巡警总厅。准此。

外城巡警总厅为呈报管理烙印枪支规则事
致巡警部申文

光绪三十二年六月二十七日

外城巡警总厅为申复事。

六月十二日奉批称：所请各镖局枪枝烙印一节，即由该厅自置火印存储，以便随时烙印。至枪枝烙印后，倘有遗失等弊，宜如何办理，仰详拟规则送部查核。等因。兹拟就管理枪枝规则八条，并火印式样，除照会内城总厅传知各分厅转饬各区，并传谕各镖局一体遵照外，理合申请鉴核存案，并请咨行崇文门税局及沿途关卡一体查照办理。

须至申者，右申巡警部。

附呈铁火印式样一纸

附件：管理镖局枪支规则

一、各镖局前曾呈报枪枝统由总厅烙印，编列号数，造册送部，以便调查。

一、此后有未经注册并未烙印之枪枝，即系私枪，一经查出，除将该私枪充公外，仍酌量议罚。

一、各镖局如有添置枪枝情事，准其随时呈报，总厅注册烙盖火印。

一、已经呈报注册枪枝而现时因护送事件出外者，俟该枪枝回京后呈报，总厅查核实与清册相符，当随时补烙火印。

一、此项注册烙印为调查枪枝起见，概不收费。

一、烙印枪枝如有损坏实不堪用者，须将毁枪呈验，以凭销号。

一、烙印枪枝万一遗失，准其将遗失情形处所详细呈报总厅存案。

一、此项烙印枪枝规则由部咨行崇文门税局及沿途关卡一体查照，并传知各分厅转饬各区，此后遇有有印枪枝一体查验放行。

巡警部为管理烙印枪支规则事
致外城巡警总厅批文

光绪三十二年七月初八日

据申已悉，所拟枪枝规则八条并火印式样均未尽妥协。除增列规则三条外，其火印式样即改作验讫二字，下列号数并添秘密花押，以便稽查，仰即迅速遵照办理。

此批。右批外城巡警总厅。准此。

增列管理枪枝规则三条。

一、应由该厅刊刷执照，一面编列号数烙印，一面发给该号数执照一纸。

一、护送事件即将执照携带，万一枪枝遗失，尚有执照可凭。如无执照，虽有烙印，即作私带军火办理。庶免漫无稽察之弊。

一、烙印枪枝万一遗失，准其将遗失情形处所随即呈报，该处管厅官厅再详细呈报总厅存案，即由该厅报部，以便调查。

外城巡警总厅为咨行崇文门税局等查验枪支护照火印事致巡警部申文

光绪三十二年八月二十六日

外城巡警总厅为申请事。

前奉谕饬查镖局枪枝数目，编列号数，盖烙火印，发给护照，以备调查。等因。现据各镖局先后造册来厅呈报，所有在京之枪枝业已将次烙完、编列号数、盖烙火印、发给护照。其各镖局有在途护送客商之枪枝，俟到京时再行随时补印发照。

除照会内城总厅、铁路巡警局、探访局，并札饬四分厅一体查照外，理合申请咨行崇文门税局、顺天府衙门及沿途关卡，遇有烙印枪枝一体查验放行。

须至申者，右申巡警部。

附呈护照、火印样式各二十纸。

巡警部为枪支火印仍改作验讫某号字样事
致外城巡警总厅批文

光绪三十二年九月初六日

据申已悉，护照及验讫火印、花押等式样均妥。

至巡警部外城总厅火印字样，前已批示改作验讫某号。所有巡警部外城总厅火印着即销毁，以免凌乱复杂。此批。右批外城巡警总厅。准此。

外城巡警总厅为已经烙印枪支请免销毁印文事
致巡警部申文

光绪三十二年九月初十日

外城巡警总厅为申请事。

九月初七日奉部批：护照及验讫火印、花押等式样均妥，着将巡警部外城总厅火印销毁。等因。奉此，伏查枪枝烙印所以用巡警部外城总厅字样者，原所以与各官署标识区别，使稽查者一望而知，现在烙盖枪枝已至六十余号。其枪枝发交镖局，镖局保护行人分道四出，既难一时取齐概行销毁。若陆续销毁，则样式各殊，反致复杂。而前次所申由部通行各衙门及总厅所分行各厅区，均须另行传知，则往返周转诸多不便，且时印时毁，亦颇烦累于商人。拟请嗣后烙盖镖局枪枝，不再烙巡警部外城总厅火印。其已经烙盖枪枝，可否免其销毁之处，理合申请鉴核，批示祗遵。

须至申请，右申巡警部。

此件面奉堂谕：着由该厅将已烙盖之数目查清，于查验时随时销毁改印。

巡警部为已经烙印枪支随时销毁印文事
致外城巡警总厅批文

光绪三十二年九月十六日

　　据申已悉，所请嗣后烙盖镖局枪支不再烙巡警部外城总厅火印等情，应即照准。

　　至已经烙盖枪支请免销毁一节，不甚妥协，仰该厅迅将已烙盖之枪支数目查清究系六十几号，于查验时遇有巡警部外城总厅火印字样，随时销毁，改印验讫某号花押，以免纷歧而归一律。切切，此批。

主要参考文献

清佚名《江湖走镖隐语行话谱》，曲彦斌据《双楣书屋考藏珍本丛书》影印本校点，附录于《中国民间隐语行话》卷末，新华出版社1991年。

清佚名《清代镖行江湖隐语行话秘典》，业内传抄本，邨雅堂收藏、点校并拟题。

徐珂《清稗类钞》，中华书局1984—1986年排印版。

李尧臣《保镖生活》，刊《文史资料选辑》第75辑，文史资料出版社1981年。

齐如山《镖局》，见《文史资料选编》第34辑，北京出版社1988年。

齐如山《镖局子史话》，辑自《齐如山全集》七《齐如山随笔》，台北重光文艺出版社1935年。

曹广志编《河北武林故事》，中国民间文艺出版社1985年。

张家瑞编《北京武林轶事》，北京燕山出版社1987年。

罗立群《中国武侠小说史》，辽宁人民出版社1990年。

习云太《中国武术史》，人民体育出版社1985年。

陈国栋《保镖考》，《食货月刊》第14卷第5、6期（1984）。

陈宝良《中国古代镖局的起源及其兴盛：兼及标兵与镖局之关系》，《西南大学学报（社会科学版）》2014.5.

南京大学历史系中国古代史教研室编《中国资本主义萌芽问题讨论集》，

生活·读书·新知三联书店 1957 年。

李刚、郑中伟《明清镖局初探》,《华夏文化》1999.4.

加藤繁著《支那学杂草·镖局》,日本东京生活社 1944 年。

陈其田《山西票庄考略》,商务印书馆 1937 年。

严慎修《晋商盛衰记》(又名《晋人生计研究录》),太原商业专门学校 1923 年的调查报告。

卫聚贤《山西票号史》,中央银行经济研究处 1944 年。

万籁声著《武术汇宗》,商务印书馆 1929 年。

傅衣凌《明清时代商人及商业资本》,人民出版社 1956 年。

房建昌《清代以来内蒙古的当铺与镖局考略》,《阴山学刊》1995.2.

曹继植、齐荣晋《晋商镖局镖行义行天下·山西岁时节日与人生礼仪》,三晋出版社 2010 年。

吴宇周《赤峰的保镖业》,载高云华编《红山文史》第四集,赤峰红山区政协文史委 1990 年。

杨锦《中国刑警纪事·中国当代"镖局"》,群众出版社 1990 年。

曹策前、于海兵《新型保安业的崛起》,刊(海口市)《新世纪》杂志 1991 年第 12 期。

张树彬、李殛彬、武玉柱《山西票庄的起源》,《山西日报》2010 年 7 月 26 日第 C01 版。